정보처리기사, 산업기사, 기능사, 전산직,
학부 프로그램 언어 시험대비

흥달쌤의
프로그래밍
언어

이흥직 편저

현직 개발자가 쉽게 알려주는 프로그래밍 언어 합격 Tip!

C언어, JAVA, Python의 이해와 기출 확인 문제 해설

▶ 흥달쌤 에서 다양한 프로그램 언어 특강 진행

흥달쌤 동영상강의
이라온에듀닷컴 | 1억뷰엔잡

Preface
이 책의 머리말

안녕하세요, 홍달쌤입니다.

저는 C, JAVA, Python 등 프로그래밍 언어를 강의하는 강사로, 20년차 경력을 가진 개발자입니다. 그동안 다양한 프로젝트와 강의를 통해 실력을 쌓았고, 특히 프로그래밍 언어 학습을 효과적으로 지도하기 위한 노하우를 개발해 왔습니다.
2019년부터는 깨알 자바 특강을 시작으로 C언어 특강, 정보처리기사 강의 등 다양한 수업을 진행하며 많은 학습자들과 함께했습니다.

이번 교재는 프로그래밍 언어 시험에 초점을 맞춘 교재로, 시험에서 출제되는 문제를 풀기 위한 실력을 배양하는 데 중점을 두고 있습니다.
C, JAVA, Python이라는 대표적인 언어를 다루며, 각 언어의 기초부터 시험에 나오는 주요 문제 유형과 풀이 방법까지 체계적으로 구성되어 있습니다.

이 교재는 실무에 바로 적용하는 기술보다는 시험 합격을 목표로 합니다.
프로그래밍 초보자도 학습할 수 있도록 쉽고 상세한 설명을 제공하며, 다양한 예제와 실습 문제를 통해 이론을 이해하고 문제 해결 능력을 키울 수 있습니다.
학습자들이 효율적으로 학습할 수 있도록 다음과 같은 내용으로 구성되어 있습니다.

- C언어: 기본 문법, 자료형, 조건문과 반복문, 함수, 배열 등
- JAVA: 객체 지향 개념, 클래스와 객체, 상속, 인터페이스 등
- Python: 자료형, 제어문, 함수, 람다 함수와 같은 특별한 문제 유형 등
- 시험 문제 풀이: 각 언어별로 시험에서 자주 등장하는 문제를 풀이하며 문제 접근법을 익히는 과정

학습 순서는 언어별 기본 개념부터 문제 풀이까지 단계적으로 진행하도록 설계되었습니다.
반복적으로 문제를 풀고 익숙해질 수 있도록 충분한 문제를 포함하고 있으며, 스스로 문제를 해결하는 과정을 통해 실력을 쌓을 수 있도록 구성되었습니다.
또한, 학습 후에는 반드시 직접 문제를 다시 풀어보며 이해도를 점검하고 익숙해지는 연습을 병행하는 것이 중요합니다.

프로그래밍 언어를 처음 접하는 학습자도 꾸준히 학습한다면 충분히 좋은 결과를 얻을 수 있습니다.
어렵게 느껴지더라도 포기하지 않고 한 걸음씩 나아가길 바랍니다.
홍달쌤은 여러분들의 학습을 응원하며, 언제든지 도움을 드릴 준비가 되어 있습니다.
이 교재와 함께 프로그래밍 언어 시험을 성공적으로 준비하시길 바랍니다.
감사합니다!

2025년 1월 홍달쌤

Contents
이 책의 목차

PART 01
C언어

- **chapter 01** 자료형과 변수 ················8
  - 문제풀이 ················11
- **chapter 02** 입출력 함수 / 연산자 ················12
  - 문제풀이 ················19
- **chapter 03** 제어문 ················44
  - 문제풀이 ················47
- **chapter 04** 반복문 ················66
  - 문제풀이 ················75
- **chapter 05** 함수 / 변수의 유효범위 ················98
  - 문제풀이 ················103
- **chapter 06** 재귀함수 ················133
  - 문제풀이 ················135
- **chapter 07** 선행 처리기 ················160
  - 문제풀이 ················162
- **chapter 08** 배열과 포인터 ················167
  - 문제풀이 ················174
- **chapter 09** 구조체와 공용체 ················270
  - 문제풀이 ················275
- **chapter 10** 프로세스 생성 ················296
  - 문제풀이 ················298
- **chapter 11** C언어 주요 함수 ················303
  - 문제풀이 ················310

PART 02
JAVA

- **chapter 01** 클래스와 객체 생성 ················324
  - 문제풀이 ················333
- **chapter 02** 상속과 생성자 ················348
  - 문제풀이 ················354
- **chapter 03** 메서드 오버로딩 / 메서드 오버라이딩 / 하이딩 ················364
  - 문제풀이 ················368
- **chapter 04** 변수의 유효범위 ················398
  - 문제풀이 ················402
- **chapter 05** static 변수와 메서드 ················419
  - 문제풀이 ················422
- **chapter 06** 예외처리 ················435
  - 문제풀이 ················437
- **chapter 07** 추상 클래스 / Interface ················450
  - 문제풀이 ················453
- **chapter 08** 문자열 메서드 ················458
  - 문제풀이 ················460
- **chapter 09** 기타 문법 문제 ················467

PART 03
파이썬

chapter 01 Python 기본 ··················488
- 문제풀이 ··················494

chapter 02 파이썬 문자열 처리 ··················501
- 문제풀이 ··················506

chapter 03 파이썬 자료구조 ··················513
- 문제풀이 ··················517

chapter 04 파이썬 클래스 / 함수 ··················530
- 문제풀이 ··················535

chapter 05 리스트 컴프리헨션 / 람다 함수 549
- 문제풀이 ··················552

PART
01

C언어

CHAPTER 01 자료형과 변수

1. 자료형

(1) 자료형의 개념
- 효율적인 메모리 사용을 위해 여러 종류의 자료형이 존재한다.
- 자료형은 변수에 저장할 데이터의 종류와 범위를 결정한다.

(2) C언어 자료형

종류	데이터 타입	크기	허용 범위
문자형	char	1Byte	-128~127
	unsigned char	1Byte	0~255
정수형	short	2Byte	-32,768~32,767
	int	4Byte	-2,147,483,648~2,147,483,647
	long	4Byte	-2,147,483,648~2,147,483,647
	long long	8Byte	
실수형	float	4Byte	
	double	8Byte	
	long double	12~16Byte	

2. 변수

(1) 변수의 개념
- 변수는 값이 저장되는 기억 공간이다.
- 변수에 저장된 값은 변경 가능하다.
- 변수는 정해진 자료형과 할당된 값을 가진다.

(2) 변수명 작성 규칙
- 변수는 선언 후 사용해야 한다.
- 변수명은 영문자 또는 언더바(_)로 시작해야 한다.
- 변수명에 숫자와 언더바(_)는 사용할 수 있으나, 공백은 사용할 수 없다.
- 언더바(_)를 제외한 특수문자는 사용할 수 없다.

- 대소문자를 구분한다.
- 예약어는 변수명으로 사용할 수 없다.

(3) C언어 예약어

구분	종류
자료형	char, int, float, double, enum, void, struct, union, short, long, signed, unsigned 등
기억분류	auto, register, static, extern
제어문	if, else, for, while, do, switch, case, default, break, continue, return, goto
기타	sizeof, const, volatile

(4) 변수의 종류

1) 지역변수(Local Variable)
- 함수 내부나 중괄호 내부에서 선언되고 사용하는 변수이다.
- 지역변수의 유효 범위는 함수 내부 또는 중괄호 내부로 제한된다.
- 함수가 종료되거나, 중괄호를 벗어나면 사라진다.
- 초기값을 지정하지 않으면 컴파일 에러가 발생하거나 쓰레기 값이 저장될 수 있다.
- 스택(Stack) 영역에 저장된다.

2) 전역변수(Global Variable)
- 어느 범위에서든 참조할 수 있는 변수이다.
- 전처리기 아래에 선언되며, 모든 함수에서 공통으로 사용된다.
- 초기값을 지정하지 않으면 0으로 자동 초기화된다.
- 프로그램 종료 전까지 메모리에서 소멸되지 않는다.
- 데이터(Data) 영역에 저장된다.

3) 정적변수(Static Variable)
- 지역변수와 전역변수의 특징을 모두 가진다.
- 함수가 종료되어도 사라지지 않고 유지된다.
- 초기값을 지정하지 않으면 0으로 자동 초기화된다.
- 프로그램 종료 전까지 메모리에서 소멸되지 않는다.
- 데이터(Data) 영역에 저장된다.

4) 동적변수(Dynamic Variable)
- 프로그램 실행 도중 동적으로 메모리 공간을 할당받는 변수이다.
- malloc 함수 등을 이용해 메모리 공간을 확보한다.
- 힙(Heap) 영역에 저장된다.

5) 외부변수(Extern Variable)
- 다른 파일에서 선언된 전역변수를 참조하는 변수이다.
- extern 키워드를 사용하여 외부 파일의 전역변수를 참조한다.

(5) 변수의 선언

```c
int sum;   // 전역변수
int add(int x, int y){
    static int count = 0; // 정적변수
    int sum = 0;  // 지역변수
    sum = x + y;
    count++;
    printf("%d\n", count);
    return sum;
}
int main(void){
    int a = add( 10, 20 );
    int b = add( 20, 30 );
    int c = add( 5, 8 );
    printf("%d, ", a);
    printf("%d, ", b);
    printf("%d", c);
}
```

[실행 결과]
1
2
3
30, 50, 13

문제풀이

001 다음 보기의 설명과 관계가 있는 C언어의 변수들의 종류를 쓰시오.

> 프로그램의 실행 시작 시점에 기억장소를 할당받아 실행이 끝날 때까지 지속적으로 기억장소를 유지한다.

해설
지역변수는 스택 영역에 저장되며, 범위를 벗어나거나 함수가 종료되면 사라진다.
동적변수는 힙 영역에 저장되며, 프로그램 실행 중에 메모리에 할당된다.

정답 전역변수, 정적변수

002 다음 변수 선언 중 올바르지 않은 변수명을 골라 적으시오.

- ㉠ LHJ_
- ㉡ $TIME
- ㉢ 1_1
- ㉣ name and address
- ㉤ long
- ㉥ doublk
- ㉦ h_birth
- ㉧ __ok
- ㉨ start*key

해설
예약어(키워드)는 사용할 수 없다.
공백을 포함할 수 없다.
첫 글자는 영문과 언더바(_)만 사용이 가능하다.
언더바(_) 이외의 특수문자는 사용할 수 없다.
대소문자를 구분한다.

정답 ㉡, ㉢, ㉣, ㉤, ㉨

CHAPTER 02 입출력 함수 / 연산자

1. 입출력 함수

(1) 표준 출력 함수

표준 출력 함수	기능
printf()	화면에 여러 종류의 자료를 출력한다.
putchar()	화면에 한 개의 문자를 출력한다.
puts()	화면에 문자열을 출력한다.

(2) 표준 입력 함수

표준 입력 함수	기능
scanf()	키보드를 통해 한 개 이상의 자료를 입력받는다.
getchar()	키보드를 통해 한 개의 문자를 입력받는다.
gets()	키보드를 통해 문자열을 입력받는다.

(3) 출력 변환 문자

구분	설명	사용 예	출력값
%d	10진수	printf("%d", 10);	10
%o	8진수	printf("%o", 10);	12
%x	16진수	printf("%x", 10);	a
%f	실수	printf("%f", 1.3);	1.300000
%c	문자 1개	printf("%c", 'A');	A
%s	문자열	printf("%s", "abcde");	abcde

(4) 이스케이프 시퀀스

구분	의미	설명
\n	새 줄(Line Feed)	출력 위치를 다음 줄로 이동시킨다.
\t	탭(Tab)	수평 탭 간격만큼 출력 위치를 이동시킨다.
\r	캐리지 리턴(Carriage Return)	출력 위치를 현재 줄의 맨 앞으로 이동시킨다.
\b	백스페이스(Backspace)	출력 위치를 왼쪽으로 한 칸 이동시킨다.

구분	의미	설명
\f	폼 피드(Form Feed)	출력 위치를 다음 페이지로 넘긴다.
\'	작은따옴표(Single Quote)	문자 그대로 작은따옴표(')를 출력한다.
\"	큰따옴표(Double Quote)	문자 그대로 큰따옴표(")를 출력한다.

(5) 표준 입출력 함수 사용

1) printf() / scanf()

```c
#include<stdio.h>
int main() {
    int sum;
    printf("input : ");
    scanf("%d", &sum);
    printf("output : %d \n", sum);
    return 0;
}
```

```
[실행 조건]
- 프로그램 시작 시 scanf() 함수 적용으로 입력을 기다리는 커서 표시
- 5를 입력하고 엔터키 적용
[실행 결과]
input : 5(사용자가 키보드로 입력한 값)
output : 5
```

2) getchar() / putchar()

```c
#include<stdio.h>
int main() {
    char c;
    c = getchar();
    printf("%d\n", c);
    printf("%c\n", c);
    putchar('A');
    printf("\n");
    putchar(65);
    return 0;
}
```

[실행 조건]
- 프로그램 시작 시 getchar() 함수 적용으로 입력을 기다리는 커서 표시
- A를 입력하고 엔터키 적용

[실행 결과]
65
A
A
A

3) gets() / puts()

```
#include<stdio.h>
int main() {
    char str[20];
    gets(str);
    puts(str);
    return 0;
}
```

[실행 조건]
- 프로그램 시작 시 gets() 함수 적용으로 입력을 기다리는 커서 표시
- Hello World!를 입력하고 엔터키 적용

[실행 결과]
Hello World!

2. 진법 변환

(1) 10진수를 2, 8, 16진수로 표현

10진수	2진수	8진수	16진수
1	0001	1	1
2	0010	2	2
3	0011	3	3
4	0100	4	4
5	0101	5	5
6	0110	6	6
7	0111	7	7
8	1000	10	8
9	1001	11	9
10	1010	12	A
11	1011	13	B
12	1100	14	C
13	1101	15	D
14	1110	16	E
15	1111	17	F
16	10000	20	10
17	10001	21	11
100	1100100	144	64

(2) 10진수를 2진수로 변환

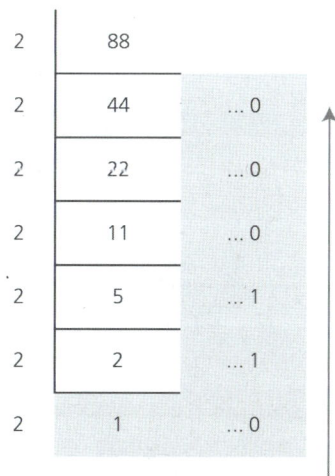

(3) 2진수를 8진수로 변환

자릿수	1	4	2	1	4	2	1
2진수	1	0	1	1	0	0	0
8진수	1		3		0		

(4) 2진수를 16진수로 변환

자릿수	4	2	1	8	4	2	1
2진수	1	0	1	1	0	0	0
16진수		5			8		

(5) 2진수를 10진수로 변환

자릿수	64	32	16	8	4	2	1
2진수	1	0	1	1	0	0	0
10진수				88			

3. 연산자

(1) 산술 연산자

연산자	기능	산술 연산식	결과
+	더하기	10 + 5	15
-	빼기	10 - 3	7
*	곱하기	3 * 7	21
/	나누기	7 / 3	2
%	나머지	7 % 3	1
++	1증가		
--	1감소		

(2) 관계 연산자

연산자	기능	관계 연산식	결과
>	크다	10 > 1	1, true
>=	크거나 같다	10 >= 10	1, true
<	작다	10 < 1	0, false
<=	작거나 같다	10 <= 10	1, true
==	같다	10 == 5	0, false
!=	같지 않다	10 != 5	1, true

(3) 논리 연산자

연산자	기능	논리 연산식	결과
&&	AND	10 && 0	0, false
||	OR	10 || 0	1, true
!	NOT	!1	0, false

(4) 비트 연산자

연산자	기능	비트 연산식	결과
&	비트 AND	10 & 7	2
|	비트 OR	10 | 7	15
~	비트 not	~10	-11
^	비트 XOR	10 ^ 7	13
<<	좌 비트 이동	10 << 2	40
>>	우 비트 이동	10 >> 2	2

(5) 삼항 연산자

연산자	기능	삼항 연산식	결과
? :	3항 연산	10 > 3 ? 10 : 3	10

(6) 대입 연산자

연산자	기능	대입 연산식	결과
+=	덧셈 후 대입	a += 10;	
-=	뺄셈 후 대입	a -= 10;	
*=	곱셈 후 대입	a *= 10;	
/=	나눗셈 후 대입	a /= 10;	
%=	나머지 후 대입	a %= 10;	

(7) 연산자 우선순위

우선순위	분류	종류
1	단항 연산자	++, --, !
2	산술 연산자	*, /, +, -
3	시프트 연산자	<<, >>
4	관계 연산자	>, <, >=, <=, ==, !=
5	비트 연산자	&, ^, |
6	논리 연산자	&&, ||
7	삼항 연산자	? :
8	대입 연산자	=, +=, -=, *=, /=, %=

문제풀이

001 다음 C언어 프로그램의 출력 결과를 쓰시오.

```c
#include <stdio.h>
int main() {
    int number = 42;
    float pi = 3.14159;
    char letter = 'G';

    printf("Integer: %d \n", number);
    printf("Float: %.2f \n", pi);
    printf("Character: %c \n", letter);

    return 0;
}
```

해설
number, pi, letter 변수에는 각각의 값이 대입되어 있고, %d(정수형), %.2f(소수점 둘째 자리까지 표현한 실수형), %c(문자)를 출력한다.

정답
Integer: 42
Float: 3.14
Character: G

002 다음 C언어 프로그램의 출력 결과를 쓰시오.

```c
#include <stdio.h>
int main() {
    char* greeting = "안녕하세요!";
    printf("인사: %s \n", greeting);
    return 0;
}
```

> **해설**
> char형 포인터 변수 greeting에 문자열이 대입된다.
> 문자열 출력 변환기호 %s는 주소값을 받아, null 문자를 만날 때까지 출력을 해준다.

정답   인사: 안녕하세요!

003 다음 C언어 프로그램의 출력 결과를 쓰시오.

```c
#include <stdio.h>
int main() {
    double weight = 65.5;
    int age = 30;
    printf("나이: %d, 몸무게: %.1fkg \n", age, weight);
    return 0;
}
```

> **해설**
> %d는 정수를 출력하고, %.1f는 소수점 한자리까지 표현하는 출력변환 기호이다.

정답   나이: 30, 몸무게: 65.5kg

004 다음 C언어 프로그램의 출력 결과를 쓰시오.

```c
#include<stdio.h>
int main() {
    printf("|%d|\n", 123);
    printf("|%5d|\n", 123);
    printf("|%-5d|\n", 123);
    printf("|%05d|\n", 123);
    printf("|%6.1f|\n", 123.17);
    printf("|%07.2f|\n", 123.45);
    printf("|%3.1f|\n", 123.45);
    return 0;
}
```

> **해설**
>
> %5d의 의미는 5개의 공간을 만들고 우측부터 출력값을 채워 나간다.
> %-5d는 5개의 공간을 만들고 좌측부터 출력값을 채워 나간다.
> %05d는 5개의 공간을 만들고 우측부터 출력값을 채워 나가는데, 좌측의 빈 공간을 0으로 대체한다.
> %6.1f는 소수점 포함 6개의 공간을 만들고 소수점 한 자리만 표현하게 된다. 이때 반올림이 발생한다.
> %07.2f는 소수점 포함 7개의 공간을 만들고 소수점 두 자리까지 표현한다. 좌측의 나머지 공간은 0으로 채운다.
> %3.1f에서 총 3개의 공간을 확보하지만, 정수 부분은 공간에 상관없이 출력되어야 한다.

정답
|123|
| 123|
|123 |
|00123|
| 123.2|
|0123.45|
|123.5|

005 다음 C언어 프로그램의 출력 결과를 쓰시오.

```c
#include<stdio.h>
int main() {
    double d_value;
    float f_value = 5.65;
    int n;
    d_value = f_value;
    d_value = d_value+0.5;
    n = (int)d_value;
    printf("%3.1f, %d", d_value, n);
    return 0;
}
```

> **해설**
>
> d_value=f_value;에서 5.65를 d_value에 대입한다.
> d_value의 값을 0.5 증가시켜 6.15를 만든다.
> n 변수에는 6.15를 형변환시켜 정수값인 6만 n에 대입한다.
> 출력 시 %3.1f는 3개의 공간을 확보하고, 한 자리의 소수점을 표현하는데, 반올림이 발생하여 6.2가 출력된다.

정답 6.2, 6

006 다음 C언어 프로그램의 출력 결과를 쓰시오.

```c
#include<stdio.h>
int main() {
    int sum;
    sum = (int)18.2 + (int)19.9;
    printf("%d, ", sum);
    sum = (int)(18.2 + 19.9);
    printf("%d", sum);
    return 0;
}
```

해설

첫 번째, sum에는 18.2를 정수형으로 형변환한 값 18과, 19.9를 정수형으로 형변환한 값 19를 더하여 37을 출력하게 된다.
두 번째, sum에는 18.2와 19.9를 더하여 38.1을 만들고, 정수형으로 형변환하여 38을 출력하게 된다.

정답 37, 38

007 다음 C언어 프로그램의 출력 결과를 쓰시오.

```c
#include<stdio.h>
int main() {
    char c = 'A';
    char d = '0';
    int i = 10, j = 20, k = 30;
    printf("출력 프로그램\n");
    printf("c=%c\n", c);
    printf("c=%d\n", c);
    printf("d=%c\n", d);
    printf("d=%d\n", d);
    printf("i=%d, j=%d, k=%d", i, j, k);
    return 0;
}
```

> **해설**
> 문자 하나를 정수형으로 출력하게 되면 해당 문자에 해당하는 ASCII 코드 값이 출력된다.
> A의 ASCII 코드 값은 65이고, 0의 ASCII 코드 값은 48이다.

정답   출력 프로그램
           c=A
           c=65
           d=0
           d=48
           i=10, j=20, k=30

008 다음 C언어 프로그램의 출력 결과를 쓰시오.

```c
#include <stdio.h>
int main() {
    char a;
    a = 'A' + 1;
    printf("%c, %d", a, a);
    return 0;
}
```

> **해설**
> %c는 문자를 받아, 하나의 문자를 출력하고, %d는 정수를 출력하게 된다.
> 대문자 A는 ASCII 코드 65값을 가지고 있고, A에 1을 더하면 다음 문자인 B를 가리키게 된다.

정답   B, 66

009 다음 C언어 프로그램의 출력 결과를 쓰시오.

```c
#include<stdio.h>
int main() {
    int a = ( 10, 20 );
    printf("%d, ", a);

    int b = ( 10, 20, 30 );
    printf("%d, ", b);

    int c = ( 10, (20, 30), 40 );
    printf("%d", c);
    return 0;
}
```

해설
콤마 연산자는 맨 오른쪽의 값을 참조하게 된다.

정답   20, 30, 40

010 10진수 57을 2진수로 변환하시오.

해설
57÷2=28 (나머지 1)
28÷2=14 (나머지 0)
14÷2=7 (나머지 0)
7÷2=3 (나머지 1)
3÷2=1 (나머지 1)
1÷2=0 (나머지 1)
역순으로 111001이 된다.

정답   111001

011 16진수 2a를 8진수로 변환하시오.

해설
16진수 2a를 2진수로 변경하면, 2=0010, a=1010이 된다.
2진수 00101010을 8진수로 변경할 때 3비트씩 그룹화하게 되고, 오른쪽부터 세자리씩 끊어서, 101(5), 010(2)로 변환되어 8진수 52가 된다.

정답   52

012 2진수 101011을 10진수로 변환하시오.

해설

$101011 = 1×2^5 + 0×2^4 + 1×2^3 + 0×2^2 + 1×2^1 + 1×2^0 = 32 + 0 + 8 + 0 + 2 + 1 = 43$

정답   43

013 8진수 74를 16진수로 변환하시오.

해설

8진수 74를 2진수로 변경하면, 7=111, 4=100이 된다.
2진수 111100을 16진수로 변경할 때 4비트씩 그룹화하게 되고, 0011(3), 1100(c)로 변환되어 16진수 3c가 된다.

정답   3C

014 10진수 45.1875를 2진수로 변환하시오.

해설

정수 부분의 변환은 2로 나눠주다가 더 이상 나눠지지 않으면 역순으로 나열하면 된다.
45÷2=22 (나머지 1)
22÷2=11 (나머지 0)
11÷2=5   (나머지 1)
5÷2=2 ... 1 (나머지 1)
2÷2=1 ... 0 (나머지 0)
1÷2=0 ... 1 (나머지 1)
역순으로 101101이 된다.

소수 부분 변환은 2로 곱해서 정수로 값이 넘어가면 1을 취하면 된다.
0.1875×2=0.375 (0)
0.375×2=0.75 (0)
0.75×2=1.5 (1)
0.5×2 = 1.0 (1)
순서대로 0011로 표현한다.

정답   101101.0011

015 2진수 10101001.110000111을 16진수로 변환하시오.

> **해설**
>
> 2진수를 16진수로 변환하려면 2진수를 네 자리씩 그룹으로 나누고, 각 그룹을 16진수로 변환하면 된다.
> 정수 부분: 10101001 → 1010 1001
> 소수 부분: 110000111 → 1100 0011 1 → 1100 0011 1000 (오른쪽에 0 추가)

정답   A9.C38

016 다음 C언어 프로그램의 출력 결과를 쓰시오.

```
#include<stdio.h>
int main() {
    int a = 16;
    printf("%d, ", a);
    printf("%o, ", a);
    printf("%x ", a);

    int b = 17;
    printf("\n%d, ", b);
    printf("%o, ", b);
    printf("%x ", b);
    return 0;
}
```

> **해설**
>
> • 16을 2진수로 바꾸면, 10000이다.
> 8진수 출력하게 되면 세 자리씩 자르게 되고, 010, 000 이렇게 두 자리로 나뉘고, 결과는 20으로 출력된다.
> 16진수 출력하게 되면 네 자리씩 자르게 되고, 0001, 0000 이렇게 두 자리로 나뉘고, 결과는 10으로 출력된다.
> • 17을 2진수로 바꾸면, 10001이다.
> 8진수 출력하게 되면 세 자리씩 자르게 되고, 010, 001 이렇게 두 자리로 나뉘고, 결과는 21로 출력된다.
> 16진수 출력하게 되면 네 자리씩 자르게 되고, 0001, 0001 이렇게 두 자리로 나뉘고, 결과는 11로 출력된다.

정답   16, 20, 10
       17, 21, 11

017 다음과 같은 C언어 문장에서 모든 변수가 int형이라고 가정할 때, 문장을 실행한 결과 각 변수(x, y)들의 값은 얼마인지 쓰시오. (답안 작성 시, 변수와 값을 구분할 수 있게만 작성하시오.)

```
y = 3 + 2 * ( x = 7 / 2 );
```

> **해설**
> 연산자 우선순위에 의해 괄호 안의 식을 먼저 계산하여, x 변수에는 3이 대입된다. (정수/정수=정수)
> 그 이후 수식을 보면 3+2*3이 되기 때문에 y에는 9가 대입된다.

정답   x = 3, y = 9

018 다음 C언어 프로그램의 출력 결과를 쓰시오.

```c
#include<stdio.h>
int main() {
    printf("%d", (10/3) );
    return 0;
}
```

> **해설**
> 정수/정수의 결과는 정수가 반환된다.

정답   3

019 다음 C언어 프로그램의 실행 결과는 1이다. ①에 들어갈 적합한 연산자를 쓰시오.

```c
#include <stdio.h>
int main() {
    int a = 25, b = 3;
    int result = a ① b;
    printf("%d", result); // 출력: 1

    return 0;
}
```

> **해설**
> 25를 3으로 나눈 나머지값은 1이 된다. 나머지 연산자 %를 사용하면 결과값 1이 출력된다.

정답   %

020 다음 C언어 프로그램의 출력 결과를 쓰시오.

```c
#include<stdio.h>
int main() {
    float a;
    int b ;
    a = 1 / 2;
    b = 4 * a;
    printf("%d", b);
    return 0;
}
```

> **해설**
> a 변수에는 1/2의 결과값 0이 대입된다. 정수/정수의 결과를 먼저 구하고, a에 대입하기 때문에, a의 자료형이 실수형이라고 해도, 0.5가 아닌 0값을 대입하게 된다.
> b 변수에는 4*0의 값 0이 대입된다.

정답   0

021 C 프로그램에서 한 행의 수식 a=++b*c;를 두 행으로 표현하시오.

> **해설**
> ++b 증감 연산은 먼저 증가시키라는 의미이기 때문에, b=b+1을 먼저 수행한 후 b*c의 값을 a에 대입하게 된다.

정답   b = b + 1;
         a = b * c;

022 다음 C언어 프로그램의 출력 결과를 쓰시오.

```
#include<stdio.h>
int main() {
    int a = 5, b = 9;
    printf("%d, ", ++a);
    printf("%d, ", a++);
    printf("%d, ", --b);
    printf("%d\n", b--);
    return 0;
}
```

해설

첫 번째 출력에서 a를 먼저 증가시킨 후 출력하여 6이 출력되고, a는 6값을 가진다.
두 번째 출력에서 a를 먼저 출력한 후 증가시키기 때문에 현재 6값이 출력되고, a는 7값을 가진다.
세 번째 출력에서 b를 먼저 감소시킨 후 출력하여 8이 출력되고, b는 8값을 가진다.
네 번째 출력에서 b를 먼저 출력한 후 감소시키기 때문에 현재 8값이 출력되고 b는 7값을 가진다.

정답 6, 6, 8, 8

023 다음 C언어 프로그램의 출력 결과를 쓰시오.

```
#include<stdio.h>
int main() {
    int a = 5, b = 5;
    a *= 3 + b++;
    printf("%d, %d", a, b) ;
    return 0;
}
```

해설

a *= 3 + b++;의 처리 순서는 먼저 3+b 수행 후, b 변수의 값을 1 증가시킨다.
마지막으로 대입 연산자가 수행된다.

정답 40, 6

024 다음 C언어 프로그램의 출력 결과를 쓰시오.

```c
#include<stdio.h>
int main() {
    int a = 3+5, b=1, c;
    int ap, bp;
    ap = a++;
    bp = ++b;
    b = 3 * (ap == 8);
    c = 5 * (ap != 8);
    printf("%d %d %d %d %d", a, b, c, ap, bp);
    return 0;
}
```

해설

초기값으로 변수 a는 8, 변수 b는 1이 대입된다.
ap에는 a 변수의 값 8을 대입하고, a 변수를 후위 증가하여 a는 9가 된다.
bp에는 b 변수의 값 1을 선 증가하여 대입하기 때문에, bp와 b 변수 모두 2가 된다.
b에는 3*(ap==8), 괄호 연산을 먼저 수행하여 참값이 리턴되고, 3*1이 b에 대입된다.
c에는 5*(ap!=8), 괄호 연산을 먼저 수행하여 거짓값이 리턴되고, 5*0이 c에 대입된다.

정답   9 3 0 8 2

025 다음 C언어 프로그램의 출력 결과를 쓰시오.

```c
#include<stdio.h>
int main() {
    int i, j, k, m, n;
    i=j=k=m=n=3;
    i += ++j + 3;
    k %= m = 1 + n / 2;
    printf("%d, ", i);
    printf("%d, ", k);
    printf("%d", m);
    return 0;
}
```

> **해설**
>
> i, j, k, m, n에 모두 3을 대입한다.
> i+=++j+3;
> 대입 연산자는 가장 나중에 실행이 되고 가장 먼저 실행되는 연산은 ++j + 3을 하게 된다.
> j를 선 증가해서 4+3이 되고, 그 후에 i = i + 7;
> i에는 최종적으로 10이 대입된다.
> k %= m = 1 + n / 2;
> 가장 먼저 수행되는 것은 3/2, 정수/정수이기 때문에 정수값 1을 가진다.
> 1+1한 값을 m에 대입한 후에 k=k%2;를 수행한다.
> 3/2한 이후에 나머지값이 1을 k에 대입하게 된다.

정답 10, 1, 2

026 다음 C언어 프로그램의 출력 결과를 쓰시오.

```c
#include<stdio.h>
int main() {
    int a = 10, b = 20;
    int sum = 0;
    sum = ++a + b++;
    printf("%d, ", sum);
    sum = a-- + --b;
    printf("%d", sum);
    return 0;
}
```

> **해설**
>
> • sum = ++a + b++;
> 먼저 a 변수의 값을 증가하여 11을 만든다.
> b는 더하기 연산을 수행 후에 1이 증가된다.
> sum=11+20; 수행되고, a와 b의 값은 각각 11과 21이 된다.
> • sum = a-- + --b;
> a 변수의 현재 저장된 값 11을 가지고 연산하고 연산 수행 후에 1이 감소한다.
> b는 먼저 감소 후에 연산을 하게 된다.
> sum=11+20; 수행되고, a와 b의 값은 각각 10과 20이 된다.

정답 31, 31

027 아래 C 프로그램의 실행 결과는? (단, 입력값은 3, 4, 5를 차례대로 입력했다고 가정하고, 입력을 받기 위해 안내되는 출력은 결과에 표시하지 마시오.)

```c
#include <stdio.h>
int main() {
    int x, y, z;
    printf("세 개의 정수를 입력하라 (x, y, z): ");
    scanf("%d %d %d", &x, &y, &z);

    int result1 = ++x + y--;
    int result2 = z-- * x++;

    printf("result1: %d\n", result1);
    printf("result2: %d\n", result2);
    printf("x: %d, y: %d, z: %d\n", x, y, z);

    return 0;
}
```

해설

x는 3, y는 4, z는 5를 입력받는다.
result1에는 x를 먼저 증가시킨 값 4와 y의 값 4를 더해서 result1에 대입한다.
이때, x와 y는 ++라는 단항 연산자를 사용했기 때문에, 1씩 증가된 값으로 변경된다.
result2에는 z의 값 5와 x의 값 4를 곱한 20을 대입한다.
이때, z는 1 감소된 값이, x는 1 증가된 값이 대입된다.

정답
result1: 8
result2: 20
x: 5, y: 3, z: 4

028 다음 C언어 프로그램의 출력 결과를 쓰시오.

```c
#include <stdio.h>
int main() {
    int a = 5, b = 10, c;
    c = a++ + --b + a;
    printf("c: %d\n", c);
    return 0;
}
```

해설

코드에는 증감 연산자가 포함되어 있다. 연산은 왼쪽에서 오른쪽으로 진행되지만, 증감 연산자의 전위(--b)와 후위(a++)의 동작 차이로 인해 값이 달라질 수 있다.
a++: 현재 값(5)을 사용한 뒤 a=6으로 증가한다.
--b: 먼저 b를 감소(10 → 9)하고 사용한다.
이후 a는 증가된 값(6)으로 사용된다.

정답   c: 20

---

029 다음 C언어 프로그램의 출력 결과를 쓰시오.

```c
#include <stdio.h>
int main() {
    int x = 7, y = 3;
    x += y *= x -= 2;
    printf("x: %d, y: %d\n", x, y);
    return 0;
}
```

해설

복합 대입 연산자 -=와 *=의 우선순위는 같다.
연산은 오른쪽에서 왼쪽으로 평가되기 때문에, x-=2부터 계산된다.
x=x-2의 결과는 5, y=y*x의 결과는 15, x=x+y의 결과는 20이 된다.
최종적으로 x와 y에는 20과 15가 대입된다.

정답   x: 20, y: 15

030 다음 C언어 프로그램의 출력 결과를 쓰시오.

```c
#include <stdio.h>
int main(void) {
    int a = 5, b = 3, c = 12;
    int t1, t2, t3;
    t1 = a && b;
    t2 = a || b;
    t3 =! c;
    printf("%d", t1 + t2 + t3);
    return 0;
}
```

해설

t1에 대입되는 값은 a와 b의 AND(&&) 연산이다.
&& 연산은 좌항과 우항이 모두 참일 때 참값을 리턴하게 되고, a와 b에 각각 5와 3이 있기 때문에 참으로 간주해서 참값인 1을 t1에 대입하게 된다.
t2에 대입되는 값은 a와 b의 OR(||) 연산이다.
|| 연산은 좌항과 우항 둘 중 하나만 참이면 참값을 리턴하게 되고, a와 b에 모두 값이 있는 참이므로 참값인 1을 t2에 대입하게 된다.
t3에는 c의 값을 NOT(!)연산하라는 의미로, 현재 c값에는 12라는 값이 대입되어 있는 참이므로, 이것을 비트 반전하게 되면 거짓값인 0이 대입된다.

정답 2

031 다음 C언어 프로그램의 출력 결과를 쓰시오.

```c
#include <stdio.h>
int main(void) {
    int a = 3, b = 4, c = 2;
    int r1, r2;

    r1 = b <= 4 || c == 2;
    r2 = (a > 0) && (b < 5);

    printf("%d", r1+r2);
    return 0;
}
```

> **해설**
>
> b <= 4 || c == 2 이 결과값을 r1에 대입한다.
> || 연산자는 좌항과 우항 둘 중 하나만 참이 되어도 참값이 리턴된다.
> b <= 4, b는 4보다 작진 않지만, 같기 때문에 참값을 리턴하고, c == 2, c는 2가 저장되어 있어 참값을 리턴한다.
> r1에는 참값인 1이 대입된다.
>
> (a > 0) && (b < 5) 이 결과값을 r2에 대입한다.
> && 연산자는 좌항과 우항 모두 참이 되어야 참값이 리턴된다.
> a > 0, a의 값 3은 0보다 크기 때문에 참값을 리턴하고, b < 5, b의 값 4는 5보다 작기 때문에 참값을 리턴한다.
>
> 출력문에서 r1의 값 1과, r2의 값 1, 두 변수의 값을 더해서 2가 출력된다.

정답   2

032 다음 C언어 프로그램의 출력 결과를 쓰시오.

```c
#include <stdio.h>
int main(void) {
    int n1 = 1, n2 = 2, n3 = 3;
    int r1, r2, r3;

    r1 = ( n2 <= 2) || ( n3 > 3 );
    r2 = !n3;
    r3 = ( n1 > 1 ) && ( n2 < 3 );

    printf("%d", r3 - r2 + r1 );
    return 0;
}
```

> **해설**
>
> 첫 번째, r1에는 좌항과 우항 둘 중 하나만 참이면 참값이 대입된다.
> 좌항 2 <= 2는 참이고, 우항 3 > 3은 거짓이다.
> 좌항이 참이므로 r1은 참값을 가지게 된다.
>
> 두 번째, r2는 n3을 비트 반전했고, n3에는 값이 들어가 있는 참이므로 비트 반전시켜 거짓값을 가진다.
>
> 세 번째, r3은 좌항과 우항 모두 참이면 참값이 대입된다.
> 좌항 1 > 1은 거짓이고, 우항 2 < 3은 참이다.
> 좌항이 거짓이기 때문에 r3은 거짓값을 가지게 된다.
>
> 0-0+1 출력으로 1 값이 출력된다.

정답   1

033 다음 C언어 프로그램의 출력 결과를 쓰시오.

```c
#include <stdio.h>
int main(void) {
    int x = 3, y = 4, z = 0, rs;
    rs = x || y && z;
    printf("rs = %d", rs);
    return 0;
}
```

해설

|| 연산자는 좌항과 우항 둘 중 하나만 참이면 참값을 리턴한다.
x에는 3이라는 참값이 들어있고, y에는 4라는 참값이 들어있다.
z에는 0이라는 거짓값이 들어있다.
뒤에 && 연산자가 있다고 하더라도, 앞의 || 연산에서 어느 것이든 참이면 되기 때문에 rs에는 참값인 1이 대입된다.

정답 rs = 1

034 다음 C언어 프로그램의 출력 결과를 쓰시오.

```c
#include <stdio.h>
int main() {
    int x = 3, y = 0, z = 5;
    int flag = (x && y) || (z && !y);
    printf("flag: %d\n", flag);
    return 0;
}
```

해설

x와 y의 논리연산 결과는 0이다.
z와 !y의 논리연산 결과는 1이다.
두 결과를 논리연산 OR를 이용해서 나온 결과는 1이 된다.

정답 flag: 1

035 다음 C언어는 두 수의 비트별 AND, OR, XOR을 구하는 프로그램이다. 실행 결과를 쓰시오.

```c
#include <stdio.h>
int main(int argc, char *argv[]) {
    int a = 3, b = 6;
    int c, d, e;
    c = a & b;
    d = a | b;
    e = a ^ b;
    printf("%d, %d, %d", c, d, e);
    return 0;
}
```

해설

먼저 a 변수와 b 변수의 값을 이진수로 변환한다.
a 변수는 0011, b 변수는 0110
c에는 두 변수의 값을 & 연산하게 되고, 0010이 대입된다.
d에는 두 변수의 값을 | 연산하게 되고, 0111이 대입된다.
e에는 두 변수의 값을 ^ 연산하게 되고, 0101이 대입된다.

정답 2, 7, 5

036 다음 C언어 프로그램의 출력 결과를 쓰시오.

```c
#include<stdio.h>
int main() {
    int x = 0x11;
    int y, z;
    y = x & 0x0f;
    z = x | 0x0f;
    printf("x=%d, y=%d, z=%d", x, y, z);
    return 0;
}
```

> **해설**
>
> x 변수에는 16진수 11이 대입되고, 이를 2진수로 바꾸면, 0001 0001이 된다.
> y 변수에 x의 값 0001 0001과 0000 1111을 & 연산하여 대입하게 되면, 0000 0001이 대입된다.
> z 변수에 x의 값 0001 0001과 0000 1111을 비트OR(|) 연산하여 대입하게 되면, 0001 1111이 대입된다.
> 이를 10진수 형태로 출력하면 아래와 같은 답이 출력된다.

정답   x=17, y=1, z=31

037 다음 C언어 프로그램의 출력 결과를 쓰시오.

```c
#include <stdio.h>
int main(int argc, char *argv[]) {
    int a = 4;
    int b = 7;
    int c = a | b;

    printf("%d", c);
    return 0;
}
```

> **해설**
>
> a 변수의 값 4를 2진수로 변경하면 0100, b 변수의 값 7을 2진수로 변경하면 0111, 이를 | 연산하게 되면 0111이고, c 변수에 대입한다.
> c 변수의 값을 10진수로 형태로 출력하면 7이 된다.

정답   7

038 C언어에서 정수 변수 a, b에 각각 1, 2가 저장되어 있을 때 다음 식의 연산 결과를 쓰시오.

a < b + 2 && a << 1 <= b

> **해설**
>
> 논리 연산자 &&를 기준으로 좌항과 우항으로 나누어 참 거짓을 확인한다.
> a < b + 2에서 산술 연산자가 우선순위가 높기 때문에, 1 < 4로 비교하여 참값을 리턴한다.
> a << 1 <= b에서 시프트 연산자가 우선순위가 높기 때문에 a 값 1을 좌 시프트 1 해서 2 <= 2를 비교하게 되고, 참값을 리턴한다.
> 좌항과 우항이 모두 참이기 때문에 최종적으로 참값인 1을 리턴한다.

정답   1

039 다음 C언어 프로그램의 출력 결과를 쓰시오.

```c
#include <stdio.h>
int main(int argc, char *argv[]) {
    int a = 15, b = 32;
    int c, d;
    c = a >> 2;
    d = b << 2;
    printf("%d, %d", c, d);
    return 0;
}
```

해설

먼저 a 변수와 b 변수의 값을 이진수로 변환한다.
a 변수는 001111, b 변수는 100000
c에는 a 변수의 값을 우 시프트하여 두 개를 삭제시켜 000011이 대입된다.
d에는 b 변수의 값을 좌 시프트하여 두 개를 추가시켜 10000000이 대입된다.

정답 3, 128

---

040 다음 C언어 프로그램의 출력 결과를 쓰시오.

```c
#include <stdio.h>
int main() {
    int a = 5;
    int b = 3;

    a = a << b;
    b = a >> 1;

    printf("%d,", a);
    printf("%d\n", b);

    return 0;
}
```

CHAPTER 02. 입출력 함수 / 연산자

> **해설**
>
> 변수 a에 5, 변수 b에 3을 대입한다.
> a 변수에 있는 값 5를 좌 시프트 3 해서 나온 결과 40을 a에 대입한다.
> b 변수에는 a에서 변경된 40을 가지고, 우 시프트 1 해서 나온 결과 20을 대입한다.

정답   40, 20

041 C에서 '^'는 비트 간 XOR 연산을 나타낸다. 5^13의 결과를 쓰시오.

> **해설**
>
> 5를 2진수로 변경하면 0101, 13을 2진수로 변경하면 1101, XOR 연산을 하게 되면 두 비트가 다를 때 1을 리턴하기 때문에 2진수 1000, 10진수 8을 출력한다.

정답   8

042 다음 C언어 프로그램의 출력 결과를 쓰시오.

```
#include <stdio.h>
int main() {
    int num1 = 5;
    int num2 = -5;
    printf("%d, %d", ~num1, ~num2);
    return 0;
}
```

> **해설**
>
> 비트 NOT 연산자를 사용하게 되면 양수일 때는 부호와 상관없이 1 증가 후 음수로 변환하고, 음수일 때는 부호와 상관없이 1 감소 후 양수로 변환한다.

정답   -6, 4

043 다음 C언어 프로그램의 출력 결과를 쓰시오.

```c
#include <stdio.h>
int main() {
    int a = 6;
    int b = 5;
    int result = (a & b) | (~a);
    printf("result: %d\n", result);
    return 0;
}
```

해설

변수 a에는 6이 대입되고, 2진수는 0110이 된다.
변수 b에는 5가 대입되고, 2진수는 0101이 된다.
a와 b를 & 연산하게 되면, 4가 된다.
4와 ~a의 연산을 하게 되면, -3이 된다.
~는 비트 NOT 연산자이고, 모든 비트를 반전시키게 된다.
int는 32비트로 구성되어 있기 때문에
4는 00000000 00000000 00000000 00000100
~a는 11111111 11111111 11111111 11111001
이 값들을 비트 OR 연산을 하게 되면, 11111111 11111111 11111111 11111101이 된다.
맨 앞 부호비트가 1이기 때문에 해당 값은 음수가 되고, 음수를 해석하기 위해서는 2의 보수로 계산한다.
1의 보수로 변경하면, 0000000 00000000 00000000 00000010이 되고, 2의 보수로 변경하면, 0000000 00000000 00000000 00000011이 된다.
이 값은 3이고, 맨 앞 부호비트가 1이기 때문에 -3이 된다.

정답 -3

044 다음 C언어 프로그램의 출력 결과를 쓰시오.

```c
#include <stdio.h>
int main() {
    int a = -6;
    int b = 5;
    int result = (a & b) | (~a);
    printf("result: %d\n", result);
    return 0;
}
```

> **해설**
>
> 변수 a에는 -6이 대입되고, 2진수로 표현하면, 11111111 11111111 11111111 11111010이 된다.
> 변수 b에는 5가 대입되고, 2진수는 00000000 00000000 00000000 00000101이 된다.
> a와 b를 & 연산하게 되면, 0이 된다.
> 0과 ~a의 연산을 하게 되면, 5가 된다.
> ~는 비트 NOT 연산자이고, 모든 비트를 반전시키게 된다.
> int는 32비트로 구성되어 있기 때문에
> 0은 00000000 00000000 00000000 00000000
> ~a는 00000000 00000000 00000000 00000101
> 이 값들을 비트 OR 연산을 하게 되면, 00000000 00000000 00000000 00000101이 된다.
> 맨 앞 부호비트가 0이기 때문에, 해당 값은 양수 5가 된다.

정답   5

045 다음 C언어 프로그램의 출력 결과를 쓰시오.

```
#include <stdio.h>
int main() {
    int x = 0x15213F10 >> 4;
    char y = (char) x;
    unsigned char z = (unsigned char) x;
    printf("%d, %u", y, z);
    return 0;
}
```

> **해설**
>
> 이런 형태의 문제는 x의 10진수 값을 구하는 형태는 아니다.
> 처음 x에 시프트 연산으로 4비트를 제거하게 되면, 0x15213F1이 남게 된다.
> y에 x의 값을 형변환하여 넣으려고 할 때, char는 1Byte이기 때문에 뒤에 F1의 값만 들어가게 된다.
> y에 저장된 2진수를 보게 되면, 11110001이 되고, 맨 앞에 있는 1은 부호비트를 나타내기 때문에 음수이다.
> 음수는 2의 보수 형태로 저장되고, 1110001을 1의 보수로 먼저 변형하여 1110000, 이것을 원래의 2진수로 변경하면 00011111이 된다.
> y에는 -15가 저장된 형태가 된다.
> z는 unsigned 형태로 값을 대입하는데, unsigned는 절대값의 표현이 되기 때문에 11110001의 10진수 값 241을 가지게 된다.

정답   -15, 241

046 다음 C언어 프로그램의 출력 결과를 쓰시오.

```c
#include <stdio.h>
int main(void) {
    int a, b;
    a = 20;
    b = ( a > 10 ) ? a+a : a*a;
    printf("b=%d \n", b);
    return 0;
}
```

해설

삼항 연산자는 조건항을 비교하여 참일 때는 참항, 거짓일 때는 거짓항을 수행한다.
a>10, a는 20을 가지고 있고, 조건이 참이기 때문에, 참항의 수행 a+a를 수행하여 b 변수에 40을 대입한다.

정답 b=40

---

047 다음 C언어 프로그램의 출력 결과를 쓰시오.

```c
#include <stdio.h>
int main() {
    int x = 4, y = 6, z = 10;
    int result = (x > y) ? (y + z) : (x > z ? x : z);
    printf("%d\n", result);
    return 0;
}
```

해설

조건(x > y)은 false이기 때문에, 두 번째 조건 (x > z)로 진행한다.
조건(x > z)은 false이기 때문에, z가 최종값으로 선택된다.

정답 10

CHAPTER 03 제어문

1. 제어문

(1) if

1) 단순 if 문

```
if( 조건 ){
    // 조건이 참일 때의 처리;
}
```

2) if~else 문

```
if( 조건 ){
    // 조건이 참일 때의 처리;
}
else{
    // 조건이 거짓일 때의 처리;
}
```

3) 다중 if 문

```
if( 조건1 ){
    // 조건1이 참일 때의 처리;
}
else if( 조건2 ){
    // 조건2가 참일 때의 처리;
}
else if( 조건3 ){
    // 조건3이 참일 때의 처리;
}
else{
    // 모든 조건이 만족하지 않을 때의 처리;
}
```

4) 예제

```c
int main(){
    int score = 65;
    // score 값이 60 이상일 때와 그렇지 않을 때를 비교한다.
    if( score >= 60 ){
        printf("합격하셨습니다.");
    }
    else{
        printf("아쉽게도 불합격하셨습니다.");
    }
}
```

```c
// 점수를 입력받아 해당 점수별로 등급을 출력한다.
int main() {
    int score;
    printf("점수를 입력하세요: ");
    scanf("%d", &score);
    if (score >= 90) {
        printf("A 등급입니다.\n");
    }
    else if (score >= 80) {
        printf("B 등급입니다.\n");
    }
    else if (score >= 70) {
        printf("C 등급입니다.\n");
    }
    else {
        printf("F 등급입니다.\n");
    }
    return 0;
}
```

(2) switch

1) 문법

```
switch(변수){
    case 값1 :
        명령문;
        break;
    case 값2 :
        명령문;
        break;
    default :
        명령문;
}
```

2) 예제

```
char ch = 'A';
switch(ch){
    case 'A' :
        printf("ch의 값은 A입니다.");
        break;
    case 'B' :
        printf("ch의 값은 B입니다.");
        break;
    default :
        printf("ch의 값은 A와 B가 아닌 다른 문자입니다.");
}
```

문제풀이

001 다음 프로그램 조건문에 대해 삼항 조건 연산자를 사용하여 표현하시오.

```
int i = 7, j = 9;
int k;
if (i > j)
    k = i - j;
else
    k = i + j;
```

해설

삼항 연산자는 조건항 ? 참항 : 거짓항으로 구성이 된다.
i > j는 조건항으로, i - j는 참항, i + j는 거짓항으로 구분해 준다.

정답   k = (i > j)?(i - j):(i + j);

002 다음 C언어 프로그램의 출력 결과를 쓰시오.

```
#include <stdio.h>
int main() {
    int a = 10, b = 20;
    if( a > b ){
        a = a + 10;
        printf("a=%d\n", a);
    }
    b = b + 20;
    printf("b=%d", b);
    return 0;
}
```

해설

if 조건에서 10 > 20, 10은 20보다 크지 않기 때문에 해당 if 블록을 건너뛴다.

정답   b=40

CHAPTER 03. 제어문 **47**

003 다음 C언어 프로그램의 출력 결과를 쓰시오.

```c
#include <stdio.h>
int main() {
    int a, b, max;
    a = 10;
    b = 5;
    if( a > b ){
        max = a;
    }
    else{
        max = b;
    }
    printf("max=%d", max);
    return 0;
}
```

해설

if 조건에서 a와 b를 비교하여 a가 크면 max 변수에 a의 값을, 그렇지 않다면 max 변수에 b 값 대입 a의 값이 크기 때문에 참 블록을 수행한다.

정답   max=10

004 다음 C언어 프로그램의 출력 결과를 쓰시오.

```c
#include <stdio.h>
int main() {
    float i;
    int j, k, m;
    int v1 = 1;
    int v2 = 2;
    i = 100 / 300;
    j = v1 & v2;
    k = v1 | v2;
    if( j && k || i ) m = i + j;
    else m = j + k;
    printf("i = %.1f  j = %d   k = %d   m = %03d \n", i, j, k, m);
    return 0;
}
```

해설

i에는 100을 300으로 나눠서 대입된다. 이때 정수/정수=정수이므로 0값이 대입된다.
VALUE1을 2진수로 변경하면, 0001
VALUE2를 2진수로 변경하면, 0010
j에는 VALUE1과 VALUE2를 & 연산하여 0값이 대입된다.
k에는 VALUE1과 VALUE2를 | 연산하여 3값이 대입된다.
조건문에서 순서대로 j && k 연산을 수행한다. j에 0값이 들어있으므로 false가 되고, 그다음 연산 flase || i를 수행한다.
i에도 0값이 대입되어 있으므로 해당 결정포인트는 거짓이 된다.
m에는 조건에서 거짓에 해당하는 j+k 값을 수행하여 3값을 대입한다.

정답   i = 0.0 j = 0 k = 3 m = 003

005 다음 C언어 프로그램의 출력 결과를 쓰시오.

```c
#include <stdio.h>
int main() {
    int i = 7, j = 9;
    int k;
    if (i > j)
        k = i - j;
    else
        k = i + j;
    printf("%d", k);
    return 0;
}
```

해설

조건절에서 7 > 9는 거짓이 되므로, k값에는 7+9를 수행한 16이 대입된다.

정답   16

006 다음 C언어 프로그램의 출력 결과를 쓰시오.

```c
#include <stdio.h>
int main() {
    int a, b;
    a = b = 1;

    if( a == 2 )
        b = a + 1;
    else if( a == 1 )
        b = b + 1;
    else
        b = 10;
    printf("%d, %d\n", a, b);
    return 0;
}
```

> **해설**
>
> a, b 변수에 모두 1을 대입한다.
> 첫 번째 비교에서 a == 2는 만족하지 않고, 두 번째 비교 a == 1을 만족하기 때문에 해당 조건 블록을 수행한다.
> b를 1 증가시켜 b 변수에는 2가 대입된다.
> 해당 블록 수행 후, if 전체 블록을 빠져나오고, a의 값 1과 b의 값 2를 출력한다.

정답   1, 2

007 다음 C언어 프로그램의 출력 결과를 쓰시오.

```c
#include <stdio.h>
int main() {
    int a=10;

    if( a >= 0 ){
        if( a == 0 ){
            printf("0 입니다.");
        }
        else{
            printf("양수 입니다.");
        }
    }
    else{
        printf("음수 입니다.");
    }
    return 0;
}
```

> **해설**
>
> 첫 번째 비교에서 a는 0보다 크기 때문에 if 조건에 만족하는 블록을 수행한다.
> 해당 블록에서는 a가 0인지를 비교하고, 0이 아니기 때문에 else 블록을 수행하여 출력한다.

정답   양수 입니다.

008 다음 C언어 프로그램의 출력 결과를 쓰시오.

```c
#include <stdio.h>
int main() {
    int i, j;
    i = 10;
    j = 20;

    if( i == 10 ){
        if( j == 10 ){
            printf("%d, ", i = i + j);
        }
        else{
            printf("%d, ", i = i - j);
        }
        printf("%d, %d", i, j);
    }
    return 0;
}
```

해설

첫 번째 비교에서 j는 10과 같기 때문에 if 블록을 수행한다.
if 블록 안에서 다시 j값을 비교하고, j는 10이 아니기 때문에, else 블록을 수행한다.
i=i-j;를 수행하여 i 값에 -10을 저장하고 출력한다.
if 블록을 빠져나와 현재 i와 j의 값을 출력해 준다.

정답   -10, -10, 20

009 다음은 어느 학생이 C언어로 작성한 학점 계산 프로그램이다. 출력 결과를 쓰시오.

```c
#include <stdio.h>
int main()
{
    int score = 85;
    char grade;
    if (score >= 90) grade='A';
    if (score >= 80) grade='B';
    if (score >= 70) grade='C';
    if (score < 70) grade='F';
    printf("학점 : %c\n", grade);
    return 0;
}
```

해설

score에는 85가 대입되고,
첫 번째 if 문은 85 >= 90, 거짓이다.
두 번째 if 문은 85 >= 80, 참이기 때문에 grade에 B를 대입한다.
세 번째 if 문은 85 >= 70, 참이기 때문에 grade에 C를 대입한다.
네 번째 if 문은 85 < 70, 거짓이다.
if 문들이 다중 if로 묶인 것이 아니라, 개별적으로 조건을 확인하기 때문에 모든 if를 수행하게 된다.

정답   학점 : C

010 다음 C언어 프로그램의 출력 결과를 쓰시오. (단, 점수는 85를 입력하였고, 입력을 받기 위해 안내되는 출력문은 결과에 표시하지 마시오.)

```c
#include <stdio.h>
int main() {
    int jumsu=0;
    printf("점수를 입력해주세요:");
    scanf("%d", &jumsu);
    if( jumsu > 90 )
        printf("학점은 A");
    else if( jumsu > 80 )
        printf("학점은 B");
    else if( jumsu > 70 )
        printf("학점은 C");
    else if( jumsu > 60 )
        printf("학점은 D");
    else
        printf("학점은 F");
    return 0;
}
```

해설

입력받은 85를 가지고 첫 번째 비교를 하게 된다.
85 > 90에 만족하지 않기 때문에, 다음 조건을 비교한다.
85 > 80에 만족하기 때문에 해당 내용을 수행하여 '학점은 B'라고 출력한다.
출력 후에는 해당 if 블록을 빠져나오게 된다.

정답   학점은 B

011 다음 C언어 프로그램의 출력 결과를 쓰시오.

```c
#include <stdio.h>
int main() {
    int score = 85;
    if (score >= 60) {
        printf("A\n");
        printf("B\n");
    }
    return 0;
}
```

> **해설**
> score 변수에는 85가 대입되어 있고, 85는 60보다 크거나 같기 때문에, if 안쪽에 있는 내용이 수행된다.

정답　　A
　　　　B

012 다음 C언어 프로그램의 출력 결과를 쓰시오.

```c
#include <stdio.h>
int main() {
    int score = 55;
    if (score >= 60)
        printf("A\n");
    printf("B\n");

    return 0;
}
```

> **해설**
> 중괄호가 없는 if 문의 경우, 조건이 만족하면 다음에 있는 하나의 명령만 if에 속하게 된다.
> score >= 60은 조건에 만족하지 않았지만, B를 출력하는 건 if의 범위를 벗어나기 때문에 실행이 된다.

정답　　B

013 다음 C언어 프로그램의 출력 결과를 쓰시오.

```c
#include <stdio.h>
int main() {
    int score = 55;

    if (score >= 60)
        printf("A\n");
    printf("B\n");
    printf("C\n");

    return 0;
}
```

해설
중괄호가 없는 if 문의 경우, 조건이 만족하면 다음에 있는 하나의 명령만 if에 속하게 된다.
score >= 60은 조건에 만족하지 않았지만, B와 C를 출력하는 건 if의 범위를 벗어나기 때문에 실행이 된다.

정답
B
C

014 다음 C언어 프로그램의 출력 결과를 쓰시오.

```c
#include <stdio.h>
int main() {
    int score = 55;

    if (score >= 60){
        printf("A\n");
        printf("B\n");
    }
    printf("C\n");

    return 0;
}
```

해설
score >= 60의 조건은 거짓이기 때문에, 중괄호 안에 있는 내용들은 실행되지 않는다.

정답
C

015 다음 C언어 프로그램의 출력 결과를 쓰시오.

```c
#include <stdio.h>
int main() {
    int a = 0, b = 0;
    if (++a && ++b) {
        printf("a = %d, b = %d \n", a, b);
    } else {
        printf("a = %d, b = %d \n", a, b);
    }
    return 0;
}
```

해설

a와 b에는 각각 0이 대입되어 있다.
if 조건에서 a와 b는 선 증가하기 때문에, 조건은 if(1 && 1)이 된다.
조건의 결과가 참이고, a와 b에는 증가된 값이 대입되어 있기 때문에, 증가된 값이 출력된다.

정답   a = 1, b = 1

---

016 다음 C언어 프로그램의 출력 결과를 쓰시오.

```c
#include <stdio.h>
int main() {
    int a = 1, b = 0;
    if (a++ || ++b) {
        printf("a = %d, b = %d \n", a, b);
    } else {
        printf("a = %d, b = %d \n", a, b);
    }
    return 0;
}
```

해설

a와 b에는 각각 1과 0이 대입되어 있다.
if 조건에서 사용된 논리 연산자는 OR 연산이고, OR의 경우 좌항이 만족하면 우항을 처리할 필요가 없기 때문에, a++만 가지고 참이 된다.
a 값만 증가시키고, ++b는 처리가 되지 않았기 때문에, a에는 2, b에는 0이 그대로 남아있게 된다.

정답   a = 2, b = 0

017 다음 C언어 프로그램의 출력 결과를 쓰시오.

```
#include<stdio.h>
int main()
{
    int i = 3;
    int j = 4;
    if( (++i > j--) && (i++ < --j) ) i = i-- + ++j;
    else j = i-- - --j;
    printf("%d %d\n", i, j);
    return 0;
}
```

해설
첫 번째 조건에서 ++i > j--를 수행한다.
i는 전위 연산이기 때문에 4를 가지고 비교하고, j는 후위 연산이기 때문에 현재값 4를 가지고 비교하고, 1을 감소시킨다.
4 > 4라는 조건이 성립되고 거짓값이 된다.
이후에 우항을 실행해야 하지만, && 논리연산은 좌항과 우항 모두 참이 되어야 하는 연산자이고, 이미 좌항에서 거짓값이 나왔기 때문에 우항의 연산을 실행하지 않고 종료한다.
else 구문에서 j에 i-- - --j를 수행하게 되면
4-2를 하여 j에 2값을 대입하고, i 값은 후위 연산이기 때문에 3이 된다.

정답   3 2

018 다음 C언어 프로그램의 출력 결과를 쓰시오.

```
#include<stdio.h>
int main()
{
    int i = 3;
    int j = 4;
    if( (++i > j--) || (i++ < --j) ) i = i-- + ++j;
    else j = i-- - --j;
    printf("%d %d\n", i, j);
    return 0;
}
```

> **해설**
>
> 첫 번째 조건에서 ++i > j--를 수행한다.
> i는 전위 연산이기 때문에 4를 가지고 비교하고, j는 후위 연산이기 때문에 현재값 4를 가지고 비교하고, 1을 감소시킨다.
> 4 > 4라는 조건이 성립이 되고 거짓이 된다.
> 좌항이 거짓이지만 || 연산을 수행하기 때문에 우항도 수행을 하게 된다.
> i는 후위 연산이기 때문에 4를 가지고 비교하게 되고, j는 전위 연산이기 때문에 2값을 가지고 비교하게 된다.
> 4 < 2를 수행하게 되면 거짓이 되고, j = i-- - --j;를 수행한다.
> j = 5-- - --2;를 수행하고, j는 5-1의 결과값 4가 대입되고, i는 연산 수행 후에 4가 대입된다.

정답   4 4

019 다음 C언어 프로그램의 출력 결과를 쓰시오.

```
#include<stdio.h>
int main()
{
    int a = 20, b = 30;
    if( a++ <= 20 || ++b > 30 )
        b++;
    printf("%d, %d\n", a++, b );
    return 0;
}
```

> **해설**
>
> 조건문의 좌항에서는 a가 후위 연산이기 때문에, 20 <= 20을 수행 후 a 값을 1 증가시키게 된다.
> 좌항은 참이라는 결과값이 나오게 되고, || 연산이기 때문에 우항은 수행하지 않는다.
> 참값의 실행 b++를 수행하여 b에는 31을 대입하게 된다.
> a는 조건 실행 후 1을 증가했기 때문에 21이 출력되고, b는 참이라는 조건에 의해서 31이라는 결과가 출력된다.

정답   21, 31

020 다음 C언어 프로그램의 출력 결과를 쓰시오.

```c
#include<stdio.h>
int main()
{   int x = 15, y = 25, z = 10;
    if( x++ < 15 && ++y > 25 || z-- > 5 )
        x += 2;
    else
        y -= 2;
    printf("%d, %d, %d\n", x, y, z);
    return 0;
}
```

해설

x++ < 15는 false (x는 15이고 조건 평가 후 16으로 증가)
++y > 25는 실행되지 않음 (&&에서 앞 조건이 false라 단축 평가 발생)
z-- > 5는 true (z는 10이고 조건 평가 후 9로 감소)
최종 조건식은 false || true이므로 true가 되고, x+=2;를 실행한다.

정답 18, 25, 9

021 다음 C언어 프로그램의 출력 결과를 쓰시오.

```c
#include<stdio.h>
int main()
{
    int a = 10, b = 5, c = 15;
    if( --a > 10 || b++ < 6 && ++c > 15 )
        c += a;
    else
        b += c;
    printf("%d, %d, %d\n", a, b, c);
    return 0;
}
```

> **해설**
>
> --a > 10은 false(a는 먼저 감소하여 9가 된다.)
> b++ < 6은 true(b는 5로 조건 평가 후 6으로 증가)
> ++c > 15는 true(c는 16으로 증가)
> 최종 조건식은 false || true && true이므로 true가 되고, c+=a;를 실행한다.

정답   9, 6, 25

022 다음 C언어 프로그램의 출력 결과를 쓰시오. (단, 사용자 입력값은 75라고 가정하고, 입력을 위한 안내 문구의 출력은 제외한다.)

```c
#include<stdio.h>
int main()
{
    int n;
    printf("숫자를 입력하세요");
    scanf("%d", &n);
    printf("%d\n", n=n%2);
    switch(n){
        case 0: printf("나머지는 0\n"); break;
        case 1: printf("나머지는 1\n"); break;
        case 2: printf("나머지는 2\n"); break;
        default: printf("나머지는 다른 값입니다."); break;
    }
}
```

> **해설**
>
> 정수 75를 입력받아 나머지를 구하고 출력을 해준다.
> 출력을 하면서 n 변수에 나머지값을 대입한다.
> 나머지값이 1이기 때문에 case 1번부터 수행하고, break를 만날 때까지 수행이 된다.
> '나머지는 1' 출력 후 break를 만났기 때문에 해당 switch 블록을 종료한다.

정답   1
       나머지는 1

023 다음 C언어 프로그램의 출력 결과를 쓰시오. (단, 사용자 입력값은 60이라고 가정하고, 입력을 위한 안내 문구의 출력은 제외한다.)

```c
#include<stdio.h>
int main()
{
    int n;
    printf("숫자를 입력하세요");
    scanf("%d", &n);
    printf("%d\n", n=n%2);
    switch(n){
        case 0: printf("나머지는 0\n");
        case 1: printf("나머지는 1\n");
        case 2: printf("나머지는 2\n");
        default: printf("나머지는 다른 값입니다.");
    }
    return 0;
}
```

해설

정수 60을 입력받아 나머지를 구하고 출력을 해준다.
출력을 하면서 n 변수에 나머지값을 대입한다.
나머지값이 0이기 때문에 case 0번부터 수행하고, break를 만날 때까지 수행이 된다.
소스상에 break가 없기 때문에 모든 문장이 수행된다.

정답   0
나머지는 0
나머지는 1
나머지는 2
나머지는 다른 값입니다.

024 다음 C언어 프로그램의 출력 결과를 쓰시오.

```c
#include <stdio.h>
int main() {
    int a = 17;
    switch( a % 3 ){
        case 0: printf("A");
        case 1: printf("B");
        case 2: printf("C");
        case 3: printf("D");
        default: printf("E");
    }
    return 0;
}
```

해설

17을 3으로 나누게 되면 몫은 5이고, 나머지는 2이기 때문에 case 2번부터 break를 만날 때까지 수행하게 된다. break가 없기 때문에 case 2번부터 default까지 모두 수행된다.

정답   CDE

025 다음 C언어 프로그램의 출력 결과를 쓰시오.

```c
#include <stdio.h>
int main() {
    int a = 17;
    switch( a % 3 ){
        case 0: printf("A");
        case 1: printf("B"); break;
        case 2: printf("C");
        case 3: printf("D"); break;
        default: printf("E");
    }
    return 0;
}
```

> **해설**
> 17을 3으로 나누게 되면 몫은 5이고, 나머지는 2이기 때문에 case 2번부터 break를 만날 때까지 수행하게 된다. case 3에 break가 있기 때문에, CD 출력 후 switch 문을 빠져나온다.

정답   CD

026 다음 C언어 프로그램의 출력 결과를 쓰시오.

```c
#include <stdio.h>
int main() {
    int a = 27;
    switch( a % 6 ){
        case 0: printf("A"); break;
        case 1: printf("B"); break;
        case 2: printf("C"); break;
        default: printf("D");
    }
    return 0;
}
```

> **해설**
> 27을 6으로 나누게 되면 몫은 4, 나머지는 3이 되고, case에 3값이 없기 때문에 default를 수행하게 된다.

정답   D

027 다음 C언어 프로그램의 출력 결과를 쓰시오.

```c
#include <stdio.h>
int main() {
    int a=0, b=1;
    switch( a ) {
        case 0 : printf("%d \n", b++); break;
        case 1 : printf("%d \n", ++b); break;
        default : printf("%d \n", b); break;
    }
    return 0;
}
```

> **해설**
>
> a의 값은 0이므로, case 0번부터 break를 만날 때까지 수행한다.
> case 0번에서 출력을 할 때, b의 값을 먼저 출력 후 1 증가시키기 때문에 1이 출력되고, b 변수의 값은 2가 된다.

정답   1

028 다음 C언어 프로그램의 출력 결과를 쓰시오.

```c
#include <stdio.h>
int main() {
    int c = 1;
    switch (3) {
        case 1: c += 3;
        case 2: c++;
        case 3: c = 0;
        case 4: c += 3;
        case 5: c -= 10;
        default: c--;
    }
    printf("%d", c);
    return 0;
}
```

> **해설**
>
> switch 제어문에 3값이 들어왔기 때문에 case 3부터 break를 만날 때까지의 구문을 수행한다.
> 해당 프로그램에는 break가 없기 때문에 case 3부터 default까지 모든 구문을 수행한다.
> c 변수에 0값 대입 => 0
> c 변수에 3을 증가 => 3
> c 변수에서 10을 감소 => -7
> c 변수에서 1을 감소 => -8

정답   -8

CHAPTER 04 반복문

1. for 문

(1) for 문의 활용
- 반복 횟수가 정해진 경우에 가장 적합한 반복문으로, 초기식, 조건식, 증감식을 포함하는 구조를 가진다.

(2) 구조

```
for (초기식; 조건식; 증감식)
{
    // 반복 실행할 코드
}
```

1) 초기식
- 반복문이 시작되기 전에 한 번만 실행된다.
- 반복 제어 변수의 초기값을 설정한다.
- 예: int i = 0 (i를 0으로 초기화)

2) 조건식
- 반복 여부를 결정한다.
- 조건식이 참(True)이면 본문 실행, 거짓(False)이면 반복문을 종료한다.
- 예: i < 10 (i가 10보다 작을 때만 실행)

3) 증감식
- 반복 제어 변수의 값을 변화시킨다.
- 반복이 끝날 때마다 실행된다.
- 예: i++ (i를 1 증가)

(3) 예제

1) 배열 순회

```c
int arr[] = {1, 2, 3, 4, 5};
for (int i = 0; i < 5; i++) {
    printf("%d ", arr[i]);
}
```

[실행 결과]
1 2 3 4 5

2) 합계 계산

```c
int sum = 0;
for (int i = 1; i <= 10; i++) {
    sum += i;
}
printf("Sum: %d\n", sum);
```

[실행 결과]
Sum: 55

3) 별 출력

```c
for (int i = 1; i <= 5; i++) {
    for (int j = 1; j <= i; j++) {
        printf("*");
    }
    printf("\n");
}
```

[실행 결과]
*
**
***
****
*****

2. while 문

(1) while 문의 활용
- 특정 조건을 만족할 때까지 반복 실행하는 반복문이다.
- 조건식이 참(True)일 때 계속 실행된다.
- 반복 횟수가 사전에 정해지지 않은 경우에 적합하다.

(2) 구조

```
while (조건식) {
    // 반복 실행할 코드
}
```

1) 조건식
- 반복 실행 여부를 결정한다.
- 조건식이 참(True)이면 본문 실행, 거짓(False)이면 반복문을 종료한다.
- 예: x > 0 (x가 0보다 클 때 반복 실행)

2) 본문
- 조건식이 참인 경우 실행되는 명령문 블록이다.
- 본문 실행 후 조건식이 다시 평가된다.

(3) 예제

1) 기본 형태

```c
int x = 3;
while (x > 0) {
    printf("%d\n", x);
    x--;   // x를 감소시켜 조건 변경
}
```

[실행 결과]
3
2
1

2) 조건 변경이 없는 무한 루프

```c
int x = 1;
while (x > 0) {
    printf("무한 루프입니다!\n");
}
// 프로그램이 종료되지 않음
```

3) 특정 조건에서 종료

```c
int x = 10;
while (x > 0) {
    if (x == 5) {
        printf("중간에 종료\n");
        break;   // 반복문 강제 종료
    }
    printf("%d\n", x);
    x--;
}
```

[실행 결과]
10
9
8
7
6
중간에 종료

3. do~while 문

(1) do~while 문의 활용
- 무조건 한 번 반복을 실행한 후 조건식을 검사하여 조건이 참(True)일 때 반복 실행한다.
- 조건식이 거짓(False)이더라도 최소 한 번은 본문이 실행되는 특징이 있다.

(2) 구조

```
do {
    // 반복 실행할 코드
} while (조건식);
```

1) 본문
- 반복문 실행 시 항상 처음 한 번은 실행된다.
- 조건식 검사 여부와 관계없이 무조건 실행된다.

2) 조건식
- 본문 실행 후 조건을 평가한다.
- 조건식이 참(True)이면 반복 실행, 거짓(False)이면 반복문을 종료한다.
- 예: x > 0 (x가 0보다 크면 반복)

(3) 예제

1) 기본 형태

```c
int x = 5;
do {
    printf("%d\n", x);
    x--;
} while (x > 0);
```

[실행 결과]
5
4
3
2
1

2) 조건이 처음부터 거짓인 경우

```
int x = -1;
do {
    printf("조건과 관계없이 한 번은 실행\n");
} while (x > 0);
```

[실행 결과]
조건과 관계없이 한 번은 실행

4. continue 문

(1) continue 문의 활용
- 반복문의 나머지 코드를 건너뛰고 바로 다음 반복으로 이동하도록 한다.
- continue 문 아래에 있는 명령문은 실행되지 않고, 반복문의 조건 확인 단계로 돌아간다.

(2) 구조

```
for (초기식; 조건식; 증감식) {
    if (조건) {
        continue;
    }
    // 이 부분은 조건을 만족하면 실행되지 않음
}
```

(3) 예제

1) 특정 조건에서 건너뛰기

```
#include <stdio.h>
int main() {
    for (int i = 1; i <= 5; i++) {
        if (i == 3) {
            continue; // i가 3일 때 아래 코드를 건너뜀
        }
        printf("%d ", i);
    }
```

```
        return 0;
}
```

[실행 결과]
1 2 4 5

2) 짝수만 출력

```c
#include <stdio.h>
int main() {
    int i = 0;
    while (i < 10) {
        i++;
        if (i % 2 != 0) {
            continue; // 홀수일 경우 아래 코드를 건너뜀
        }
        printf("%d ", i);
    }
    return 0;
}
```

[실행 결과]
2 4 6 8 10

3) 중첩 반복문에서의 continue

```c
#include <stdio.h>
int main() {
    for (int i = 0; i < 3; i++) {
        for (int j = 0; j < 3; j++) {
            if (j == 1) {
                continue; // j가 1일 때 아래 코드를 건너뜀
            }
            printf("i: %d, j: %d\n", i, j);
        }
    }
    return 0;
}
```

```
[실행 결과]
i: 0, j: 0
i: 0, j: 2
i: 1, j: 0
i: 1, j: 2
i: 2, j: 0
i: 2, j: 2
```

5. break 문

(1) break 문의 활용

- 반복문이나 switch 문에서 실행 흐름을 즉시 종료시키는 역할을 한다.
- 반복문 내에서 break를 만나면 반복문이 종료되고, 반복문 이후의 명령문이 실행된다.

(2) 구조

```
for (초기식; 조건식; 증감식) {
    if (조건) {
        break; // 조건이 참일 때 반복문 종료
    }
    // 이 부분은 break를 만나지 않은 경우에만 실행
}
```

(3) 예제

1) 특정 조건에서 반복 종료

```c
#include <stdio.h>
int main() {
    for (int i = 1; i <= 5; i++) {
        if (i == 3) {
            break; // i가 3일 때 반복문 종료
        }
        printf("%d\n", i);
    }
    printf("반복문 종료 후 실행\n");
```

```
        return 0;
}
```

[실행 결과]
1
2
반복문 종료 후 실행

2) 중첩 반복문에서의 break

```c
#include <stdio.h>
int main() {
    for (int i = 0; i < 3; i++) {
        for (int j = 0; j < 3; j++) {
            if (j == 1) {
                break; // 내부 반복문 종료
            }
            printf("i: %d, j: %d\n", i, j);
        }
    }
    return 0;
}
```

[실행 결과]
i: 0, j: 0
i: 1, j: 0
i: 2, j: 0

문제풀이

001 다음 C언어 프로그램의 출력 결과를 쓰시오.

```c
#include <stdio.h>
int main() {
    int i, sum=0;
    for( i = 0; i <= 5; i++ ){
        sum += i;
    }
    printf("1부터 %d까지의 합=%d", i-1, sum);
    return 0;
}
```

해설

i 값이 0부터 5까지 증가하면서 반복을 수행한다.
반복문 블록에서는 sum 변수에 i 값을 누적산하게 된다.
최종적으로 i 값이 6을 가지고 비교 후 반복을 빠져나오는 것을 꼭 확인해야 한다.

정답 1부터 5까지의 합=15

002 다음 C언어 프로그램의 출력 결과를 쓰시오.

```c
#include <stdio.h>
int main() {
    int i = 0;
    for (; i < 5; ) {
        printf("%d ", i);
        i++;
    }
    return 0;
}
```

해설

for 반복문에서 초기값과 증감 영역이 비어있지만 i 값의 초기화는 for 바깥쪽에서, 증감은 for문 수행 부분에서 처리가 된다.

정답 0 1 2 3 4

CHAPTER 04. 반복문

003 다음 C언어 프로그램의 출력 결과를 쓰시오.

```c
#include <stdio.h>
int main() {
    int i, sum=0;
    for( i = 1; i <= 10; i+=2 ){
        sum += i;
        printf("%d, ", i);
    }
    printf("%d", sum);
    return 0;
}
```

해설

i 값을 1을 가지고 초기화시킨다.
i 값을 2씩 증가시키면서 10보다 작거나 같을 때까지 반복하며, 현재 i 값을 출력하고, i 값을 sum에 누적산한다.
반복문을 빠져나와서 최종 sum 값을 출력한다.

정답 1, 3, 5, 7, 9, 25

004 다음 C언어 프로그램의 출력 결과를 쓰시오.

```c
#include <stdio.h>
int main() {
    int j;
    int sum = 0;
    for( j = 2; j <= 30; j += 5 )
        sum = sum + 1;
    printf("%d, %d", j, sum);
    return 0;
}
```

해설

2부터 70까지 5씩 증가하면서 sum 변수에 1씩 누적산을 하게 된다.
i 값의 변화는 2, 7, 12, 17, 22, 27 이런 형태로 변화한다.

정답 32, 6

005 다음 C언어 프로그램의 출력 결과를 쓰시오.

```c
#include <stdio.h>
int main() {
    int a, b, c, sum;
    a=b=1;
    sum = a + b;
    for( int i = 3; i <= 5; i++) {
        c = a + b;
        sum += c;
        a = b;
        b = c;
    }
    printf("%d", sum);
    return 1;
}
```

해설

초기값으로 a와 b를 1로 설정하고, 초기 합 sum에 a+b=2를 저장한다.
for 루프는 3번째 항부터 5번째 항까지 반복하며, 현재 항 c를 이전 두 항(a와 b)의 합으로 계산한다. 이후 sum에 c를 누적하고, a와 b 값을 갱신하여 다음 피보나치 항 계산에 사용한다.
루프가 종료된 후, sum은 피보나치 수열의 첫 5개 항(1, 1, 2, 3, 5)의 합이 되어 출력된다.

정답 12

006 다음 C언어 프로그램의 출력 결과를 쓰시오.

```c
#include <stdio.h>
int main(){
    int c=0;
    for(int i=1; i<=2023; i++) {
        if(i%4 == 0) c++;
    }
    printf("%d", c);
    return 0;
}
```

> **해설**
> 2023까지 4의 배수를 구하는 문제이다. 2023을 4로 나누면 505가 나오게 된다.

정답　505

007　숫자 0부터 n까지 n을 포함한 합을 구하는 함수를 C언어로 구현하고자 한다. 이때 n은 0보다 크거나 같은 경우만 고려한다. 다음에 주어진 프로그램에서 /* 공란 */으로 표시된 곳에 채워져야 할 코드를 작성하시오. (단, for 문을 활용하여 답안을 작성해야 한다.)

```c
int sum(int n) {
    int sum = 0;
    scanf("%d", &n);
    /* 공란 */

    return sum;
}
```

> **해설**
> for 문의 형태는 초기값; 조건; 증감값이다.
> 0부터 n까지 1씩 증가하는 반복문 형태이기 때문에, int i = 0; i <= n; i++ 형태로 작성한다.

정답
```
for( int i = 0; i <= n; i++ ) {
    sum = sum + i;
}
```

008　다음 C언어 프로그램의 출력 결과를 쓰시오.

```c
#include <stdio.h>
int main() {
    int i;
    for( i = 2; i <= 10; i++ ){
        if( i == 3 ){
            break;
        }
        printf("%d", i);
    }
    return 0;
}
```

> **해설**
> i 값이 2부터 10까지 1씩 증가하면서 반복문을 수행한다.
> 첫 번째 i 값은 2이기 때문에 2를 출력하고, 두 번째 i 값은 3이고, 조건문이 참을 만족해서 break를 수행한다.
> break를 만나게 되면 해당 블록의 반복문을 벗어나게 된다.

정답　2

009 다음 C언어 프로그램의 출력 결과를 쓰시오.

```c
#include <stdio.h>
int main() {
    int count, sum = 0;
    for( count = 1; count <= 10; count++ ){
        if( (count % 2) == 0 )
            continue;
        else
            sum += count;
    }
    printf("%d\n", sum);
    return 0;
}
```

> **해설**
> count 값을 1부터 10보다 작거나 같을 때까지 1씩 증가시키면서 반복문을 수행한다.
> 조건절에서 count 변수를 2로 나눠 나머지가 0일 때는 반복의 다음 순서로 바로 이동하게 된다.
> 홀수일 경우 홀수의 값을 sum 변수에 누적산하게 된다.

정답　25

010 다음 C언어 프로그램의 출력 결과를 쓰시오.

```c
#include <stdio.h>
int main() {
    int i, sum=0;
    for( i=1; i <= 10; i+=2 ) {
        if( i % 2 && i %3 ) continue;
        sum += i;
    }
    printf("%d", sum);
    return 0;
}
```

해설

i 값이 1부터 10보다 작거나 같을 때까지, 2씩 증가하면서 반복문을 수행한다.
i = 1, 2로 나누어 나머지는 1, 3으로 나누어 나머지는 1이므로 continue 명령을 수행해 증감으로 올라간다.
i = 3, 2로 나누어 나머지는 1, 3으로 나누어 나머지가 0이므로 sum에 3값을 누적산한다.
i = 5, 2로 나누어 나머지는 1, 3으로 나누어 나머지가 2이므로 continue 명령을 수행해 증감으로 올라간다.
i = 7, 2로 나누어 나머지는 1, 3으로 나누어 나머지가 1이므로 continue 명령을 수행해 증감으로 올라간다.
i = 9, 2로 나누어 나머지는 1, 3으로 나누어 나머지가 0이므로 sum에 9값을 누적산한다.
i = 11은 조건에 만족하지 않기 때문에 for 블록을 벗어난다.

정답   12

011 다음 C언어 프로그램의 출력 결과를 쓰시오.

```c
#include <stdio.h>
int main() {
    for (int i = 0; i < 10 && i % 2 == 0; i += 2) {
        printf("%d ", i);
    }
    return 0;
}
```

해설

i가 0부터 10보다 작으면서 짝수일 때 i 값을 출력한다.

정답   0 2 4 6 8

012 1부터 100까지 짝수의 합을 구하려고 할 때, 빈칸에 들어갈 명령어를 쓰시오.

```c
#include <stdio.h>
int main() {
    int i, sum;
    for( i = 1; i <= 100; i++ ){
        if(  ㉠  ){
            sum += i;
        }
    }
    printf("%d", sum);
    return 0;
}
```

해설

짝수의 합을 구하기 위해서 여러 방법이 존재하지만, i 값을 가지고 2로 나눴을 때 나머지가 0이면 짝수이기 때문에 i%2를 0과 비교한다.

정답   i % 2 == 0

013 다음 C언어 프로그램의 출력 결과를 쓰시오.

```c
#include <stdio.h>
int main() {
    int i, j;
    for( i = 2; i <= 3; i++ ){
        printf("i = %d\n", i);
        for( j = 1; j <= 9; j++ ){
            printf("%d * %d = %d\n", i, j, (i*j) );
            if( j == 2 ){
                break;
            }
        }
    }
    return 0;
}
```

CHAPTER 04. 반복문

> **해설**
> 위 문제와 같이 2~3단 구구단을 작성하는 프로그램이다.
> 내부에 있는 for 문에서 j 값이 2일 때 break 문을 실행하게 되고, 해당 break를 만난 블록의 반복을 탈출하게 된다.

정답   i = 2
          2 * 1 = 2
          2 * 2 = 4
          i = 3
          3 * 1 = 3
          3 * 2 = 6

014 다음 C언어 프로그램의 출력 결과를 쓰시오.

```c
#include <stdio.h>
int main() {
    int i, j, sum=0;
    for( i = 1; i < 5; i++ ) {
        for( j = 1; j < 5; j++ ) {
            if( j % 3 == 0 ) continue;
            if( i % 4 == 0 ) break;
            sum++;
        }
    }
    printf("%d", sum);
    return 0;
}
```

> **해설**
> i 값이 1~4를 반복하면서, j도 1~4까지 반복 수행된다.
> i = 1, j = 1, 2, 4일 때, sum 값 증가(sum = 3)
> i = 2, j = 1, 2, 4일 때, sum 값 증가(sum = 6)
> i = 3, j = 1, 2, 4일 때, sum 값 증가(sum = 9)
> i = 4일 때는 break를 만나기 때문에 sum 값을 증가시키지 않는다.

정답   9

015 다음 C언어 프로그램의 출력 결과를 쓰시오.

```c
#include <stdio.h>
int main() {
    int count = 2;
    int sum = 0;
    while( count <= 10 ) {
        sum += count;
        count += 2;
    }
    printf("%d", sum);
    return 0;
}
```

해설

while 반복문은 조건이 만족하는 동안 반복하게 되고, 조건은 count 값이 10보다 작거나 같을 때까지이다. count의 변화는 2, 4, 6, 8, 10으로 변화가 되고, 해당 값들을 누적산하여 sum에 대입하게 된다.

정답 30

016 다음 C언어 프로그램의 출력 결과를 쓰시오.

```c
#include <stdio.h>
int main() {
    int c=0;
    int i=0;
    while(i<10) {
        i++;
        c *= i;
    }
    printf("%d", c);
    return 0;
}
```

해설

i 값을 0부터 10보다 작을 때까지 반복을 돌리게 된다.
i 값은 1씩 증가되지만, c의 값은 c = c * i;이고, c 값은 0으로 초기화되어 있기 때문에 최종 결과는 0이 된다.

정답 0

CHAPTER 04. 반복문

017 다음 C언어 프로그램의 출력 결과를 쓰시오.

```c
#include <stdio.h>
int main() {
    int x = 0;
    while (x < 10) {
        x += 3;
        printf("%d ", x);
    }
    return 0;
}
```

해설
x가 10보다 작은 조건일 경우, x에 3을 더하고 해당값을 출력한다.

정답 3 6 9 12

018 다음 C언어 프로그램의 출력 결과를 쓰시오.

```c
#include <stdio.h>
int main() {
    int x = 5;
    while (x--) {
        printf("%d ", x);
    }
    return 0;
}
```

해설
x--는 반복 후 감소하며, 0이 되면 반복을 멈춘다.

정답 4 3 2 1 0

019 다음 C언어 프로그램의 출력 결과를 쓰시오.

```c
#include <stdio.h>
int main(int argc, char *argv[])   {
    int i = 0;
    while(1){
        if(i==4){
            break;
        }
        ++i;
    }
    printf("i = %d", i);
    return 0;
}
```

해설

while의 조건은 1이므로 무조건 참이 된다.
i 값이 4와 같으면 break 명령어를 수행해서 while 블록을 탈출한다.

정답   i = 4

020 다음 C언어 프로그램의 출력 결과를 쓰시오.

```c
#include <stdio.h>
int main() {
    int a, b;
    a = 2;
    while( a-- > 0 ) {
        printf("a = %d \n", a);
    }
    for( b = 0; b < 2; b++ ) {
        printf("a = %d \n", a++);
    }
    return 0;
}
```

CHAPTER 04. 반복문

해설

첫 번째 while 반복에서는 a가 0보다 클 때 반복을 수행한다.
a를 비교할 때, 후위 증감이기 때문에 먼저 2값을 가지고 비교하게 된다.
두 번째 for 반복에서는 0부터 2보다 작을 때까지 반복하면서 a 값을 출력한다.
출력할 때, a를 후위 증감하기 때문에 a 값을 먼저 출력하고, 1 증가시킨다.

정답　　a = 1
　　　　a = 0
　　　　a = -1
　　　　a = 0

021 다음 C언어 프로그램의 출력 결과를 쓰시오.

```
#include <stdio.h>
int main() {
    int a=120, b=45;
    while( a != b ) {
        if( a > b ) a = a - b;
        else b = b - a;
    }
    printf("%d", a);
    return 0;
}
```

해설

while 반복에서는 a 변수의 값과 b 변수의 값이 다른 동안 반복하게 된다.
첫 번째 반복에서 조건은, 120 > 45 참이기 때문에 a=a-b; a는 75
두 번째 반복에서 조건은, 75 > 45 참이기 때문에 a=a-b; a는 30
세 번째 반복에서 조건은, 30 > 45 거짓이기 때문에 b=b-a; b는 15
네 번째 반복에서 조건은, 30 > 15 참이기 때문에 a=a-b; a = 15
a와 b가 같아졌기 때문에 반복문을 탈출한다.

정답　　15

022 다음 C언어 프로그램의 출력 결과를 쓰시오.

```c
#include<stdio.h>
int main() {
    int a=1, sum = 0;
    while (a++ <= 5) {
        if (a%2 != 0)
            continue;
        sum = sum+a;
    }
    printf("%d", sum);
    return 0;
}
```

해설

a=1, sum=0으로 대입한다.
a++ <= 5 동안 반복 실행되며, a는 반복할 때마다 1씩 증가한다.
a % 2 != 0(a가 홀수인 경우)라면 continue를 만나 아래 코드를 건너뛴다.
짝수인 a만 sum=sum+a에 더한다.
최종적으로 짝수 a 값들(2, 4, 6)이 더해진 sum을 출력한다.

정답   12

023 다음 C언어 프로그램의 출력 결과를 쓰시오.

```c
#include <stdio.h>
int main(int argc, char *argv[])   {
    int num = 29;
    int b;
    while(num > 0){
        b = num %2;
        num /= 2;
        printf("%d",b);
    }
    return 0;
}
```

> **해설**
> num의 값이 0보다 큰 동안 while 반복을 수행한다.
> b 변수에 num 값을 나누어 나머지값을 대입하고, num 값을 2로 나누어 저장한다.
> 이때, 정수/정수의 결과는 정수를 반환하게 된다.

정답　10111

024 다음 C언어의 결과를 쓰시오.

```c
#include <stdio.h>
int main() {
    int x = 10, y = 5;
    while (x > 0 && y < 10) {
        printf("x: %d, y: %d\n", x, y);
        x -= 2;
        y++;
    }
    return 0;
}
```

> **해설**
> x > 0 && y < 10 이 조건식으로, x가 0보다 크고, 동시에 y가 10보다 작을 때만 실행된다.
> 논리 연산자 &&는 두 조건이 모두 참(True)이어야만 반복을 계속한다.

정답　x: 10, y: 5
　　　x: 8, y: 6
　　　x: 6, y: 7
　　　x: 4, y: 8
　　　x: 2, y: 9

025 다음 프로그램의 실행 결과를 쓰시오.

```c
#include <stdio.h>
int main() {
    int a =0, sum = 0;
    while( a < 5 ) {
        if( ++a % 2 == 1 )
            continue;
        sum += a;
    }
    printf("%d", sum);
    return 1;
}
```

해설

변수 a는 0으로 초기화되어 while (a < 5) 조건이 참일 때 루프를 실행한다.
루프 안에서 ++a는 a를 먼저 1 증가시킨 후 해당 값을 사용한다.
증가된 a가 홀수인지 확인하기 위해 if (++a % 2 == 1) 조건을 비교한다.
a가 5보다 작을 때까지 위 과정을 반복한다.

정답   6

026 다음 C언어의 결과를 쓰시오.

```c
#include <stdio.h>
int main() {
    int a = 1, count = 0;
    while (a < 10) {
        if (a++ % 3 == 0 && ++a % 2 == 0) {
            count++;
        }
    }
    printf("%d", count);
    return 0;
}
```

> **해설**
> a 변수는 1로 초기화가 되고, count는 0으로 초기화된다.
> a가 10보다 작을 때까지 반복하며 조건을 비교하고, count 값을 증가시키게 된다.
> 첫 번째 조건, a++ % 3 == 0은 비교를 수행한 후에 a 값을 1 증가시킨다.
> 두 번째 조건, ++a % 2 == 0은 a를 먼저 1 증가시키고, 비교를 수행한다.

정답   1

027 다음 프로그램의 실행 결과를 쓰시오.

```c
#include <stdio.h>
int main() {
    int a = 1, count = 0;
    while (a < 10) {
        if (a % 2 == 0 && a % 3 == 0) {
            count++;
        }
        a++;
    }
    printf("%d", count);
    return 0;
}
```

> **해설**
> 변수 a는 1로 초기화되어 while (a < 10) 조건을 만족할 동안 반복을 수행한다.
> count는 조건을 만족하는 수의 개수를 저장하는 변수로 초기값은 0이다.
> a를 2로 나눈 나머지가 0이고, a를 3으로 나눈 나머지가 0인 경우(즉, a가 2와 3의 공배수일 경우) count 값을 1 증가시킨다.
> 각 루프가 끝날 때마다 a++를 통해 a의 값을 1 증가시킨다.

정답   1

028 다음 프로그램의 실행 결과를 쓰시오.

```c
#include<stdio.h>
int main() {
    int a = 1, sum = 0;
    while (a < 7) {
        if (a++ % 2 == 0 || a++ == 5) {
            sum += a;
        }
    }
    printf("%d", sum);
    return 0;
}
```

> **해설**
>
> a를 1부터 6까지 증가시키면서 특정 조건을 만족할 때마다 sum에 값을 누적한다.
> 루프는 a < 7 조건에서 실행되며, 조건문은 a++ % 2 == 0 (짝수) 또는 a++ == 5 (앞에서 증가된 a가 5인지 확인) 중 하나라도 참일 경우 sum에 현재 a 값을 더한다.
> a++로 인해 조건 평가와 a 값 증가가 번갈아 이루어진다.

정답   0

---

029 다음 C언어 프로그램의 출력 결과를 쓰시오.

```c
#include <stdio.h>
int main() {
    int i=0, sum=0;
    do{
        sum = sum + i;
        i++;
    } while( i <= 5 );
    printf("%d", sum);
    return 0;
}
```

> **해설**
>
> i 값이 5보다 작은 동안 do~while 문을 반복한다.
> do~while은 무조건 한번 수행한 후 비교하는 것만 확인하면 된다.

정답   15

030 다음 C언어 프로그램의 출력 결과를 쓰시오.

```c
#include <stdio.h>
int main() {
    int i=10, sum=0;
    do{
        sum = sum + i;
        i++;
    } while( i < 10 );
    printf("%d", sum);
    return 0;
}
```

해설

i 값이 10보다 작은 동안 do~while 문을 반복한다.
do~while 문은 무조건 반복으로 한번 들어가기 때문에 sum 값에 10을 더해주고 조건을 비교 후, 반복문을 탈출하게 된다.
만약 while 문으로 구현하여,
while(i < 10)
{
    sum = sum + i;
    i++;
}
printf("%d", sum);
이렇게 했을 경우, 조건에 만족하지 않기 때문에 반복문을 한 번도 수행하지 않아 0이 출력된다.

정답   10

031 다음 C언어 프로그램의 출력 결과를 쓰시오.

```c
#include <stdio.h>
int main() {
    int x = 5;
    do {
        printf("x: %d\n", x);
        x--;
        if (x == 2) x = -1;
    } while (x > 0);
    return 0;
}
```

해설

이 코드는 do-while 문을 사용하여 조건이 참일 동안 반복 실행되는 프로그램이다. do 블록 내에서 변수 x의 값을 감소시키며, 특정 조건에서 x의 값을 조정해 반복을 제어한다.

정답 x: 5
      x: 4
      x: 3

032 다음의 출력 결과를 참고하여, ①에 들어갈 알맞은 답을 작성하시오.

```
10 9 8 7 6 5 4 3 2 1 0
```

```c
#include <stdio.h>
int main() {
    int n = 10;
    while (n ① 0) {
        printf("%d ", n);
        n--;
    }

    return 0;
}
```

해설

출력에서 0을 포함한 출력이기 때문에, >= 연산자를 사용해야 한다.

정답 ① >=

033 다음은 입출력장치로부터 학생들의 점수를 입력받아서 총점과 평균을 구하는 C 프로그램이다. 다음 출력 화면을 참고하여, ①~④에 들어갈 알맞은 답을 작성하시오. (단, 100보다 큰 수를 출력했을 때, 입력을 완료하고 출력을 해야 한다.)

```
학생의 점수를 입력하시오. 87
학생의 점수를 입력하시오. 95
학생의 점수를 입력하시오. 78
학생의 점수를 입력하시오. 67
학생의 점수를 입력하시오. 200

입력 학생수는 4 입니다.
점수 합계는 327 입니다.
평균 점수는 81 입니다.
```

```
int score=0, m=0, sum=0;
while(1) {
    printf("학생의 점수를 입력하시오.");
    scanf("%d", &score);
    if( ① )
        ② ;
    m = ③ ;
    sum = sum + score;
}
 printf(" \n입력 학생수는 %d 입니다. \n", m);
 printf(" 점수 합계는 %d 입니다. \n", sum);
 printf(" 평균 점수는 %d 입니다. \n", ④ );
```

해설
① 100보다 큰 수를 입력했을 때, 반복을 종료해야 하기 때문에 score > 100을 넣어준다.
② 반복을 종료하기 위해서 break 명령을 사용한다.
③ 100보다 큰 수가 아니라면, 학생수를 구해야 하고, m+1을 넣어준다.
④ 평균 점수를 구하기 위해서 sum/4를 넣어준다.

정답 ① score > 100
② break
③ m + 1
④ sum / m

034 다음은 입출력장치로부터 양의 정수 1개를 입력받아, 0부터 입력받은 수까지 짝수의 합을 구하는 C 프로그램이다. 다음 출력 화면을 참고하여, ①~②에 들어갈 알맞은 답을 작성하시오.

```
값을 입력하시오.
5

입력한 값은 5입니다.
0부터 5까지 짝수의 합은 6입니다.
```

```
int i = 0,
    j = 0,
    sum = 0;
printf("값을 입력하시오. \n");
①
printf(" \n입력한 값은 %d입니다. \n " , j);
while ( ② ) {
    sum = sum + i;
    i = i + 2;
}
printf("0부터 %d까지 짝수의 합은 %d입니다. \n", j, sum);
```

해설
① 여기서는 값을 받아야 하기 때문에, 값을 받는 명령은 scanf를 사용해야 한다.
② 입력받은 값보다 작을 때까지 반복을 수행해야 하기 때문에, i <= j를 넣어준다.

정답   ① scanf("%d", &j);
② i <= j

035 다음은 입출력장치로부터 양의 정수를 입력받아, 정수의 자릿수를 계산하는 C 프로그램이다. 다음 출력 화면을 참고하여, ①~②에 들어갈 알맞은 답을 작성하시오.

```
정수를 입력하시오.
12345

입력한 정수는 12345입니다.
입력한 정수의 자릿수는 5입니다.
```

```
#include <stdio.h>
int main() {
    int n, count = 0;
    printf("정수를 입력하시오.\n");
    ①
    printf("\n입력한 정수는 %d입니다.\n", n);
    do {
        n = n / 10;
        count++;
    } while (②);
    printf("입력한 정수의 자릿수는 %d입니다.\n", count);
    return 0;
}
```

해설
① 여기서는 값을 받아야 하기 때문에, 값을 받는 명령은 scanf를 사용해야 한다.
② do-while 문에서 n이 0이 아닐 때까지 반복한다. n이 0이 되면 모든 자릿수를 센 것이므로 반복을 종료한다.

정답 ① scanf("%d", &n);
　　　② n != 0

036 다음 코드는 이진수를 십진수로 변환하는 코드이다. 빈칸에 알맞은 답을 쓰시오.

```c
#include <stdio.h>
int main(void) {
    int input = 101110;
    int di = 1;
    int sum = 0;
    while (1) {
        if (input == 0) break;
        else {
            sum = sum + (input ① ②) * di;
            di = di * 2;
            input = input / 10;
        }
    }
    printf("%d", sum);
    return 0;
}
```

해설

첫 번째 반복, sum = sum + (101110 % 10 * 1), sum = 0
두 번째 반복, sum = sum + (10111 % 10 * 2), sum = 2
세 번째 반복, sum = sum + (1011 % 10 * 4), sum = 6
네 번째 반복, sum = sum + (101 % 10 * 8), sum = 14
다섯 번째 반복, sum = sum + (10 % 10 * 16), sum = 14
여섯 번째 반복, sum = sum + (1 % 10 * 32), sum = 46

정답   ① %
② 10 or 5 or 2

CHAPTER 05 함수 / 변수의 유효범위

1. 함수

(1) 함수의 정의
- 반복적으로 수행해야 하는 작업을 정의해 놓은 작은 프로그램 단위이다.
- 코드의 재사용성과 가독성을 높이기 위해 사용된다.

(2) 함수 선언
- 함수는 사용 전에 선언(프로토타입)하거나, 정의하여야 한다.
- 기본 형태

```
반환형 함수명(매개변수 목록){
}
```

- 예제

```
int add(int a, int b){
    //처리할 내용
}
```

(3) 함수의 종류

1) 사용자 정의 함수
- 사용자가 구현하고자 하는 특정 기능을 정의한 함수이다.
- 변수명처럼 명명 규칙을 따라 이름을 정의하며, 함수의 역할을 잘 나타내는 이름을 사용한다.

2) 표준 함수(라이브러리 함수)
- C언어의 표준으로 제공되는 기능과 사용법이 정의된 함수이다.
- 라이브러리에 포함되어 있으며, 필요한 경우 #include 지시문으로 호출해 사용한다.

(4) 자료의 전달 방법

1) 값에 의한 호출(Call by Value)
- 함수 호출 시 값을 복사하여 전달하는 방식이다.
- 전달된 변수의 값을 함수의 매개변수에 복사하여 사용한다.
- 원본 변수와 복사된 변수는 별개의 메모리 공간을 사용한다.
- 함수 내에서 매개변수 값을 변경해도 원본 변수에는 영향을 미치지 않는다.

- 예제

```c
#include <stdio.h>
void add(int a) {
    a++; // 복사된 변수만 증가
    printf("add: %d\n", a);
}
int main() {
    int x = 5;
    add(x);
    printf("main: %d\n", x);
    return 0;
}
```

[실행 결과]
add: 6
main: 5

2) 참조에 의한 호출(Call by Reference)
- 함수 호출 시 변수의 주소값을 전달하는 방식이다.
- 전달된 주소값을 사용하므로, 함수에서 원본 변수의 값을 직접 수정이 가능하다.
- 전달된 변수와 매개변수는 같은 메모리 공간을 참조한다.
- 함수 내에서 매개변수 값을 변경하면 원본 변수도 영향을 받는다.
- 예제

```c
#include <stdio.h>
void add(int *a) {
    (*a)++; // 원본 변수 값 증가
    printf("add: %d\n", *a);
}
int main() {
    int x = 5;
    add(&x);
    printf("main: %d\n", x);
    return 0;
}
```

[실행 결과]
add: 6
main: 6

2. 변수의 유효범위

(1) 변수의 유효범위 개념
- 변수가 프로그램 내에서 참조 가능하거나 유효한 범위를 의미한다.
- C언어에서는 변수가 선언된 위치에 따라 접근 가능 여부가 달라진다.

(2) 변수의 종류와 유효범위

1) 지역변수(Local Variable)
- 함수 또는 블록 내부에서 선언된 변수이다.
- 해당 블록 내에서만 유효하며, 블록이 종료되면 메모리에서 사라진다.
- 동일한 이름의 변수를 다른 블록에서 사용할 수 있다.
- 예제

```c
#include <stdio.h>
int main() {
    int a = 10; // 지역변수
    if (1) {
        int b = 20; // 다른 블록 내 지역변수
        printf("a: %d, b: %d\n", a, b);
    }
    // printf("%d", b); // 오류: b는 이 블록에서 유효하지 않음
    return 0;
}
```

[실행 결과]
a: 10, b: 20

2) 전역변수(Global Variable)
- 함수 외부에서 선언된 변수이다.
- 프로그램 전체에서 접근 가능하며, 모든 함수에서 공유된다.
- 프로그램이 종료될 때까지 메모리에 유지된다.
- 예제

```c
#include <stdio.h>
int a = 10; // 전역변수
void print() {
    printf("print: %d\n", a);
}
```

```c
int main() {
    print();
    a = 20; // 전역변수 수정
    print();
    printf("main: %d\n", a);
    return 0;
}
```

[실행 결과]
print: 10
print: 20
main: 20

3) 정적변수(Static Variable)

- static 키워드로 선언된 변수이다.
- 선언된 블록 내에서만 유효하지만, 프로그램이 종료될 때까지 메모리에 유지된다.
- 초기화 값은 프로그램 실행 중 한 번만 설정된다.
- 값을 유지하며, 다음 호출 시 이전 값이 그대로 남아 있다.
- 예제

```c
#include <stdio.h>
void counter() {
    static int count = 0; // 정적변수
    count++;
    printf("C: %d\n", count);
}
int main() {
    counter();
    counter();
    counter();
    return 0;
}
```

[실행 결과]
C: 1
C: 2
C: 3

4) 매개변수(Parameter Variable)

- 함수 호출 시 전달된 값을 저장하는 임시 변수이다.
- 함수 내부에서만 유효하며, 함수가 종료되면 메모리에서 소멸된다.
- 예제

```c
#include <stdio.h>
void add(int a, int b) { // 매개변수
    int result = a + b; // 지역변수
    printf("Sum: %d\n", result);
}
int main() {
    add(10, 20); // 매개변수 a = 10, b = 20
    return 0;
}
```

[실행 결과]
Sum: 30

문제풀이

001 아래 설명의 함수 헤더 부분 정의를 쓰시오.

> 정수형 인자 a와 b를 가지고, 실수형의 값을 되돌려주는 sum 함수

정답 double sum(int a, int b)

002 다음 C언어 프로그램의 출력 결과를 쓰시오.

```c
#include<stdio.h>
int sum(int a, int b)
{
    int c = a + b;
    return c;
}
int main(void){
    int data = sum(10, 20);
    printf("%d", data);
    return 0;
}
```

해설

main 함수에서 data 변수에 sum 함수를 호출하여 값을 리턴받는다.
sum 함수를 호출할 때 10, 20을 인자로 전달한다.
sum 함수로 제어권이 넘어오고, a 변수에 10, b 변수에 20값이 대입된다.
두 값을 더하여 리턴하고, 함수에서 선언되었던 지역변수 a, b, c는 메모리에서 사라진다.

정답 30

003 다음 C언어 프로그램의 출력 결과를 쓰시오.

```c
#include <stdio.h>
int add(int x, int y) {
    return x + y;
}
int multiply(int x, int y) {
    return x * y;
}
int main() {
    int result = multiply(2, add(3, 4));
    printf("%d", result);
    return 0;
}
```

> **해설**
> add(3, 4)는 7을 반환하고, multiply(2, 7)은 14를 반환한다.

정답   14

004 다음 C언어 프로그램의 출력 결과를 쓰시오.

```c
#include <stdio.h>
int square(int x) {
    return x * x;
}
int main() {
    int result = square(square(3));
    printf("%d", result);
    return 0;
}
```

> **해설**
> main() 함수에서는 square(square(3))를 계산하여 result에 저장한다.
> 먼저, square(3)이 실행되고, 3*3=9를 반환한다.
> 그다음 square(9)가 실행된다.
> square(9)sms 9*9=81을 반환한다.

정답   81

005 다음 C언어 프로그램의 출력 결과를 쓰시오.

```c
#include<stdio.h>
int r1(){
    return 4;
}
int r10(){
    return (30+r1());
}
int r100(){
    return (200+r10());
}
int main(){
    printf("%d\n", r100());
    return 0;
}
```

해설

main 함수에서 r100 함수를 호출한다.
r100 함수는 내부에서 r10 함수를 호출하기 때문에 다시 r10 함수로 제어권을 넘기게 된다.
r10 함수는 r1 함수를 호출하기 때문에 제어권이 r1로 넘어가게 된다.
r1 함수에서는 4라는 값을 나를 호출한 곳으로 리턴해 주게 된다.
r10으로 다시 제어권이 넘어오고 30+4를 수행하여 나를 호출한 곳으로 다시 리턴해 주게 된다.
r100으로 제어권이 넘어오고, 200+34를 수행하여 나를 호출한 main 함수로 234를 리턴해 준다.

정답   234

CHAPTER 05. 함수 / 변수의 유효범위

006 다음 C언어 프로그램의 출력 결과를 쓰시오.

```c
#include<stdio.h>
int sum(int a, int b, int c) {
    int tot;
    tot = a + b + c;
    return tot;
}
int main(void){
    int i = 100, avg;
    avg = sum(i, 107, 110) / 3;
    printf("%d", avg);
    return 0;
}
```

해설

100, 107, 110 세 개의 값을 인자로 하여 sum 함수를 호출한다.
sum 함수에서는 세 값을 더해서 317을 리턴한다.
317/3의 결과값은 105.66이지만, 정수/정수=정수이므로, 105가 avg 변수에 저장된다.

정답 105

007 다음 C언어 프로그램의 출력 결과를 쓰시오.

```c
#include<stdio.h>
int mul(int a, int b) {
    int ret;
    ret = a * b;
    return ret;
}
int main(void){
    int a=10, b=20;
    printf("%d * %d = %d", a, b, mul(a, b));
    return 0;
}
```

> **해설**
>
> 10, 20값을 가지고 mul 함수를 호출한다.
> mul 함수에서는 두 값을 곱해서 200값을 리턴해 준다.

정답   10 * 20 = 200

008 다음 C언어 프로그램의 출력 결과를 쓰시오.

```c
#include<stdio.h>
int func(int n);
int main(void){
    int num;
    printf("%d\n", func(5));
    return 0;
}
int func(int n){
    if( n < 2 )
        return n;
    else {
        int i, tmp, curent = 1, last = 0;
        for( i = 2; i <= n; i++ ) {
            tmp = curent;
            curent += last;
            last = tmp;
        }
        return curent;
    }
}
```

> **해설**
>
> 함수 func(int n)은 입력값 n이 2 미만일 경우, n 자체를 반환한다.
> 반복 과정,
> i = 2: tmp = 1, curent = 1 + 0 = 1, last = 1
> i = 3: tmp = 1, curent = 1 + 1 = 2, last = 1
> i = 4: tmp = 2, curent = 2 + 1 = 3, last = 2
> i = 5: tmp = 3, curent = 3 + 2 = 5, last = 3

정답   5

009 다음 C언어 프로그램의 출력 결과를 쓰시오.

```c
#include<stdio.h>
int func(int base, int exp);
int main(){
    int res;
    res = func(2, 5);
    printf("%d",res);
    return 0;
}

int func(int base, int exp) {
    int res = 1;
    for(int i=0; i < exp; i++){
        res = res * base;
    }

    return res;
}
```

해설

매개변수 base는 밑(base)을, exp는 지수(exponent)를 나타낸다.
반환값은 base를 exp번 곱한 결과로, base^exp(base의 exp 제곱)을 의미한다.
반복 과정,
첫 번째 반복: res = 1 * 2 = 2
두 번째 반복: res = 2 * 2 = 4
세 번째 반복: res = 4 * 2 = 8
네 번째 반복: res = 8 * 2 = 16
다섯 번째 반복: res = 16 * 2 = 32

정답 32

010 다음 C언어 프로그램의 출력 결과를 쓰시오.

```c
#include<stdio.h>
int C(int v) {
    printf("%d ", v);
    return 1;
}
int main() {
    int a = -2;
    int b = !a;
    printf("%d %d %d %d ", a, b, a&&b, a||b);
    if(b && C(10))
        printf("A ");
    if(b & C(20))
        printf("B ");
    return 0;
}
```

해설

a=-2, b=0이므로 a && b는 0, a || b는 1이 된다.
if(b && C(10))에서 b가 0이므로 C(10)이 호출되지 않고 A는 출력되지 않는다.
if(b & C(20))에서 b가 0이므로 C(20)이 호출되지만 비트 연산 결과가 0이 되어 B는 출력되지 않는다.

정답 -2 0 0 1 20

011 다음 C언어 프로그램의 출력 결과를 쓰시오.

```c
#include<stdio.h>
int F(int v) {
    printf("%d ", v);
    return 2;
}
int main() {
    int x = 3;
    int y = !x;
    printf("%d %d %d %d ", x, y, x&&y, x||y);

    if(y && F(5))
        printf("X ");
    if(y | F(15))
        printf("Y ");

    return 0;
}
```

해설

F() 함수는 1 대신 2를 반환하며 v 값을 출력한다.
변수 x는 3, y는 !x로 0이 된다.
if(y && F(5))는 y가 0이므로 F(5)는 호출되지 않지만, F(5)를 호출하는 y && F(5)의 경우 &&는 y가 0일 때 앞에서 계산이 종료되므로 F(5)의 출력은 나타나지 않는다.
if(y | F(15))는 | 연산자에 의해 F(15)가 호출되며, F(15)는 15를 출력하고 2를 반환한다.

정답 3 0 0 1 15 Y

012 다음은 C언어로 구현된 100을 넘지 않는 소수의 개수를 구하는 프로그램이다. 괄호에 해당하는 가장 적합한 명령을 쓰시오.

```c
#include<stdio.h>
int isprime(int number) {
    for(int i = 2; i < number; i++) {
        if(   ①   )
            return 0;
    }
    return 1;
}
int main() {
    int number = 100, cnt = 0;
    for( int i = 2; i < number; i++ ) {
        cnt = cnt + isprime(i);
    }
    printf("소수의 개수 : %d", cnt);
}
```

해설

main() 함수에서 2부터 99까지의 수에 대해 isprime(i)를 호출한다.
각 수에 대해 isprime() 함수는 그 숫자가 소수인지 확인한다.
루프가 끝나면, cnt에는 2부터 99까지의 소수 개수가 저장된다.
마지막으로, printf("소수의 개수 : %d", cnt);가 실행되어 소수의 개수가 출력된다.

정답   number % i == 0

013 다음 C언의 출력과 코드를 보고, 괄호에 들어갈 코드를 작성하시오.

<<출력 결과>>
value = 40
value = 30
value = 20

```c
int stack[10];
int top = -1;

void push(int data) {
    if( top >= ① ) {
        printf("full");
    }
    else {
        stack[++top] = ②;
    }
}
int pop() {
    if( top == ③ ) {
        printf("empty");
    }
    else {
        return stack[④];
    }
}
```

```c
int isempty() {
    if( top == ③ )
        return 1;
    else
        return 0;
}
int main() {
    push(20);
    push(30);
    push(40);
    while(!isempty()) {
        int e = pop();
        printf("value=%d \n", e);
    }
}
```

해설

main() 함수는 스택에 데이터를 넣고(push), 스택에서 데이터를 꺼내서(pop) 출력하는 부분이다.
먼저 push(20), push(30), push(40)을 호출하여 20, 30, 40을 스택에 차례대로 넣는다.
그 후 while(!isempty()) 루프에서 isempty() 함수가 0을 반환할 때까지 pop() 함수를 호출하여 스택에서 데이터를 하나씩 꺼내어 출력한다.
꺼내는 데이터는 후입 선출(LIFO) 순서로 출력된다.

정답 ① 9 or sizeof(stack) / sizeof(int) - 1
② data
③ -1
④ top--

014 다음 C언어 프로그램의 출력 결과를 쓰시오.

```c
#include<stdio.h>
void swap(int a, int b)
{
    int temp;
    temp = a;
    a = b;
    b = temp;
}
int main(void){
    int a, b;
    a = 10;
    b = 20;
    printf("Before : %d, %d\n", a, b);
    swap(a, b);
    printf("After : %d, %d\n", a, b);
    return 0;
}
```

해설

main 함수의 a, b 변수에 각각 10과 20을 대입한다.
함수 호출 전에 현재 a, b의 값을 출력하면 10, 20이 출력된다.
swap 함수를 a와 b 변수의 값을 가지고 호출하게 된다.
이때, 10과 20이라는 값을 복사하여, swap 함수의 a, b 변수에 대입해 준다.
swap 함수에서는 두 변수의 값을 바꿔주어, a는 20, b는 10이 대입된다.
swap 함수가 종료되면서 함수에서 선언되었던 지역변수 a, b, temp는 메모리에서 사라진다.
함수 호출 후에 현재 a, b 값을 출력하면 10, 20이 출력된다.
값만 복사해서 swap 함수를 호출하였고, 해당 값들은 swap 함수 지역변수에서 사용되다가 사라지게 되었으므로, main 함수의 a, b 변수에는 영향을 미치지 못한다.

정답   Before : 10, 20
         After : 10, 20

015 다음 C언어 프로그램의 출력 결과를 쓰시오.

```c
#include<stdio.h>
int main(void){
    int a=10, b=5;
    {
        int a=20, b;
        b = a + 20;
        printf("%d, %d\n", a, b);
    }
    printf("%d, %d\n", a, b);
    return 0;
}
```

해설

외부 블록에는, a와 b를 각각 10과 5로 초기화한다.
내부 블록에는, a와 b를 새롭게 선언했고, 내부 블록의 변수는 외부에 선언된 변수들과는 별개의 변수이다.
내부 블록에서 a는 20으로, b는 a+20의 결과로 초기화되며, b=20+20=40이 된다.
내부 블록이 끝난 뒤에는, 내부에서 선언된 a와 b 변수는 메모리에서 사라지게 된다.

정답   20, 40
10, 5

016 다음 C언어 프로그램의 출력 결과를 쓰시오.

```c
#include<stdio.h>
int main(void) {
    int x = 5, y = 10;
    {
        int x = 20;
        {
            int y = 30;
            {
                int x = 40;
                printf("%d, ", x);
            }
            printf("%d, ", y);
        }
        printf("%d, ", x);
    }
    printf("%d, ", y);
    return 0;
}
```

해설

1번 출력, 가장 내부 블록에서 선언된 x=40을 출력한다.
2번 출력, 중첩된 블록에서 선언된 y=30을 출력한다.
3번 출력, 한 단계 위 블록의 x=20을 출력한다.
4번 출력, 최상위 블록에서 선언된 y=10을 출력한다.

정답   40, 30, 20, 10,

017 다음 C언어 프로그램의 출력 결과를 쓰시오.

```c
#include<stdio.h>
int main(void) {
    int a = 1, b = 2, c = 3;
    {
        int b = 4, c = 5;
        a = b;
        {
            int c;
            c = b;
        }
        printf("%d %d %d\n", a, b, c);
        return 0;
    }
}
```

해설

main 영역에서 a, b, c 함수를 선언한다.
첫 번째 중괄호 영역에 b, c 변수를 선언하고, a 변수에 b 값을 대입한다.
이때 a 변수는 첫 번째 중괄호에 없기 때문에, main 영역에 선언된 a 변수에 5값을 대입한다.
두 번째 중괄호 영역에 c 변수를 선언하고, c 변수에 b 값을 대입한다.
두 번째 중괄호 영역이 끝나면 두 번째 중괄호에서 선언된 지역변수 c는 메모리에서 사라진다.
출력 구문 첫 번째, a는 main 영역의 a 변수를 참조하여 4를 출력한다.
두 번째, b는 첫 번째 중괄호 안에 있는 변수의 값 4를 출력한다.
세 번째, c는 첫 번째 중괄호 안에 있는 변수의 값 5를 출력한다.

정답   4 4 5

018 다음 C언어 프로그램의 출력 결과를 쓰시오.

```c
#include<stdio.h>
int main(void) {
    int a = 3, b = 5;
    {
        int a = 1, b = 6, c = 20;
        printf("%d %d %d\n", a, b, c);
        a = c;
        {
            int c;
            c = b;
            printf("%d %d %d\n", a, b, c);
        }
    }
    printf("%d %d\n", a, b);
    return 0;
}
```

해설

첫 번째 출력에서는 첫 번째 중괄호에 있는 a, b, c 변수를 참조하여 출력한다.
두 번째 출력에서는 첫 번째 중괄호에 있는 a, b 변수와 두 번째 중괄호에 있는 c 변수를 참조하여 출력한다.
세 번째 출력에서는 main에 있는 a, b 변수를 참조하여 출력한다.

정답   1 6 20
       20 6 6
        3 5

019 다음 C언어 프로그램의 출력 결과를 쓰시오.

```c
#include<stdio.h>
int main(void) {
    int i = 1, j = 2;
    {
        int i = 3;
        {
            int i = 4;
            printf("%d, ", i);
            printf("%d, ", j);
        }
        printf("%d, ", i);
    }
    printf("%d\n", i);
    return 0;
}
```

해설

첫 번째 출력에서는 첫 번째 중괄호에 있는 a, b, c 변수를 참조하여 출력한다.
두 번째 출력에서는 첫 번째 중괄호에 있는 a, b 변수와 두 번째 중괄호에 있는 c 변수를 참조하여 출력한다.
세 번째 출력에서는 main에 있는 a, b 변수를 참조하여 출력한다.

정답   4, 2, 3, 1

020 다음 C언어 프로그램의 출력 결과를 쓰시오. (해당 코드를 실행하면 오류가 발생한다. 오류가 없는 부분은 출력을 쓰고, 오류가 발생하는 부분은 오류발생이라고 쓰시오.)

```c
#include <stdio.h>
int main() {
    {
        int a = 10;
        printf("a: %d \n", a);
    }
    printf("a: %d \n", a);
    {
        int a = 20;
        printf("a: %d \n", a);
    }
    return 0;
}
```

해설

첫 번째 printf("a: %d \n", a);에서 a는 첫 번째 코드 블록에서 선언되었기 때문에 10을 출력한다.
두 번째 printf("a: %d \n", a);는 에러를 발생시킨다.
a가 이미 첫 번째 코드 블록에서만 유효했기 때문에, 그 이후에는 a가 정의되지 않아서 참조할 수 없기 때문이다.
세 번째 printf("a: %d \n", a);에서는 두 번째 코드 블록에서 a가 선언되었기 때문에 20이 출력된다.

정답
a: 10
오류발생
a: 20

021 다음 C언어 프로그램의 출력 결과를 쓰시오.

```c
#include <stdio.h>
int main() {
    int x = 10;
    printf("x: %d \n", x);
    {
        int y = 20;
        printf("x: %d, y: %d \n", x, y);
        {
            int x = 30;
            int z = 40;
            printf("x: %d, y: %d, z: %d \n", x, y, z);
        }
    }
    printf("x: %d \n", x);
    return 0;
}
```

해설

코드에서 중괄호를 사용하여 여러 블록을 만들었고, 각 블록 안에서 x, y, z가 서로 다른 범위(Scope)를 갖는다.
바깥쪽 블록의 x는 10, 두 번째 블록에서는 y가 20, 세 번째 블록에서 x가 30으로 정의된다.

정답
x: 10
x: 10, y: 20
x: 30, y: 20, z: 40
x: 10

022 다음 C언어 프로그램의 출력 결과를 쓰시오.

```c
#include<stdio.h>
int a=1, b=2, c=3;
int f(void);
int main(void) {
    printf("%3d \n", f());
    printf("%3d%3d%3d \n", a, b, c);
    return 0;
}
int f(void) {
    int b, c;
    a=b=c=4;
    return (a+b+c);
}
```

해설

전역변수 a=1, b=2, c=3이 선언된다.
이 변수들은 모든 함수에서 접근 가능하며, 별도의 지역변수가 선언되지 않는 한 참조된다.
함수 f 내에서는 새로운 지역변수 b와 c가 선언된다.
이 지역변수들은 함수 f 내에서만 유효하며, 전역변수 b와 c를 가린다.
a는 지역변수로 선언되지 않았으므로, 전역변수 a가 참조된다.
이후, a, b, c 모두 4로 할당되고, a는 전역변수이므로 전역변수 a의 값이 4로 변경된다.
함수는 a+b+c=4+4+4=12를 반환한다.
main에서는 f()의 반환값인 12를 출력한다.
이후 전역변수 a, b, c를 출력한다.
a는 f 함수에서 변경이 되었기 때문에, 변경된 4가 출력된다.

정답   12
          4 2 3

023 다음 C언어 프로그램의 출력 결과를 쓰시오.

```c
#include<stdio.h>
int star = 10;
void printStar(){
    printf("%d\n", star);
}
int main(){
    int star = 5;
    printStar();
    printf("%d\n", star);
    return 0;
}
```

> **해설**
> 전역변수 star를 선언하고 10을 대입한다.
> main 함수에서 지역변수 star를 선언하고 5를 대입한다.
> printStar 함수를 호출한다.
> printStart 함수에서 star를 출력하는데, 함수 내에는 star 변수가 없기 때문에, 전역변수로 선언된 star의 값 10을 출력한다.
> main 함수로 제어권이 넘어오고, star를 출력하게 되면 main 함수에서 선언된 star의 값 5가 출력된다.

정답   10
       5

024 다음 C언어 프로그램의 출력 결과를 쓰시오.

```c
#include <stdio.h>
int a = 10;
int b = 20;
int c = 30;
void func(void) {
    static int a = 100;
    int b = 200;
    a++;
    b++;
    c = a;
}
int main() {
    func();
    func();
    printf("a=%d, b=%d, c=%d \n", a, b, c);
}
```

해설

전역변수 a, b, c를 선언하고, 각각 10, 20, 30을 대입한다.
func 함수는 정적변수 a와 지역변수 b를 선언한다.
func 함수에서는 a와 b는 자신의 함수에서 선언된 a, b를 사용하고, c는 전역변수의 c를 사용하게 된다. 자신과 가까이 있는 변수를 사용하는 것은 정적변수도 변함이 없다.
첫 번째 func 함수, 정적변수 a의 값 100을 1 증가시켜서 101, 지역변수 b의 값 200을 1 증가시켜서 201, 전역변수 c에 a의 값 101을 대입한다.
두 번째 func 함수, 정적변수 a의 값 101을 1 증가시켜서 102, 지역변수 b의 값 200을 1 증가시켜서 201, 전역변수 c에 a의 값 102를 대입한다.
main 함수에서 출력 구분을 보면, 전역변수의 a, b, c를 출력하게 된다.
func 함수에서 사용된 a 변수는 해당 함수에서만 사용된다는 것을 확인해야 한다.

정답   a = 10, b = 20, c = 102

025 다음 C언어 프로그램의 출력 결과를 쓰시오.

```c
#include<stdio.h>
int a;
int f(){
    return a++;
}
int main(void) {
    for(int i=0; i < 3; i++){
        printf("%d   ", f() );
    }
    printf("%d", a);
    return 0;
}
```

해설

전역변수 a를 선언하고, 초기값을 주지 않았다.
전역변수에 초기값이 없으면 0으로 대체된다.
main 함수에서 0부터 3보다 작을 때까지 반복하며 출력문을 수행한다.
f 함수에서는 전역변수의 값 a를 먼저 리턴한 후 1 증가시켜 주게 된다.
i=0일 때, 0을 리턴받는다.
i=1일 때, 1을 리턴받는다.
i=2일 때, 2를 리턴받는다.
반복문을 빠져나와서 전역변수 a의 최종값을 출력한다.

정답   0   1   2   3

026 다음 C언어 프로그램의 출력 결과를 쓰시오.

```c
#include <stdio.h>
int func();
int main(void) {
    for(int i=0; i<5; i++)
        printf( "%d   ", func() );
    return 0;
}
int func() {
    static int num;
    num++;
    return num;
}
```

해설

func 함수에서는 정적변수 num을 선언했다.
정적변수에 초기값을 할당하지 않으면 0값이 자동으로 할당된다.
main 함수에서 i 값이 0부터 5보다 작을 때까지 반복문을 수행하여 출력한다.
i=0일 때 num=1, i=1일 때 num=2, i=2일 때 num=3, i=3일 때 num=4, i=4일 때 num=5
정적변수는 최초 한번 초기값이 할당된 후, 프로그램이 종료될 때까지 메모리상에 남아있게 된다.

정답   1 2 3 4 5

027 다음 C언어 프로그램의 출력 결과를 쓰시오.

```c
#include <stdio.h>
void funCount();
int main(void) {
    int num;
    for(num=0; num<3; num++)
        funCount();
    return 0;
}
void funCount() {
    int num = 0;
    static int count;
    printf("num=%d, count=%d \n", ++num, count++);
}
```

해설

main 함수에서 num 값을 0부터 3보다 작을 때까지 반복하면서 funCount 함수를 호출한다.
funCount에는 지역변수와 정적변수가 존재한다.
지역변수는 funCount 함수가 종료되면 메모리에서 사라지지만, 정적변수는 처음 한번 초기값을 설정한 후, 프로그램이 끝날 때까지 메모리에 남아있게 된다.
num=0일 때, 지역변수 num을 선 증가하여 1 출력, 정적변수 count는 0 출력 후 1 증가,
num=1일 때, 지역변수 num을 선 증가하여 1 출력, 정적변수 count는 1 출력 후 1 증가,
num=2일 때, 지역변수 num을 선 증가하여 1 출력, 정적변수 count는 2 출력 후 1 증가,
지역변수 num은 funCount 함수를 호출할 때 생성되고, 함수가 끝나면 사라지기 때문에 계속 1만 출력하게 된다.
count는 정적변수이기 때문에 계속 메모리상에 남게 되어, 누적산 된 결과가 출력된다.

정답
num=1, count=0
num=1, count=1
num=1, count=2

028 다음 C언어 프로그램의 출력 결과를 쓰시오.

```c
#include <stdio.h>
int foo(void) {
    int var1 = 1;
    static int var2 = 1;
    return (var1++) + (var2++);
}
int main() {
    int i=0, sum=0;
    while( i < 3 ) {
        sum = sum + foo();
        i++;
    }
    printf("sum=%d \n", sum);
}
```

해설

while 반복문을 이용해, i 값이 0부터 3보다 작을 때까지 반복을 수행한다.
i=0일 때, sum=0+2, i=1,
i=1일 때, sum=2+3, i=2,
i=2일 때, sum=5+4, i=3,
최종 sum 값은 9가 저장된다.

foo 함수에서는 var1 지역변수와, var2 정적변수를 선언하였다.
main 함수에서 foo 함수를 호출할 때, var1은 매번 메모리에 새로 생성이 되고, 항상 1값만 대입된다.
var2는 처음 한번 1을 대입한 후, 메모리상에 계속 남아있게 된다.

정답   sum=9

029 다음 C언어 프로그램의 출력 결과를 쓰시오.

```c
#include<stdio.h>
int increase() {
    static int x = 0;
    x += 2;
    return x;
}
int main() {
    int x = 1;
    int sum = 0;
    for(int i = 0; i < 3; i++) {
        x += 2;
        sum += increase();
    }
    printf("%d\n", sum);
    return 0;
}
```

해설

x=1: 지역변수로 main 내부에서만 사용한다.
i가 0부터 3보다 작을 때까지 반복하며 x를 2 증가시키지만, increase 함수와 관련이 없다.
sum += increase(): increase 함수가 반환하는 값을 누적한다.
increase 함수 호출 과정,
첫 번째 호출: x=0+2=2 → 반환값 2
두 번째 호출: x=2+2=4 → 반환값 4
세 번째 호출: x=4+2=6 → 반환값 6

정답   12

030 다음 C언어 프로그램의 출력 결과를 쓰시오.

```c
#include<stdio.h>
int x = 50;
void func() {
    int y = 10;
    static int z = 20;
    printf("%d, %d, %d \n", x++, y++, z++);
}
int main() {
    func();
    func();
    func();
    return 0;
}
```

해설

전역변수 x는 프로그램 시작 시 선언되고 초기화되며, 모든 함수에서 접근 가능하다.
전역변수는 함수 호출 간 값을 유지하며, func 호출마다 값이 증가(x++)한다.
지역변수 y는 함수 내부에서 선언되며, 함수 호출이 끝나면 소멸한다.
func가 호출될 때마다 새로 생성되어 초기값 10으로 시작하며, 각 호출 동안 값이 증가(y++)한다.
하지만 다음 호출 시 새롭게 초기화된다.
정적변수 z는 함수 내부에서 선언되었지만, 정적변수이므로 프로그램 실행 중 값을 유지한다.
함수 호출 간에도 값이 유지되며, func가 호출될 때마다 값이 증가(z++)한다.

정답 50, 10, 20
　　　　51, 10, 21
　　　　52, 10, 22

031 다음 C언어 프로그램의 출력 결과를 쓰시오.

```c
#include <stdio.h>
int funcA(int n) {
    static int s = 1;
    s *= n;
    return s;
}
int funcB(int n) {
    int s = 1;
    s *= n;
    return s;
}
int main() {
    int s1, s2;
    s1 = funcA(2);
    printf("F1 = %d, ", s1);
    s1 = funcA(3);
    printf("F2 = %d, ", s1);
    s2 = funcB(2);
    printf("F3 = %d, ", s2);
    s2 = funcB(3);
    printf("F4 = %d   ", s2);
}
```

해설

funcA는 정적변수 s를 가지고 있고, 최초 1값을 초기값으로 설정하고, 프로그램이 종료될 때까지 메모리상에 남아있게 된다.
funcB는 지역변수 s를 가지고 있고, 호출할 때마다 s변수에 1값을 초기화하고, 함수가 종료되면 메모리에서 사라지게 된다.
funcA 함수 호출, n=2, s=1*2,
funcA 함수 호출, n=3, s=2*3,
funcB 함수 호출, n=2, s=1*2,
funcB 함수 호출, n=3, s=1*3,
funcA는 정적변수, funcB는 지역변수가 사용된다는 것을 확인해야 한다.

정답 F1 = 2, F2 = 6, F3 = 2, F4 = 3

032 다음 C언어 프로그램의 출력 결과를 쓰시오.

```c
#include <stdio.h>
static int snum = 0;
int inum = 0;
void func() {
    snum++;
    inum++;
    printf("snum=%d, inum=%d\n", snum, inum);
}
int main() {
    func();
    snum++;
    inum++;
    func();
}
```

해설

정적변수를 전역변수처럼 사용하게 되면 전역변수라고 생각하면 된다.
첫 번째 func 함수 호출을 하게 되면, snum 1 증가, inum 1 증가 후 출력한다.
main 함수에서 정적변수 snum 1 증가, 전역변수 1 증가
두 번째 func 함수 호출을 하게 되면, snum 1 증가, inum 1 증가 후 출력한다.

정답 snum=1, inum=1
snum=3, inum=3

033 다음 C언어 프로그램의 출력 결과를 쓰시오.

```c
#include <stdio.h>
int g = 5;
void func1(int n) {
    static int s = 2;
    s += n;
    g += n;
    printf("%d, %d\n", s, g);
}
void func2() {
    int g = 10;   // 지역변수
    g += 5;
    printf("%d\n", g);
}
int main() {
    func1(3);
    func2();
    func1(4);
    func2();
    printf("%d\n", g);
    return 0;
}
```

해설

func2에서 선언된 g는 지역변수로, 전역변수 g와 독립적으로 동작한다.
하지만 func1에서는 전역변수 g를 참조하고 수정한다.
func1 내의 정적변수 s는 호출 간 값을 유지하며, 매번 n값을 더한다.
func1 호출 시 s와 전역변수 g의 값이 업데이트된다.
func2는 전역변수가 아닌 지역변수 g를 수정하여 출력에 영향을 준다.

정답   5, 8
15
9, 12
15
12

CHAPTER 06 재귀함수

1. 재귀함수

(1) 재귀함수의 정의
- 함수 내부에서 자기 자신을 다시 호출하는 함수이다.
- 문제를 반복적으로 처리하며, 호출된 함수는 스택 메모리에 차곡차곡 쌓인 뒤 반환 과정을 통해 처리한다.

(2) 재귀함수의 특징
- 재귀함수는 반드시 종료 조건이 있어야 한다.
- 종료 조건이 없으면 함수는 무한히 호출되어 스택 오버플로우(Stack Overflow)가 발생한다.
- 함수가 자기 자신을 호출하며, 매번 호출할 때 입력값이 변해야 한다.
- 일반적으로 호출 과정에서 문제를 더 작게 나누어 처리한다.
- 함수 호출 시 스택 메모리에 호출 정보를 저장한다.
- 모든 호출이 끝나면 스택에서 호출 정보를 하나씩 꺼내며 반환한다.

(3) 재귀함수의 장단점

1) 장점
- 코드가 간결하며, 복잡한 문제를 논리적으로 쉽게 구현할 수 있다.
- 트리 탐색이나 분할 정복 문제 같은 경우 매우 유용하다.

2) 단점
- 호출마다 스택 메모리를 사용하므로 깊은 호출은 메모리 사용량이 커진다.
- 반복문으로 해결 가능한 문제는 재귀를 사용하면 성능이 떨어질 수 있다.
- 잘못된 설계로 스택 오버플로우 위험이 있다.

(4) 예제

1) 팩토리얼 계산

```c
int factorial(int n) {
    if (n == 0) return 1;  // 기저 조건
    return n * factorial(n - 1);  // 재귀 호출
}
```

2) 피보나치 수열

```c
int fibonacci(int n) {
    if (n == 0 || n == 1) return n;  // 기저 조건
    return fibonacci(n - 1) + fibonacci(n - 2);  // 재귀 호출
}
```

문제풀이

001 다음 C언어 프로그램의 출력 결과를 쓰시오.

```c
#include <stdio.h>
int factorial(int n) {
    if( n == 1 ){
        return 1;
    }
    return n * factorial(n-1);
}
int main() {
    int ft = factorial(5);
    printf("%d", ft);
    return 0;
}
```

해설

입력값 n이 1일 때 종료 조건에 도달하며 1을 반환한다.
그렇지 않은 경우, n과 factorial(n-1)의 결과를 곱하여 반환한다.
호출 과정에서 factorial(n-1)은 계속해서 자기 자신을 호출하며 n 값을 줄여간다.
재귀 호출이 종료된 후 반환 값을 차례로 곱하면서 결과를 계산한다.
factorial(5) = 5 * factorial(4)
factorial(4) = 4 * factorial(3)
factorial(3) = 3 * factorial(2)
factorial(2) = 2 * factorial(1)
factorial(1) = 1 (종료 조건 도달)
반환값은 역순으로 계산된다.
1 → 2 → 6 → 24 → 120

정답 120

002 다음 C언어 프로그램의 출력 결과를 쓰시오.

```c
#include <stdio.h>
double func(double a, int num) {
    if( num == 0 ){
        return 1;
    }
    return a * func(a, num-1);
}
int main() {
    int sum = func(2, 5);
    printf("%d", sum);
    return 0;
}
```

해설

num == 0이면, 재귀 호출을 멈추고 1을 반환한다.
num > 0이면, 현재의 a 값에 func(a, num-1)의 반환 값을 곱하여 결과를 계산한다.
함수 호출은 num이 0에 도달할 때까지 계속된다.
재귀 호출은 다음과 같이 진행된다.
func(2, 5) = 2 * func(2, 4)
func(2, 4) = 2 * func(2, 3)
func(2, 3) = 2 * func(2, 2)
func(2, 2) = 2 * func(2, 1)
func(2, 1) = 2 * func(2, 0)
func(2, 0) = 1 (종료 조건)
반환 과정에서 값을 차례로 곱하며 결과가 계산된다.
1 → 2 → 4 → 8 → 16 → 32

정답 32

003 다음 C언어 프로그램의 출력 결과를 쓰시오.

```c
#include <stdio.h>
int recursion( int n ) {
    if( n < 5 ) return 1;
    else if( n % 5 == 1 )
        return n + recursion(n-1);
    else
        recursion(n-1);
}
int main() {
    int n = recursion(16);
    printf("%d", n);
    return 0;
}
```

해설

종료 조건: n < 5일 때 1을 반환하며 재귀 호출을 멈춘다.
n % 5 == 1일 경우, n 값을 현재 결과에 추가하고, recursion(n-1)을 호출하여 계산을 계속한다.
그 외의 경우, 조건을 만족하지 않으므로 recursion(n-1)을 호출만 하고 값을 반환하지 않는다.
recursion(16)을 호출하여 계산을 시작한다.
재귀 호출은 다음과 같이 진행된다.
n = 16 → 16 % 5 != 1, 호출: recursion(15)
n = 15 → 15 % 5 != 1, 호출: recursion(14)
n = 14 → 14 % 5 == 1, 반환: 14 + recursion(13)
n = 13 → 13 % 5 != 1, 호출: recursion(12)
n = 12 → 12 % 5 != 1, 호출: recursion(11)
n = 11 → 11 % 5 == 1, 반환: 11 + recursion(10)
…
n = 5 → 5 % 5 != 1, 호출: recursion(4)
n = 4 → 종료 조건, 반환: 1
함수는 최종적으로 26을 반환하여 변수 n에 저장된다.

정답 34

004 다음 C언어 프로그램의 출력 결과를 쓰시오.

```c
#include <stdio.h>
void digitVal(int num)
{
    if( num < 2 ){
        printf("%d", num);
    }
    else{
        digitVal(num/2);
        printf("%d", num % 2);
    }
}
int main() {
    digitVal(10);
    return 0;
}
```

해설

입력된 정수 num이 2보다 작으면(즉, num == 0 또는 num == 1), 이를 출력하고 종료한다.
num >= 2인 경우, digitVal(num / 2)를 호출하여 정수를 2로 나눈 몫을 재귀적으로 처리한다.
재귀 호출이 끝난 후, num % 2(2로 나눈 나머지)를 출력하여 2진수의 각 자릿값을 출력한다.
재귀 호출은 다음과 같이 진행된다.
digitVal(10) → 몫: 5, 나머지: 0
digitVal(5) → 몫: 2, 나머지: 1
digitVal(2) → 몫: 1, 나머지: 0
digitVal(1) → 출력: 1 (종료 조건)
출력 순서는 재귀 호출의 반환 순서에 따라 2진수의 자리 순서대로 출력된다.
1 → 0 → 1 → 0

정답 1010

005 다음 C언어 프로그램의 출력 결과를 쓰시오.

```c
#include <stdio.h>
void reverseNum(int num)
{
    if( num < 10 ){
        printf("%d", num);
    }
    else{
        printf("%d", num % 10);
        reverseNum(num / 10);
    }
}
int main() {
    reverseNum(1234);
    return 0;
}
```

해설

입력된 num이 한 자릿수(즉, num < 10)이면, 그 값을 출력하고 재귀 호출을 종료한다.
num >= 10인 경우, num % 10을 출력하여 num의 마지막 자릿수를 출력한다.
그런 다음, reverseNum(num / 10)을 호출하여 num에서 마지막 자릿수를 제외한 값을 다시 처리한다.
재귀 호출은 다음과 같이 진행된다.
reverseNum(1234) → 출력: 4, 재귀 호출: reverseNum(123)
reverseNum(123) → 출력: 3, 재귀 호출: reverseNum(12)
reverseNum(12) → 출력: 2, 재귀 호출: reverseNum(1)
reverseNum(1) → 출력: 1 (종료 조건)
호출이 끝난 후 모든 자릿수가 역순으로 출력된다.

정답 4321

006 다음 C언어 프로그램의 출력 결과를 쓰시오.

```c
#include <stdio.h>
int func( int num ) {
    if(num == 1)
        return 1;
    else
        return num * func(num-1);
}
int main() {
    int i;
    for( i = 5; i >= 0; i-- )
    {
        if( i % 2 == 1 )
            printf( "func(%d) : %d \n", i, func(i) );
    }
    return 0;
}
```

해설

종료 조건으로 num == 1일 때 1을 반환한다.
그렇지 않으면 num * func(num - 1)을 반환하며 재귀적으로 팩토리얼을 계산한다.
for 루프를 사용하여 i=5부터 i=0까지 반복한다.
각 반복에서 i가 홀수일 때만 func(i)를 호출하여 i의 팩토리얼 값을 계산하고 출력하고, 짝수인 경우 아무 동작 없이 건너뛴다.
재귀 호출은 다음과 같이 진행된다.
func(5)는 5*4*3*2*1=120
func(3)는 3*2*1=6
func(1)은 1

정답 func(5) : 120
func(3) : 6
func(1) : 1

007 다음 C언어 프로그램의 출력 결과를 쓰시오.

```c
#include <stdio.h>
int f( int n ) {
    if( n > 0 )
        return n % 10 + f(n / 10);
    else
        return 0;
}
int main() {
    int result;
    result = f(123);
    printf("%d \n", result);
    return 0;
}
```

해설

입력값 n이 0보다 클 경우, n % 10을 통해 n의 마지막 자릿수를 구한다.
나머지 자릿수를 처리하기 위해 f(n / 10)을 호출한다.
종료 조건으로 0을 반환하여 재귀 호출을 멈춘다.
재귀 호출은 다음과 같이 진행된다.
f(123) → 3 + f(12)
f(12) → 2 + f(1)
f(1) → 1 + f(0)
f(0) → 0 (종료 조건에 도달)
각 호출이 종료된 후 반환값을 차례로 더하여 최종 결과를 계산한다.

정답 6

008 다음 C언어 프로그램의 출력 결과를 쓰시오.

```c
#include <stdio.h>
int func( int n ) {
    if( n%2==1 )
        n=n-1;
    if( n==0 )
        return 0;
    return (func(n-2)+n);
}
int main() {
    int result;
    result = func(19);
    printf("result=%d \n", result);
    return 0;
}
```

해설

입력된 n이 홀수(n % 2 == 1)인 경우, n을 n-1로 변경하여 짝수로 만든다.
이후, n == 0이 되면 종료 조건으로 0을 반환한다.
n > 0일 경우, 현재 n 값을 반환값에 더하고 func(n - 2)를 호출하여 다음 작은 짝수를 처리한다.
이러한 방식으로 모든 짝수들을 더해 최종 결과를 반환한다.
func(19)를 호출하여 19보다 작거나 같은 짝수의 합을 계산한다.
재귀 호출은 다음과 같이 진행된다.
입력값 19는 홀수이므로 n=18로 조정된다.
func(18) → 18 + func(16)
func(16) → 16 + func(14)
...
func(2) → 2 + func(0)
func(0) → 0 (종료 조건 도달)
반환 과정에서 짝수들을 모두 더한 후, 반환하게 된다.

정답 result=90

009 다음 C언어 프로그램의 출력 결과를 쓰시오.

```c
#include <stdio.h>
int funa(int n) {
    if(n > 1)
        return (n + (funa(n-2)));
    else
        return (n % 2);
}
int main() {
    printf("%d, %d", funa(5), funa(6));
    return 0;
}
```

해설

입력값 n이 1보다 크면, n을 포함하고 funa(n - 2)를 호출하여 n보다 작고 홀수인 값들을 더한다.
입력값 n이 1 이하일 경우, n % 2를 반환한다.
즉, n == 1일 때는 1을 반환, n == 0일 때는 0을 반환한다.
funa(5) 계산 과정은,
funa(5) → 5 + funa(3)
funa(3) → 3 + funa(1)
funa(1) → 1 (종료 조건)
funa(6) 계산 과정은,
funa(6) → 6 + funa(4)
funa(4) → 4 + funa(2)
funa(2) → 2 + funa(0)
funa(0) → 0 (종료 조건)
종료 조건 도달 후, 역순으로 값들을 계산하게 된다.

정답 9, 12

010 다음 C언어 프로그램의 출력 결과를 쓰시오.

```c
#include <stdio.h>
int resp(int n)
{
    if (n < 1) return 0;
    else if (n % 3 == 0) return n + resp(n - 1);
    else if (n % 2 == 0) return n + 1 + resp(n - 1);
    else return resp(n - 1);
}
int main() {
    int i;
    i = 4;
    printf("resp: %d \n\r", resp(i));
    return 0;
}
```

> **해설**
> n < 1일 경우 0을 반환하며 재귀 호출을 종료한다.
> n % 3 == 0, n이 3의 배수일 경우 n을 결과에 더하고 resp(n - 1)을 호출하여 다음 값을 처리한다.
> n % 2 == 0, n이 짝수(단, 3의 배수는 아님)일 경우, n + 1을 결과에 더하고 resp(n - 1)을 호출한다.
> 나머지 경우, 값은 결과에 추가하지 않고 resp(n - 1)을 호출한다.

정답 resp: 11

011 다음 C언어 프로그램의 출력 결과를 쓰시오.

```c
#include <stdio.h>
int repeat(int a, int b){
    if(b == 0)
        return a;
    else if(b % 2 == 0)
        return repeat(a+a, b/2);
    else
        return repeat(a+a, b/2) + a;
}
int main() {
    printf("%d", repeat(3,6));
    return 0;
}
```

해설

b == 0일 경우, 0을 반환하며 계산을 종료한다.
b가 짝수일 경우, repeat(a+a, b/2)를 호출하여 a를 두 배로 늘리고 b를 절반으로 줄인다.
b가 홀수일 경우, repeat(a+a, b/2)를 호출하여 처리한 결과에 a를 추가한다.

정답 42

012 다음 C언어 프로그램의 출력 결과를 쓰시오.

```c
#include <stdio.h>
int my( int i, int j ) {
    if( i < 3 ) i=j=1;
    else {
        i = i-1;
        j = j-i;
        printf("%d, %d, ", i, j );
        return my(i,j);
    }
}
int main() {
    my( 5, 14 );
    return 0;
}
```

해설

i < 3인 경우, i와 j를 1로 설정하고 종료한다.
그렇지 않은 경우 i를 i-1로 감소시키고, j를 j-i로 갱신한 뒤 현재 i와 j 값을 출력하고, 갱신된 값을 사용해 my(i, j)를 다시 호출한다.
재귀 호출은 i가 3 미만이 될 때까지 계속된다.
재귀 호출은 다음과 같이 진행된다.
첫 호출: i=5, j=14 → 갱신: i=4, j=10 → 출력: 4, 10
두 번째 호출: i=4, j=10 → 갱신: i=3, j=7 → 출력: 3, 7
세 번째 호출: i=3, j=7 → 갱신: i=2, j=5 → 출력: 2, 5
네 번째 호출: i=2 → 종료 조건 도달 (i < 3), 함수 종료

정답 4, 10, 3, 7, 2, 5,

013 다음 C언어 프로그램의 출력 결과를 쓰시오.

```c
#include <stdio.h>
void reverseNum(int num)
{
    if( num < 10 ){
        printf("%d", num);
    }
    else{
        reverseNum(num / 10);
        printf("%d", num % 10);
    }
}
int main() {
    reverseNum(1234);
    return 0;
}
```

해설

입력된 num이 한 자리 수(즉, num < 10)이면, 이를 출력하고 재귀 호출을 종료한다.
num >= 10인 경우, reverseNum(num / 10)을 먼저 호출하여 정수의 앞자리를 처리한다.
이후 printf를 사용하여 num % 10을 출력하여 숫자의 뒷자리를 출력한다.
재귀 호출은 다음과 같이 진행된다.
reverseNum(1234) → 호출: reverseNum(123)
reverseNum(123) → 호출: reverseNum(12)
reverseNum(12) → 호출: reverseNum(1)
reverseNum(1) → 출력: 1

정답   1234

014 다음 C언어 프로그램의 출력 결과를 쓰시오.

```c
#include <stdio.h>
void fn(int n) {
    printf("%d", n);
    if(n > 1)
        fn(n-1);
    printf("%d", n);
}

int main( ) {
    fn(3);
    return 0;
}
```

해설

함수는 입력값 n을 출력한 뒤, n > 1일 경우 재귀적으로 fn(n-1)을 호출한다.
재귀 호출이 종료된 이후, 다시 n을 출력한다.
이 구조로 인해 재귀 호출 전과 후에 각각 n이 출력된다.
출력은 순방향 호출에서 값을 출력하고, 역방향 반환에서도 동일한 값을 출력한다.

정답 321123

015 다음 C언어 프로그램의 출력 결과를 쓰시오.

```c
#include <stdio.h>
void fun(int a, int b, int c)
{
    if( c != 0 ) {
        fun(b, a+b, c-1);
        printf("%d, %d, %d \n", a, b, c);
    }
}
int main() {
    int i = 1, j = 1, k = 3;
    fun(i, j, k);
    return 0;
}
```

해설

c != 0일 경우, 재귀 호출: fun(b, a+b, c-1)을 호출하여 매개변수 a, b, c를 갱신하고, 재귀적으로 처리한다.
재귀 호출이 종료된 뒤, 현재의 a, b, c 값을 출력한다.
c == 0일 경우, 재귀 호출이 중단되며, 함수 실행이 종료된다.
재귀 호출 흐름,
첫 번째 호출: fun(1, 1, 3) → 호출: fun(1, 2, 2)
두 번째 호출: fun(1, 2, 2) → 호출: fun(2, 3, 1)
세 번째 호출: fun(2, 3, 1) → 호출: fun(3, 5, 0)
네 번째 호출: fun(3, 5, 0) → 종료 (출력 없음)
반환하면서 각 단계에서 값 출력,
세 번째 호출 반환: 출력 2, 3, 1
두 번째 호출 반환: 출력 1, 2, 2
첫 번째 호출 반환: 출력 1, 1, 3

정답   2, 3, 1
          1, 2, 2
          1, 1, 3

016 다음 C언어 프로그램의 출력 결과를 쓰시오.

```c
#include <stdio.h>
int f( int n ) {
    int tmp;
    if( n < 1 ){
        return 2;
    }
    else{
        tmp = 2 * f(n-1) + 1;
        printf("%d, ", tmp);
        return tmp;
    }
}
int main(void) {
    printf("\n%d", f(3));
    return 0;
}
```

해설

입력값 n이 0보다 작으면 종료 조건으로 2를 반환한다.
그렇지 않을 경우, 함수는 2*f(n-1)+1을 계산하여, 이전 단계(f(n-1))의 값을 두 배로 늘리고 1을 더한 값을 반환한다.
이 과정에서 tmp를 계산 후 출력하며, 최종적으로 f(n) 값을 반환한다.
f(3)을 호출하여 n=3부터 시작하여 재귀적으로 값을 계산한다.
재귀 호출은 다음과 같이 진행된다.
f(3) → tmp=2*f(2)+1
f(2) → tmp=2*f(1)+1
f(1) → tmp=2*f(0)+1
f(0) → 종료 조건 반환 2
반환 과정에서 계산된 값은,
f(1)=2*2+1=5 (출력: 5)
f(2)=2*5+1=11 (출력: 11)
f(3)=2*11+1=23 (출력: 23)
main에서는 최종 반환값 23을 출력한다.

정답 5, 11, 23,
23

017 다음 C언어 프로그램의 출력 결과를 쓰시오.

```c
#include <stdio.h>
int func(int i, int j) {
    if (i < 3) {
        i = j = 1;
        return i + j;
    } else {
        int temp_i = i - 1;
        int temp_j = j - temp_i;
        int result = func(temp_i, temp_j);
        printf("%d, %d, ", temp_i, temp_j);
        return result;
    }
}
int main() {
    printf("%d", func(6, 20));
    return 0;
}
```

해설

입력값 i가 3보다 작으면, i와 j를 1로 설정하고 i+j=2를 반환하며 재귀 호출을 종료한다.
i가 3 이상인 경우, temp_i=i-1로 i를 감소시킨다.
temp_j=j-temp_i로 j를 갱신한다.
func(temp_i, temp_j)를 호출하여 다음 단계로 이동한다.
재귀 호출이 종료된 후, 갱신된 temp_i와 temp_j를 출력한다.

정답   2, 6, 3, 8, 4, 11, 5, 15, 2

018 다음 C언어 프로그램의 출력 결과를 쓰시오.

```c
#include <stdio.h>
void foo(int n) {
    if (!n) return;
    foo(n>>1);
    printf("%d", n%2);
}
int main(void) {
    int a = 110;
    foo(a);
    return 0;
}
```

해설

입력값 n이 0일 경우, 바로 반환하여 재귀 호출을 종료한다.
그렇지 않으면 foo(n >> 1)을 호출한다.
n >> 1은 n을 오른쪽으로 한 비트 시프트하는 연산으로, 이는 n을 2로 나눈 몫을 계산하는 것과 같다.
재귀 호출이 종료된 후, printf("%d", n % 2)를 실행하여 현재 n을 2로 나눈 나머지를 출력한다.
재귀 호출 흐름, foo(110) → foo(55) → foo(27) → foo(13) → foo(6) → foo(3) → foo(1) → foo(0) 반환 과정에서 나머지값을 출력한다.

정답 1101110

019 다음의 출력 결과를 참고하여, ①에 들어갈 알맞은 답을 작성하시오.

출력 : 15

```c
#include <stdio.h>
int sum(int n){
    if (n <= 0)
        return 0;
    else
        return n + sum(①);
}
int main(){
    int result = sum(5);
    printf("출력 : %d", result);
}
```

해설

재귀함수에서 sum(n)은 주어진 숫자 n까지의 합을 계산하기 위해 작성된 함수이다.
이를 위해 각 단계에서 현재 숫자 n을 더하고, 나머지 숫자들을 처리하기 위해 다음 단계의 값을 재귀 호출로 넘겨야 한다.
재귀적으로 호출할 때, n-1을 넘기는 것은 문제를 작게 만드는 과정이다.
매번 n을 줄여 나가며, n=0일 때 종료 조건으로 재귀 호출을 멈춘다.
결과적으로,
sum(5) → 5 + sum(4)
sum(4) → 4 + sum(3)
sum(3) → 3 + sum(2)
sum(2) → 2 + sum(1)
sum(1) → 1 + sum(0)
sum(0) → 0 (종료 조건)
if (n <= 0) 조건은 n이 0 이하일 때 0을 반환하여 재귀 호출을 종료한다.

정답 ① n-1

020 다음 C언어 프로그램의 출력 결과를 쓰시오.

```c
#include <stdio.h>
int recur( int a, int b ) {
    if( a <= 1 )
        return a * b;
    else
        return a * recur(a-1, b+1) + recur(a-1, b);
}
int main() {
    int a = 3, b = 2;
    printf("%d \n", recur(a, b));
}
```

해설

a <= 1일 경우, a*b를 반환하여 재귀 호출을 종료한다.
a > 1일 경우, 두 가지 호출을 수행하여 결과를 합산한다.
초기값 a=3, b=2로 recur(3, 2)를 호출한다.

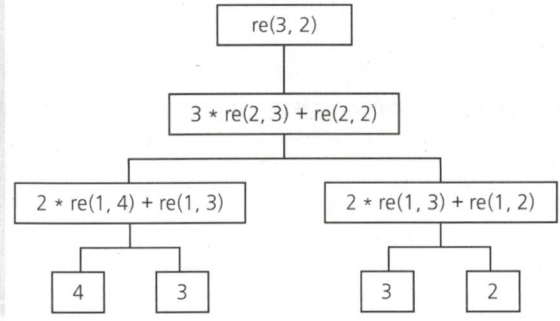

위와 같은 형태로 모든 함수가 상수값이 나올 때까지 피라미드 형태로 그림을 그려주고, 연산을 시작한다.
좌측에 있는 식은 2*4+3=11, 우측에 있는 식은 2*3+2=8, 중앙에 있는 식은 3*11+8=41
main에서 호출한 re(3, 2)로 리턴되는 값은 41이라는 결과값이다.

정답 41

021 다음 C언어 프로그램의 출력 결과를 쓰시오.

```
#include <stdio.h>
int sub( int n ) {
    if( n == 0 ) return 0;
    if( n == 1 ) return 1;
    return ( sub(n-1) + sub(n-2));
}
int main() {
    int a = 0;
    a = sub(4);
    printf("%d", a);
    return 0;
}
```

해설

main 함수에서 sub 함수를 4 인자값을 가지고 호출한다.
sub 함수에서 인자로 받은 n값이 0이면 상수 0을, 1이면 상수 1을 리턴한다.
그렇지 않으면 재귀함수를 수행한다.
이때 사용된 재귀함수는 하나의 식에 두 개의 중복 재귀함수가 존재하므로 피라미드를 그려 문제를 해결한다.

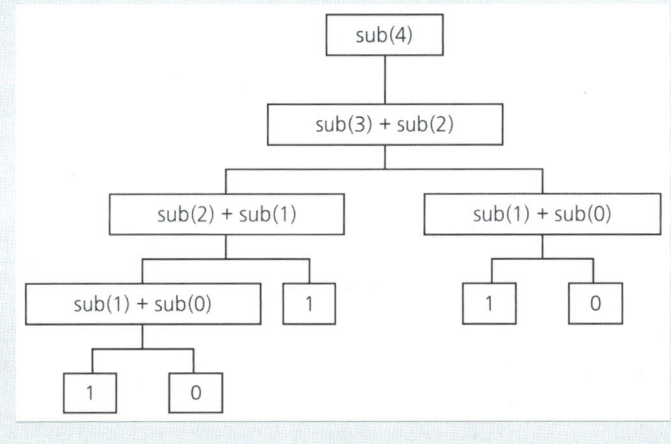

정답   3

022 다음 C 프로그램에서 main() 함수를 실행할 때 fib() 함수가 호출되는 횟수는?

```
#include <stdio.h>
int fib( int n ) {
    if( n == 0 ) return 0;
    if( n == 1 ) return 1;
    return ( fib(n-1) + fib(n-2) );
}
int main() {
    fib(5);
    return 0;
}
```

해설

main 함수에서 fib 함수를 5 인자값을 가지고 호출한다.
fib 함수에서 인자로 받은 n값이 0이면 상수 0을, 1이면 상수 1을 리턴한다.
그렇지 않으면 재귀함수를 수행한다.
이때 사용된 재귀함수는 하나의 식에 두 개의 중복 재귀함수가 존재하므로 피라미드를 그려 문제를 해결한다.

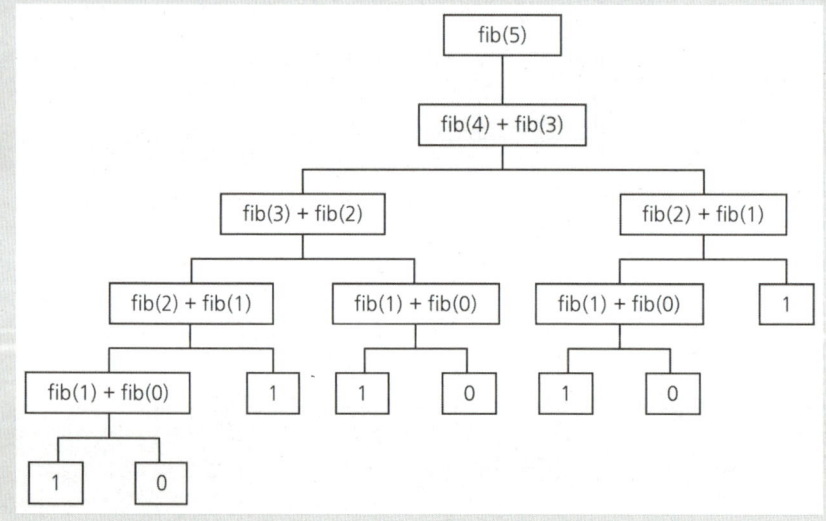

fib 함수를 호출한 개수를 세어보면 총 15번 호출이 되었다.
처음 main 함수에서 fib(5)를 호출하는 것도 실수하면 안 된다.

정답   15번

023 다음 C언어 프로그램의 출력 결과를 쓰시오.

```c
#include <stdio.h>
int fun(int n) {
    printf("%d ", n);
    if(n < 3) return 1;
    return (fun(n - 3) + fun(n - 2));
}
int main() {
    int k;
    k = fun(5);
    printf("%d\n", k);
    return 0;
}
```

해설

main 함수에서 fun 함수를 5 인자값을 가지고 호출한다.
fun 함수에서 인자로 받은 n값을 출력하고, n이 3보다 작으면 상수값을 리턴한다.
그렇지 않으면 재귀함수를 수행한다.

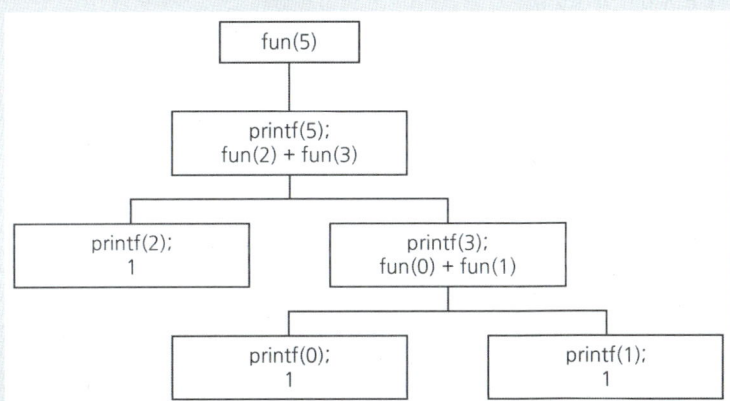

최초에 fun(5)를 호출하게 되면 먼저 출력하게 되므로 5를 출력해 주고, 3보다 크기 때문에 fun(2)+fun(3)을 수행한다.
fun(2)를 호출하면 2를 먼저 출력하고, 3보다 작기 때문에 1을 리턴하게 된다.
fun(3)을 호출하면 3을 먼저 출력하고, 3보다 작지 않기 때문에 fun(0)+fun(1)을 수행한다.
fun(0)을 호출하면 0을 먼저 출력하고, 3보다 작기 때문에 1을 리턴하게 된다.
fun(1)을 호출하면 1을 먼저 출력하고, 3보다 작기 때문에 1을 리턴하게 된다.
여기서 나온 1값을 모두 더하면 3이고, 3을 fun(5)로 리턴해 준다.

정답 5 2 3 0 1 3

024 다음 C언어 프로그램의 출력 결과를 쓰시오.

```
#include <stdio.h>
int fun(int n) {
    printf("%d ", n);
    if(n < 3) return 1;
    return (fun(n - 3) + fun(n - 2));
}
int main() {
    int k;
    k = fun(8);
    printf("%d\n", k);
    return 0;
}
```

해설

이전 문제와 동일하게 피라미드를 그려주고 출력을 해주게 된다.
단, 좌측에 있는 것들이 모두 수행이 된 후에 우측에 있는 내용들이 출력된다.

정답   8 5 2 3 0 1 6 3 0 1 4 1 2 7

025 다음 C언어 프로그램의 출력 결과를 쓰시오.

```c
#include <stdio.h>
int fun(int n) {
    if (n < 3) return 1;
    int result = fun(n - 3) + fun(n - 2);
    printf("%d ", n);
    return result;
}
int main() {
    int k;
    k = fun(8);
    printf("%d\n", k);
    return 0;
}
```

해설

두 개의 재귀함수가 있을 경우, 좌측에 있는 재귀를 모두 끝내야 우측의 재귀를 처리할 수 있다.
이때, 좌측이 종료되면 좌측 내용의 남은 부분을 모두 처리하기 때문에, 먼저 값을 출력하는 결과와는 다른 값이 출력되게 된다.

정답 3 5 3 4 6 8 7

CHAPTER 07 선행 처리기

1. 선행 처리기

(1) 선행 처리기 개념
- 컴파일 이전 단계에서 프로그램 상단에 선언된 지시자(Directive)를 처리하는 역할을 수행하는 도구이다.
- 컴파일러가 실제로 소스 코드를 번역하기 전에, 선행 처리기가 특정 작업을 수행하여 최종적으로 컴파일러가 처리할 코드를 준비한다.

(2) 주요 기능

1) 매크로 처리
- 코드에서 반복적으로 사용되는 값을 정의하거나 간단한 코드 조각을 매크로로 정의하여 사용한다.
- 예: #define PI 3.14159

2) 파일 포함
- 다른 파일을 현재 소스 코드에 포함시키는 역할을 한다.
- 예: #include 〈stdio.h〉는 표준 입출력 라이브러리 파일을 포함한다.

3) 조건부 컴파일
- 특정 조건에 따라 코드의 일부를 포함하거나 제외한다.

4) 문자열 치환
- 매크로로 정의된 심볼 이름을 해당 값으로 치환한다.
- 예: #define SQUARE(x) ((x) * (x))

2. 매크로 정의

(1) 매크로 개념
- 선행 처리기에서 #define을 사용하여 단순 치환되는 자료를 말한다.
- 프로그램 작성 시 명령이나 수식 또는 상수값이 자주 사용될 때 정의하여 사용한다.

(2) 매크로 종류

1) 매크로 상수
- 미리 정의한 매크로 상수명이 프로그램에서 사용되면, 매크로 확장 문자열로 치환한다.
- 예: define N 10

2) 매크로 함수
- 전달된 인자의 형태를 가지고 치환하는 동작을 한다.
- 예: SQR(x) x*x

3. 조건부 컴파일

(1) 조건부 컴파일 개념
- 조건이 만족될 때 특정 문장을 컴파일 한다.

(2) 조건부 컴파일 구문

구문	설명
#if 조건	조건이 참일 때 컴파일 수행될 문장
#else	조건이 거짓일 때 컴파일 수행될 문장
#elif	#else와 #if가 같이 있는 문장(else if와 같은 역할)
#endif	조건의 끝이 되는 문장

문제풀이

001 다음 C언어 프로그램의 출력 결과를 쓰시오.

```
#include <stdio.h>
#define NAME "흥달쌤"
#define AGE 43
int main() {
    printf("NAME is %s\n", NAME);
    printf("Age is %d", AGE);
    return 0;
}
```

해설
전처리 구문에 매크로 변수로 NAME과 AGE를 선언하고, 흥달쌤과 43이라는 값을 대입한다.
전처리 구문에 선언이 되면 앞으로 사용되는 모든 NAME은 흥달쌤으로, AGE는 43으로 치환된다.

정답
NAME is 흥달쌤
Age is 43

002 다음 C언어 프로그램의 출력 결과를 쓰시오.

```
#include <stdio.h>
#define NAME "흥달쌤"
#define AGE 43
int main() {
    int AGE = 42;
    printf("NAME is %s\n", NAME);
    printf("Age is %d", AGE);
    return 0;
}
```

> **해설**
> 전처리 구문에 매크로 변수로 NAME과 AGE를 선언하고, 홍달쌤과 43이라는 값을 대입한다.
> main 함수에서 정수형 AGE를 선언하려고 할 때, 오류가 발생한다.
> 전처리기에서 int AGE = 42;를 int 43 = 42;로 변경하려고 하는데, 숫자로 변수를 선언할 수 없기 때문이다.
> 만약, 매크로 변수 AGE에 A43을 대입하면 오류는 발생하지 않는다.
> 오류가 발생하지 않게 만들고, AGE를 출력하면 42가 출력되고, printf("%d", A43); 할 때도 42가 출력된다.
> 극단적인 예시일 뿐, 이런 구문은 실제로 사용하지 않는다.

정답   오류발생

003 다음 C언어 프로그램의 출력 결과를 쓰시오.

```c
#include <stdio.h>
#define CAT(X, Y, Z) X##Y##Z
int main() {
    printf("%d", CAT(11,22,33));
    return 0;
}
```

> **해설**
> 매크로 함수 CAT을 선언했고, CAT은 인자로 받은 X, Y, Z 값을 받아서 문자열을 붙여서 리턴해 준다.
> ## 연산자는 전처리기 연산자로 토큰 결합 연산자이다.

정답   112233

004 다음 C언어 프로그램의 출력 결과를 쓰시오.

```c
#include <stdio.h>
#define N 10
#define SQR(X) X * X
int main() {
    printf("%d, ", N);
    printf("%d", SQR(N));
    return 0;
}
```

> **해설**
>
> 전처리 구문에 매크로 변수 N을 선언하고, 10이라는 값을 대입한다.
> 매크로 함수 SQR을 선언했고, SQR은 인자 X 값을 받아서 X*X를 수행한 후 값을 리턴한다.

정답   10, 100

005 다음 C언어 프로그램의 출력 결과를 쓰시오.

```c
#include <stdio.h>
#define PI 3.14
#define AREA(X) 2 * X * PI
int main() {
    printf("%.3f", AREA(10));
    return 0;
}
```

> **해설**
>
> 전처리 구문에 매크로 변수 PI를 선언하고, 3.14값을 대입한다.
> 매크로 함수 AREA를 선언했고, AREA 매크로 함수는 인자 X 값을 받아서 2*X*PI를 수행한 후 값을 리턴한다.

정답   62.800

006 다음 C언어 프로그램의 출력 결과를 쓰시오.

```c
#include <stdio.h>
#define ADD(X, Y) X + Y
int main() {
    int x = 10;
    int y = 20;
    printf("%d + %d = %d", x, y, ADD(x, y));
    return 0;
}
```

> **해설**
>
> 매크로 함수 ADD을 선언했고, AREA 매크로 함수는 인자 X, Y 값을 받아서 X+Y를 수행한 후 값을 리턴한다.

정답   10 + 20 = 30

007 다음 C언어 프로그램의 출력 결과를 쓰시오.

```c
#include <stdio.h>
#define SQR(X) X*X
int main() {
    int x = 10;
    printf("%d", SQR(x+1));
    return 0;
}
```

해설

매크로 함수 SQR을 선언했고, SQR 매크로 함수는 인자 X 값을 받아서 X*X를 수행한 후 값을 리턴한다. 이때, 인자로 넘어온 값을 그대로 처리해 주게 되는데, X+1을 11로 인식하지 않고, X에 그대로 치환을 해주게 된다.
X+1*X+1 이런 형태로 치환이 된다.
연산자 우선순위에 의해서 X+(1*X)+1, 곱하기를 먼저 수행해 준다.
10+(1*10)+1 이런 형태로 계산이 수행되어, 21이 리턴된다.
매크로 함수에서는 인자로 전달된 값이 그대로 치환된다는 것을 주의해야 한다.

정답   21

---

008 다음 C언어 프로그램의 출력 결과를 쓰시오.

```c
#include <stdio.h>
#define MUL(X, Y) X*Y
int main() {
    int x = 3;
    int y = 5;

    printf("%d", MUL(x+2, y-1));
    return 0;
}
```

해설

매크로 함수 MUL을 선언했고, MUL 매크로 함수는 인자 X, Y 값을 받아서 X*Y를 수행한 후 값을 리턴한다. 이때, 인자로 넘어온 값을 그대로 처리해 주게 된다.
매크로 함수에서 수행되는 식은 3+2*5-1이 되고, 연산자 우선순위에 맞춰서 계산하게 되면 12라는 값이 리턴된다.

정답   12

009 다음 C언어 프로그램의 출력 결과를 쓰시오.

```c
#include <stdio.h>
#define MUL(X, Y) (X)*(Y)
int main() {
    int x = 3;
    int y = 5;

    printf("%d", MUL(x+2, y-1));
    return 0;
}
```

해설

매크로 함수 MUL을 선언했고, MUL 매크로 함수는 인자 X, Y값을 받아서 (X)*(Y)를 수행한 후 값을 리턴한다.
매크로 함수에서 수행되는 식은 (3+2)*(5-1)이 되고, 연산자 우선순위에 맞춰서 계산하게 되면 20라는 값이 리턴된다.
매크로 함수에서는 인자로 받은 값을 그대로 대입하게 되고, 괄호가 있기 때문에 3+2, 5-1을 수행 후 해당 값을 연산한다.
매크로 함수에서는 인자로 전달된 값이 그대로 치환된다는 것을 주의해야 한다.

정답 20

010 다음 C언어 프로그램의 출력 결과를 쓰시오.

```c
#include <stdio.h>
#define MAX(x, y) x > y ? x : y
int main() {
    int i = 2;
    int result = MAX(i--, 0);
    printf("%d", result);
    return 0;
}
```

해설

MAX(i--, 0)은 다음과 같이 치환된다.
i-- > 0 ? i-- : 0
i--는 후위 감소 연산자로, 현재 값을 사용한 뒤 i를 감소시킨다.
첫 번째 i-- > 0에서 i는 2로 평가된 뒤 감소하여 1이 된다.
조건이 참이므로 두 번째 i--가 실행되어, 현재 값인 1을 반환한 뒤 i는 다시 감소하여 0이 된다.
조건문 i-- > 0의 결과로 반환된 값은 두 번째 i--의 결과, 즉 1이고, result에 저장된다.

정답 1

CHAPTER 08 배열과 포인터

1. 배열

(1) 배열의 개념
- 동일한 자료형으로 이루어진 물리적으로 연속된 메모리 공간이다.
- 구성요소
  - 배열 요소: 배열을 구성하는 각각의 값
  - 인덱스: 배열 요소의 위치를 나타내는 숫자

(2) 배열의 선언

1) 1차원 배열

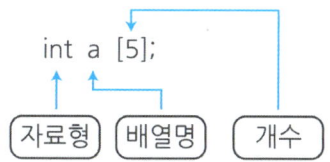

a[0]	a[1]	a[2]	a[3]	a[4]

2) 2차원 배열

a[0][0]	a[0][1]	a[0][2]
a[1][0]	a[1][1]	a[1][2]
a[2][0]	a[2][1]	a[2][2]

3) 배열과 초기화

- int arr[3]; // 3개의 요소 공간 생성, 초기값은 쓰레기값
- int arr[3]={}; // 3개의 요소를 0으로 초기화
- int arr[3] = {10, 20, 30}; // 초기값 10, 20, 30으로 설정
- int arr[] = {10, 20, 30}; // 초기값에 따라 크기를 자동 설정
- int arr[3][3]; // 3행 3열의 공간 생성
- int arr[3][3] = {1, 2, 3, 4, 5, 6, 7, 8, 9}; // 9개의 공간에 순차적으로 초기값을 지정
- int arr[3][3] = {{1,2,3},{4,5,6},{7,8,9}}; // 9개의 공간에 각 행에 맞춰 초기값을 지정

(3) 배열 예제

1) 1차원 배열

```c
#include <stdio.h>
int main() {
    int arr[5] = {10, 20, 30, 40, 50}; // 초기화된 1차원 배열
    // 배열 요소 출력
    for (int i = 0; i < 5; i++) {
        printf("arr[%d] = %d\n", i, arr[i]);
    }
    return 0;
}
```

[실행 결과]
arr[0] = 10
arr[1] = 20
arr[2] = 30
arr[3] = 40
arr[4] = 50

2) 2차원 배열

```c
#include <stdio.h>
int main() {
    int arr[2][3] = {{1, 2, 3}, {4, 5, 6}}; // 초기화된 2차원 배열
    // 배열 요소 출력
    for (int i = 0; i < 2; i++) {
        for (int j = 0; j < 3; j++) {
            printf("arr[%d][%d] = %d\n", i, j, arr[i][j]);
        }
    }
    return 0;
}
```

[실행 결과]
arr[0][0] = 1
arr[0][1] = 2
arr[0][2] = 3
arr[1][0] = 4
arr[1][1] = 5
arr[1][2] = 6

3) 배열 요소의 합 구하기

```c
#include <stdio.h>
int main() {
    int arr[5] = {1, 2, 3, 4, 5}; // 초기화된 1차원 배열
    int sum = 0;
    // 배열 요소 합계 계산
    for (int i = 0; i < 5; i++) {
        sum += arr[i];
    }
    printf("SUM : %d\n", sum);
    return 0;
}
```

[실행 결과]
SUM : 15

4) 2차원 배열로 테이블 출력

```c
#include <stdio.h>
int main() {
    int table[3][3] = {
        {1, 2, 3},
        {4, 5, 6},
        {7, 8, 9}
    };
    // 2차원 배열 출력
    for (int i = 0; i < 3; i++) {
        for (int j = 0; j < 3; j++) {
            printf("%d ", table[i][j]);
        }
        printf("\n");
    }
    return 0;
}
```

[실행 결과]
1 2 3
4 5 6
7 8 9

2. 포인터 변수

(1) 포인터 변수 개념

- 변수의 메모리 주소를 저장하는 변수이다.
- 포인터를 사용하면 특정 변수의 메모리 공간에 직접 접근할 수 있다.
- 값을 저장하는 대신 메모리 주소를 저장하여 해당 주소에 있는 데이터를 참조하거나 수정할 수 있다.

(2) 포인터 변수의 선언과 초기화

1) 포인터 변수 선언

- 자료형 뒤에 *를 붙여 선언한다.
- 예: int* ptr; // int형 데이터를 가리키는 포인터 변수 ptr 선언

2) 포인터 변수 초기화
- 변수의 주소를 저장하여 초기화한다.
- 예제

```
int a = 10;
int* ptr = &a; // 변수 a의 주소를 ptr에 저장
```

(3) 포인터 변수의 기본 동작

1) 주소 연산자(&)
- 변수의 메모리 주소를 구할 때 사용한다.
- 예제

```
int a = 10;
int* ptr = &a; // 변수 a의 주소를 ptr에 저장
```

2) 역참조 연산자(*)
- 포인터가 가리키는 주소의 값을 참조하거나 수정할 때 사용한다.
- 예제

```
int a = 10;
int* ptr = &a; // 변수 a의 주소를 ptr에 저장
printf("%d\n", *ptr); // ptr이 가리키는 값 출력
```

(4) 포인터 변수의 특징
- 포인터는 변수의 주소를 저장한다.
- 포인터를 사용하면 변수를 간접적으로 참조할 수 있다.
- 포인터는 자료형에 따라 선언되어야 한다.

(5) 포인터 변수 예제

1) 값 변경

```
int a = 10;
int* ptr = &a;
*ptr = 20; // 포인터를 통해 a의 값을 20으로 변경
printf("%d\n", a); // 출력: 20
```

2) 배열 처리

```
int arr[3] = {1, 2, 3};
int* ptr = arr; // 배열의 첫 번째 요소 주소 저장
printf("%d\n", *(ptr + 1)); // 출력: 2
```

3) 이중 포인터

```
int a = 10;         // 일반 변수
int* ptr = &a;      // a를 가리키는 포인터
int** dptr = &ptr;  // ptr을 가리키는 이중 포인터
// 값 출력
printf("%d\n", a);      // 10
printf("%d\n", *ptr);   // 10
printf("%d\n", **dptr); // 10
```

[실행 결과]
10
10
10

3. 포인터 배열

(1) 포인터 배열의 개념

- 포인터 배열이란 배열의 요소가 포인터(메모리 주소)로 이루어진 배열이다.
- 배열의 각 요소가 변수나 다른 데이터 구조를 가리키는 주소를 저장한다.
- 포인터 배열은 다차원 배열, 문자열 배열, 함수 포인터 등 다양한 상황에서 활용된다.

(2) 포인터 배열의 선언과 초기화

- 선언: 자료형* 배열명[크기];
- 초기화 예제

```
int a = 10, b = 20, c = 30;
int* arr[3] = {&a, &b, &c};
```

(3) 포인터 배열의 기본 동작

```
int a = 10, b = 20, c = 30;
int* arr[3] = {&a, &b, &c};

printf("%d\n", *arr[0]); // 첫 번째 요소가 가리키는 값 출력
for (int i = 0; i < 3; i++) {
    printf("%d\n", *arr[i]); // 각 요소가 가리키는 값 출력
}
```

4. 배열 포인터

(1) 배열 포인터의 개념
- 배열의 시작 주소를 저장할 수 있는 포인터이다.
- 배열의 전체를 가리키는 포인터로, 단일 요소가 아닌 배열 자체를 대상으로 한다.
- 배열의 크기와 자료형을 고정적으로 가리키는 특징이 있다.

(2) 배열 포인터의 선언과 사용

1) 배열 포인터 선언
- 자료형 (*포인터명)[배열 크기];
- 예제

```
int (*ptr)[3];
```

2) 배열 포인터 초기화
- 배열의 시작 주소를 저장하여 초기화한다.
- 예제

```
int arr[3] = {10, 20, 30};
int (*ptr)[3] = &arr; // 배열 arr의 시작 주소를 배열 포인터 ptr에 저장
```

문제풀이

001 다음 C언어 프로그램의 출력 결과를 쓰시오.

```c
#include <stdio.h>
int main() {
    int num[] = {1, 2, 3, 4, 5 };
    int i;
    for (i = 0; i < 5; i++) {
        printf("num[%d] = %d \n", i, num[i]);
    }
    return 0;
}
```

해설

정수 배열 num이 {1, 2, 3, 4, 5}로 초기화된다. 배열의 크기는 5이다.
for 반복문을 사용하여 배열의 각 요소를 순차적으로 출력한다.
출력 형식은 num[i]=[값]이며, 배열의 인덱스와 해당 값을 함께 출력한다.

정답
num[0] = 1
num[1] = 2
num[2] = 3
num[3] = 4
num[4] = 5

002 다음 C언어 프로그램의 출력 결과를 쓰시오.

```c
#include <stdio.h>
int main() {
    char ch[5];
    char str[] = "abcde";
    int num[] = {1, 2, 3, 4, 5};
    printf("%d, ", sizeof(ch));
    printf("%d, ", sizeof(str));
    printf("%d, ", sizeof(num));
    printf("%d\n", sizeof(num)/sizeof(int));
    return 0;
}
```

해설

char ch[5]: 크기가 5인 문자형 배열로, 초기화되지 않는다.
char str[] = "abcde": 문자열 abcde를 저장하는 배열로, 마지막에 널 문자(\0)를 포함해 크기가 6이다.
int num[] = {1, 2, 3, 4, 5}: 5개의 정수를 포함하는 정수형 배열이다.
sizeof(ch): 배열 ch의 크기를 계산, 각 char의 크기가 1바이트이므로, 결과는 5이다.
sizeof(str): 문자열 배열 str의 크기를 계산, abcde와 널 문자를 포함하여 결과는 6이다.
sizeof(num): 배열 num의 전체 크기를 계산, int의 크기가 4바이트이므로, 결과는 20이다.
sizeof(num)/sizeof(int): 배열 num의 전체 크기를 하나의 요소 크기로 나눠 요소 개수를 계산, 결과는 5이다.

정답 5, 6, 20, 5

003 다음 C언어 프로그램의 출력 결과를 쓰시오.

```c
#include <stdio.h>
int main() {
    int num[] = {1, 2, 3, 4, 5};
    int size = sizeof(num) / sizeof(num[0]);
    int temp;
    int i;
    for (i = 0; i < size / 2; i++) {
        temp = num[i];
        num[i] = num[size - 1 - i];
        num[size - 1 - i] = temp;
    }
    for (i = 0; i < size; i++) {
        printf("num[%d] = %d \n", i, num[i]);
    }
    return 0;
}
```

해설

배열 num은 {1, 2, 3, 4, 5}로 초기화된다.
sizeof(num) / sizeof(num[0])를 사용하여 배열의 요소 개수를 계산한다.
for 반복문에서 배열의 앞쪽과 뒤쪽 요소를 순서대로 교환한다.
첫 번째와 마지막 요소 교환: {5, 2, 3, 4, 1}
두 번째와 네 번째 요소 교환: {5, 4, 3, 2, 1}
가운데 요소는 교환하지 않는다.

정답
num[0] = 5
num[1] = 4
num[2] = 3
num[3] = 2
num[4] = 1

004 다음 C언어 프로그램의 출력 결과는 5 4 3 2 1이다. 출력 결과를 참고하여 프로그램을 완성하시오.

```c
#include <stdio.h>
int main() {
    int arr[] = {1, 2, 3, 4, 5};
    int n = sizeof(arr) / sizeof(arr[0]);
    for (int i = n - 1; i ① 0; i--) {
        printf("%d ", ②);
    }

    return 0;
}
```

> **해설**
> 배열 arr은 {1, 2, 3, 4, 5}로 초기화된다.
> 배열의 크기 n은 sizeof(arr) / sizeof(arr[0])를 통해 계산되며, 값은 5이다.
> for 반복문은 배열의 마지막 인덱스(n - 1, 즉 4)부터 시작하여, 첫 번째 인덱스(0)까지 순회한다.
> 조건 ①은 >=로 작성되어야 배열의 모든 요소를 포함한다.
> 출력 구문에서 ②는 arr[i]로 작성되어야 현재 인덱스의 값을 출력한다.

정답   ① >=
       ② arr[i]

005 다음 C언어 프로그램의 출력 결과는 1101이다. 출력 결과를 참고하여 프로그램을 완성하시오.

```c
#include <stdio.h>
int main() {
    int num = 13;
    int binary[20], i = 0;
    while (num > 0) {
        binary[i++] = num ① 2;
        num ② ?;
    }
    for (int j = i - 1; j >= 0; j--) {
        printf("%d", binary[j]);
    }
    return 0;
}
```

> **해설**
>
> 정수 num은 13으로 초기화된다.
> 배열 binary[20]은 이진수를 저장하기 위해 선언되며, i는 배열의 인덱스로 사용된다.
> 반복문에서, num > 0일 때, 정수를 2로 나눈 나머지를 binary[i]에 저장한다.
> num을 2로 나누어 몫을 계산하며, 이를 반복하여 이진수의 각 자릿수를 구한다.

정답 　① %
　　　② /=

006 다음 C언어 프로그램의 출력 결과를 쓰시오.

```c
#include <stdio.h>
int main(){
    int n[3] = {73, 95, 82};
    int sum = 0;
    for (int i=0; i<3; i++){
        sum += n[i];
    }
    switch(sum/30){
        case 10:
        case 9: printf("A");
        case 8: printf("B");
        case 7:
        case 6: printf("C");
        default: printf("D");
    }
    return 0;
}
```

> **해설**
>
> sum 변수에 배열의 값을 모두 더해서 250을 대입한다.
> switch는 해당 값의 case로 이동하게 되고, 250/30=8.33이지만, 정수/정수=정수이기 때문에 case 8로 이동한다.
> B 출력 후, break가 없기 때문에 case 7로 내려간다.
> case7은 아무 명령이 없고, break도 없기 때문에 case 6으로 내려간다. C를 출력하고, break가 없기 때문에 default까지 내려가서 D를 출력한다.

정답 　BCD

007 다음 C언어 프로그램의 출력 결과를 쓰시오.

```c
#include <stdio.h>
int main() {
    int x[] = {1, 2, 3, 4};
    int i, sum;
    for( i = 0; i < 4; i++ ){
        sum += x[i];
    }
    printf("%d", sum);
    return 0;
}
```

해설

배열 x를 선언하고, 초기값으로 1, 2, 3, 4를 대입한다.
반복문을 돌면서 sum 변수에 x 배열 요소들의 합을 구하고 출력하게 된다.
i=0일 때, sum=1
i=1일 때, sum=3
i=2일 때, sum=6
i=3일 때, sum=10
i=4일 때, 조건을 만족하지 않아 반복문을 빠져나온다.

정답 10

008 다음 C언어 프로그램의 출력 결과를 쓰시오.

```c
#include <stdio.h>
int main() {
    int i, sum;
    float avg;
    int jumsu[3];
    jumsu[0] = 90;
    jumsu[1] = 85;
    jumsu[2] = 94;

    for( i = 0; i < 3; i++ ){
        sum += jumsu[i];
    }
    avg = sum / 3.0;
    printf("총점 : %d, 평균 : %.2f", sum, avg);
    return 0;
}
```

해설

정수형 변수 i, sum을 선언한다.
실수형 변수 avg를 선언한다.
정수형 배열 jumsu를 선언하고 3개의 요소를 담을 수 있는 공간을 만든다.
각 요소에 90, 85, 94라는 점수를 대입한다.
jumsu[0]=90, jumsu[1]=85, jumsu[2]=94가 대입된다.
jumsu 배열을 반복하면서 합계를 sum 변수에 누적산한다.
반복을 빠져나와 평균을 구한다.
평균을 구할 때, sum/3을 해주게 되면 정수/정수=정수이므로 정수값만 리턴되는 점을 유의해야 한다.
지금은 정수/실수이기 때문에 실수를 리턴한다.

정답   총점 : 269, 평균 : 89.67

009 다음 C언어 프로그램의 출력 결과를 쓰시오.

```c
#include <stdio.h>
int main() {
    int arr[4] = {1, 2};
    for( int i = 0; i < 4; i++ ){
        printf("%d", arr[i]);
        if( i < 3 ){
            printf(", ");
        }
    }
    return 0;
}
```

해설

int형 배열 arr 생성하고 4개의 공간을 확보한다.
초기값을 0, 1 인덱스에 각각 1을 할당한다.
초기값이 할당되지 않은 공간에는 0값이 기본으로 할당되어 반복을 돌면서 출력하게 되면, 1, 2, 0, 0이 출력된다.

정답   1, 2, 0, 0

010 다음 C언어 프로그램의 출력 결과를 쓰시오.

```c
#include <stdio.h>
int main() {
    char arr[4] = {'A', 'B'};
    for( int i = 0; i < 4; i++ ){
        printf("%c", arr[i]);
        if( i < 3 ){
            printf(", ");
        }
    }
    printf("\n|%s|", arr);
    return 0;
}
```

해설

char형 배열 arr을 생성하고 4개의 공간을 확보한다.
초기값을 0, 1 인덱스에 각각 A, B를 할당한다.
초기값이 할당되지 않은 공간에는 null 값이 기본으로 할당된다.
char형으로 할당된 구조를 보면 아래와 같다. (₩0은 null을 의미한다.)

| A | B | ₩0 | ₩0 |

반복을 돌면서 출력하게 되면, A, B, ,이 출력된다.
%s를 이용해 문자열을 출력하게 되면 |AB|가 출력이 되는데, %s는 null을 만날 때까지의 문자열을 출력하기 때문이다.

정답 A, B, ,
|AB|

---

011 다음 C언어 프로그램의 출력 결과를 쓰시오.

```c
#include <stdio.h>
int main() {
    char msg[50] = "Hello World!";
    int i = 2, number = 0;
    while( msg[i] != '!' ) {
        if( msg[i] == 'e' || msg[i] == 'o' || msg[i] == 'd' )
            number++;
        i++;
    }
    printf("%d", number);
    return 0;
}
```

해설

문자열 msg는 Hello World!로 초기화되어 있다.
문자열의 인덱스 2부터 시작하여 ! 문자가 나올 때까지 반복문이 실행된다.
현재 문자가 e, o, d 중 하나라면, 카운터 변수 number를 증가시킨다.
조건에 해당하는 문자의 개수를 출력한다.

정답 3

012 다음 C언어 프로그램의 출력 결과를 쓰시오.

```c
#include <stdio.h>
int main() {
    int i;
    char ch;
    char str[7] = "nation";
    for( i = 0; i < 4; i++ ) {
        ch = str[5-i];
        str[5-i] = str[i];
        str[i] = ch;
    }
    printf("%s \n", str);
    return 0;
}
```

> **해설**
> 문자열 str은 nation으로 초기화되어 있다. 크기는 7로 선언되며, null 문자(\0)를 포함한다.
> for 반복문을 통해 문자열의 앞과 뒤에서 하나씩 문자를 교환한다.
> 인덱스 i가 증가함에 따라, str[5-i]와 str[i]의 문자가 교환된다.
> 반복문은 인덱스 0~3까지 실행되어 총 4번의 교환이 이루어진다.

정답 notian

---

013 다음 C언어 프로그램의 출력 결과를 쓰시오.

```c
#include <stdio.h>
void func(int arr[], int size) {
    for (int i = 0; i < size; i++) {
        arr[i] *= 2;
    }
}
int main() {
    int myArray[5] = {1, 2, 3, 4, 5};
    func(myArray, 5);
    for (int i = 0; i < 5; i++) {
        printf("%d ", myArray[i]);
    }
    return 0;
}
```

> **해설**
>
> main 함수에서 크기 5인 배열 myArray를 {1, 2, 3, 4, 5}로 초기화한다.
> 함수 func는 매개변수로 배열과 크기를 받아 배열의 각 요소를 순회하며 두 배로 만든다.
> 배열은 함수에 참조(주소)로 전달되므로, 함수 내부에서의 변경이 원본 배열에 반영된다.
> main 함수에서 반복문을 사용하여 변환된 배열의 요소들을 출력한다.

정답   2 4 6 8 10

014 다음 C언어 프로그램의 출력 결과를 쓰시오.

```c
#include <stdio.h>
int main() {
    int x[] = {1, 2, 3, 4};
    int sum = fnc_sum(x, sizeof(x) / sizeof(int));
    printf("%d", sum);
}
int fnc_sum(int arr[], int size){
    int sum = 0;

    for( int i = 0; i < size; i++ ){
        sum += arr[i];
    }
    return sum;
}
```

> **해설**
>
> 배열 x는 {1, 2, 3, 4}로 초기화된다. 배열의 크기는 4이다.
> fnc_sum 함수가 호출되어 배열 x와 배열 크기(sizeof(x) / sizeof(int))가 전달된다.
> 함수는 배열 arr의 요소를 반복문으로 순회하며 합산한다.
> 합계는 변수 sum에 저장되어 함수 종료 시 반환된다.

정답   10

015 다음 C언어 프로그램의 출력 결과를 쓰시오.

```c
#include <stdio.h>
void modifyArray(int arr[], int size) {
    for (int i = 0; i < size; i++) {
        if (i % 2 == 0) {
            arr[i] += 5;
        } else {
            arr[i] -= 2;
        }
    }
}
void modifyElement(int value) {
    value *= 3;
}
int main() {
    int numbers[6] = {1, 2, 3, 4, 5, 6};
    modifyArray(numbers, 6);
    for (int i = 0; i < 6; i++) {
        modifyElement(numbers[i]);
    }
    for (int i = 0; i < 6; i++) {
        printf("%d ", numbers[i]);
    }
    return 0;
}
```

해설

modifyArray 함수는 배열을 참조하여 직접 수정한다.
modifyElement 함수는 배열 요소를 복사하여 사용하며, 원본 배열에 영향을 미치지 않는다.
main 함수에서 두 개의 반복문을 사용하여 배열을 처리한 후 결과를 출력한다.

정답   6 0 8 2 10 4

016 다음 C언어 프로그램의 출력 결과를 쓰시오.

```c
#include <stdio.h>
void align(int a[ ]) {
    int temp;
    for (int i = 0; i < 4; i++) {
        for (int j=0; j < 4 - i; j++) {
            if (a[j]> a[j+1]) {
                temp = a[j];
                a[j] = a[j+1];
                a[j+1] = temp;
            }
        }
    }
}
int main() {
    int a[ ] = { 85, 75, 50, 100, 95 };
    align(a);
    for (int i = 0; i < 5; i++)
        printf("%d ", a[i]);
    return 0;
}
```

해설

정렬 함수에서는 정수형 배열 a[]를 매개변수로 받는다.
이중 반복문을 사용하여 배열의 요소를 순회하며 인접한 두 요소를 비교한다.
만약 앞 요소가 뒷 요소보다 크다면 두 요소를 교환한다.
이 과정을 반복하여 배열의 가장 큰 값이 맨 뒤로 이동하며 정렬이 완료된다.
정렬은 배열 크기에 따라 반복 횟수가 달라진다.
입력된 배열을 오름차순으로 정렬하여 출력한다.

정답 50 75 85 95 100

017 다음은 삽입 정렬 C언어 코드이다. 오름차순 정렬이 될 수 있게 괄호 안에 있는 코드를 작성하시오.

```
#include <stdio.h>
int main() {
    int arr[] = {34, 8, 50, 11, 18};
    int i, j, key;
    for (i = 1; i < 5; i++) {
        key = arr[i];
        j = i - 1;
        while (j >= 0 && arr[j] ① key) {
            arr[j + 1] = arr[j];
            j = j - 1;
        }
        arr[②] = key;
    }
    for(i = 0; i < 5; i++)
        printf("%d, ", ③);
}
```

> **해설**
> 정렬 함수에서는 정수형 배열 a[]를 매개변수로 받는다.
> 이중 반복문을 사용하여 배열의 요소를 순회하며 인접한 두 요소를 비교한다.
> 만약 앞 요소가 뒷 요소보다 크다면 두 요소를 교환한다.
> 이 과정을 반복하여 배열의 가장 큰 값이 맨 뒤로 이동하며 정렬이 완료된다.
> 정렬은 배열 크기에 따라 반복 횟수가 달라진다.
> 입력된 배열을 오름차순으로 정렬하여 출력한다.

정답 　① >
　　　② j + 1
　　　③ arr[i]

018 다음 C 프로그램을 실행하면서 사용자가 1, 2, 3, 4를 차례대로 입력했을 때, 출력 결과를 쓰시오.

```c
#include <stdio.h>
int main() {
    int ary[4];
    int sum = 0;
    int i;

    for(i = 0; i < 4; i++){
        scanf("%d", &ary[i]);
    }
    for(i = 3; i > 0; i--)
        sum += ary[i];
    printf("%d\n", sum);
    return 0;
}
```

해설

크기가 4인 정수 배열 ary를 선언한다.
변수 sum은 합계를 저장하며, 초기값은 0이다.
첫 번째 for 반복문에서 사용자로부터 배열의 4개 요소를 입력받아 ary에 저장한다.
두 번째 for 반복문에서 배열의 마지막 요소(ary[3])부터 두 번째 요소(ary[1])까지 합산하여 sum에 저장한다.
반복 조건에서 ary[0]은 포함되지 않는다.

정답 9

019 다음 C언어 프로그램은 입력값 중에서 최소값을 찾는 프로그램이다. 괄호를 채워 프로그램을 완성하시오.

```
#include <stdio.h>
int main() {
    int num[10];
    int min = 9999, i;
    for( i = 0; i < 10; i++ ) {
        scanf("%d", &num[i]);
    }
    for( i = 0; i < 10; ++i ) {
        if( min > ① ) {
            min = num[i];
        }
    }
    printf("가장 작은 값은 %d 입니다.", min);
    return 0;
}
```

해설

코드는 사용자가 입력한 10개의 정수 중 가장 작은 값을 찾는 프로그램이다.
크기가 10인 정수 배열을 선언하여, 사용자로부터 입력받을 정수를 저장한다.
최소값을 저장할 변수 min을 큰 값(9999)으로 초기화한다.
첫 번째 반복문을 통해 사용자로부터 10개의 정수를 입력받아 배열 num에 저장한다.
두 번째 반복에서는 최소값보다 작은 배열 요소가 있으면 해당 값이 min 값이 되고, min 변수에 값을 갱신하게 된다.

정답　　num[i]

020 다음 C언어 프로그램은 최소값과 최대값을 찾는 프로그램이다. 괄호를 채워 프로그램을 완성하시오.

```c
#include <stdio.h>
int main() {
    int a[] = {10, 30, 50, 7, 90 };
    int max, min;
    max = a[0];
    min = a[0];
    for( int i = 0; i < 5; i++ ) {
        if( ① > max )
            max = a[i];
        if( ② < min )
            min = a[i];
    }
    printf("Max:%d, Min:%d", max, min);
    return 0;
}
```

해설

배열 a는 {10, 30, 50, 7, 90}로 초기화된다. 크기는 5이다.
max와 min은 배열의 첫 번째 요소 a[0] 값인 10으로 초기화된다.
반복문(for)을 사용해 배열의 모든 요소를 순회하며, 각 요소를 max와 min과 비교한다.
① > max → 배열 요소의 값이 max보다 크면 max를 갱신한다.
② < min → 배열 요소의 값이 min보다 작으면 min을 갱신한다.
최종적으로 배열의 모든 값을 검사한 후 max에는 최대값이, min에는 최소값이 저장된다.

정답　① a[i]
　　　② a[i]

021 5개의 정수를 입력받아, 그 중 홀수의 개수를 구하여 출력하는 알고리즘이다. 괄호에 들어갈 알맞은 코드를 작성하시오.

```c
#include <stdio.h>
int main() {
    int a[5], cnt=0;
    for( int i = 0; i < 5; i++ ) {
        scanf("%d", &a[i]);
    }
    for( int i = 0; i < 5; ++i ) {
        if( a[i] % 2 ① 0 ) {
            ++cnt;
        }
    }
    printf("odd:%d", cnt);
    return 0;
}
```

해설

크기가 5인 정수 배열 a를 선언한다.
반복문(for)을 통해 사용자로부터 5개의 정수를 입력받아 배열 a에 저장한다.
변수 cnt를 0으로 초기화하여 홀수의 개수를 저장한다.
두 번째 반복문(for)에서 배열의 각 요소를 확인하며, 조건에 따라 cnt를 증가시킨다.
배열의 값이 2로 나뉘어 떨어지지 않는 경우(홀수) cnt를 1씩 증가시켜야 하고, a[i] % 2 != 0으로 작성되어야 한다.

정답 ① != or >

022 다음 C언어 프로그램은 hello 문자열을 역순으로 olleh로 출력된다. 올바른 출력 결과가 나올 수 있게 괄호에 들어갈 알맞은 코드를 작성하시오.

```c
#include <stdio.h>
#include <string.h>
int main() {
    char str[] = "hello";
    int len = strlen(str);
    char reversed[6];
    for (int i = 0; i < len; i++) {
        reversed[i] = str[①];
    }
    reversed[len] = '\0';
    printf("%s", reversed); // 출력: olleh
    return 0;
}
```

해설

문자열 str은 hello로 초기화된다.
문자열 길이 len은 strlen(str)을 사용해 계산되며, 값은 5이다.
새로운 배열 reversed를 선언하여 역순으로 변환된 문자열을 저장한다.
for 반복문을 사용해 원본 문자열 str의 마지막 문자부터 첫 번째 문자까지 순서대로 접근하여 reversed에 저장한다.
괄호 ①에 들어갈 코드는 len-1-i로, 문자열의 마지막 문자를 가리키며 반복문을 통해 점차 앞쪽 문자로 이동한다.
반복문 이후, 문자열 끝에 널 문자(\0)를 추가하여 문자열의 종료를 표시한다.

정답 len - 1 - i

023 다음 C언어로 구현된 프로그램의 결과를 확인하여, 괄호에 들어갈 코드를 완성하시오.

```c
#include <stdio.h>
int main() {
    char ch, str[] = "12345000";
    int i, j;
    for( i = 0; i < 8; i++) {
        ch = str[i];
        if( ① )
            break;
    }
    i--;
    for( j = 0; j < i; j++ ) {
        ch = str[j];
        str[j] = str[i];
        str[i] = ch;
        i--;
    }
    printf("%s", str);
    return 0;
}
```

<<출력 결과>>
54321000

해설

이 프로그램은 문자열 str에서 처음으로 0이 등장하기 전까지의 부분 문자열을 뒤집고, 나머지 부분은 그대로 유지한 채 최종 문자열을 출력한다.
문자열 str은 12345000으로 초기화되며, 널 문자(\0)가 자동으로 추가된다.
문자열을 순회하며, str[i]가 0인 위치를 찾는다.
i는 첫 번째 0의 인덱스를 가리키며, 이후 i--로 0 바로 앞의 인덱스로 이동한다.
두 번째 반복에서, 문자열의 첫 번째부터 i까지를 역순으로 뒤집는다.
j는 왼쪽에서, i는 오른쪽에서 시작하여 중앙으로 이동하며 문자들을 교환한다.

정답   ch == '0'

CHAPTER 08. 배열과 포인터

024 다음은 C언어로 구현된 버블 정렬 소스 코드이다. 괄호에 들어갈 코드를 완성하시오. (단, 소스 코드에서 사용된 변수명을 이용해야 한다.)

```c
#include<stdio.h>
void swap( int ary[], int idx1, int idx2){
    int tmp = ary[idx1];
    ary[idx1] = ary[idx2];
    ary[①] = tmp;
}
void sort( int ary[], int len ){
    for( int i = 0; i < len; i++ ){
        for( int j = 0; j < len - i - 1; j++ ){
            if( ary[j] > ary[j+1]   ){
                swap(ary, j, j+1);
            }
        }
    }
}
int main(){
    int ary[] = {15, 5, 20, 11, 8};
    int nx = 5;
    sort(ary, ②);
    for(int i = 0; i < nx; i++){
        printf("%d\n", ary[i]);
    }
    return 0;
}
```

해설

swap 함수는 ary 배열의 idx1과 idx2 위치의 값을 교환한다.
마지막 단계에서 임시 변수 tmp에 저장된 값을 다시 ary[idx2]에 넣는다.
따라서 ①에는 idx2가 들어간다.
sort 함수는 배열과 배열의 크기를 입력받아 정렬을 수행한다.
main 함수에서 배열 크기(nx)가 변수로 선언되어 있으며, 이는 len에 해당한다.
따라서 ②에는 nx가 들어간다.

정답 ① idx2
　　　　② nx

025 다음은 C언어로 내림차순 버블 정렬 알고리즘을 구현한 함수이다. ㉠에 들어갈 if문의 조건으로 올바른 것은? (단, size는 1차원 배열인 value의 크기이다.)

```
void BubbleSorting(int *value, int size) {
    int x, y, temp;
    for(x = 0; x < size; x++) {
        for(y = 0; y < size - x - 1; y++) {
            if(  ㉠  ) {
                temp = value[y];
                value[y] = value[y+1];
                value[y+1] = temp;
            }
        }
    }
}
```

해설

버블 정렬 알고리즘은 인접한 두 요소의 값을 비교하게 된다.
value[y]와 그다음 요소인 value[y+1]을 비교한다.
이때 value[y] < value[y+1] 이렇게 하면 내림차순으로 정렬이 되고, value[y] > value[y+1] 이렇게 하면 오름차순으로 정렬이 된다.

정답 value[y] < value[y+1]

026 다음은 입출력장치로부터 학생들의 키를 입력받아 키의 평균과 구간별 학생의 수를 구하는 프로그램이다. 다음 출력 화면을 참고하여, ①~④에 들어갈 알맞은 답을 작성하시오.

```
1번 학생의 키를 입력하세요 : 175
2번 학생의 키를 입력하세요 : 189
3번 학생의 키를 입력하세요 : 163
4번 학생의 키를 입력하세요 : 151
5번 학생의 키를 입력하세요 : 147

우리 반 학생 평균키 : 165
170cm 이상의 학생수 : 2
151~169cm의 학생수 : 2
150cm 이하의 학생수 : 1
```

```c
int i, sum = 0, cnt_1 = 0, cnt_2 = 0, cnt_3 = 0;
int height[5];
int size = sizeof(height) / sizeof(height[0]);
for(i = 0; i < size; i++) {
    printf("%d번 학생의 키를 입력하세요 : ", ① );
    scanf("%d", ② );
    sum += height[i];
    if( ③ )
        cnt_1 += 1;
    else if(height[i] > 150)
        cnt_2 += 1;
    else
        cnt_3 += 1;
}

printf(" \n");
printf("우리 반 학생 평균키 : %d \n", ④ );
printf("170cm 이상의 학생수 : %d \n", cnt_1);
printf("151~169cm의 학생수 : %d \n", cnt_2);
printf("150cm 이하의 학생수 : %d \n", cnt_3);
```

> **해설**
> ①에서는 몇 번 학생인지 표시를 해줘야 하기 때문에 i+1을 넣어준다.
> ②는 scanf 함수로 주소값이 인자로 들어가야 한다. height[i]는 해당 요소의 값이고, 주소값을 표현하기 위해서 &height[i]를 넣어줘야 한다.
> ③은 170 이상 학생의 수를 구하기 위해서 height[i] >= 170을 넣는다.
> ④는 학생의 평균키를 구하기 위해서 누적한 sum 값을 size로 나눈다.

정답 ① i + 1
　　　② &height[i]
　　　③ height[i] >= 170
　　　④ sum / size

027 다음은 입출력장치로부터 학생들의 점수를 입력받아서 총점과 평균을 구하는 C 프로그램이다. 다음 출력 화면을 참고하여, ①~④에 들어갈 알맞은 답을 작성하시오. (단, 100보다 큰 수를 출력했을 때, 입력을 완료하고 출력을 해야 한다.)

```
학생의 점수를 입력하시오. 87
학생의 점수를 입력하시오. 95
학생의 점수를 입력하시오. 78
학생의 점수를 입력하시오. 67
학생의 점수를 입력하시오. 200

입력 학생수는 4 입니다.
점수 합계는 327 입니다.
평균 점수는 81 입니다.
```

```
int score=0, m=0, sum=0;
while(1) {
    printf("학생의 점수를 입력하시오. ");
    scanf("%d", &score);
    if( ① )
        ② ;
    m = ③ ;
    sum = sum + score;
}
 printf( " \n입력 학생수는 %d 입니다. \n ", m);
 printf( " 점수 합계는 %d 입니다. \n ", sum);
 printf( " 평균 점수는 %d 입니다. \n ", ④ );
```

> **해설**
> ① 100보다 큰 수를 입력했을 때, 반복을 종료해야 하기 때문에 score > 100을 넣어준다.
> ② 반복을 종료하기 위해서 break 명령을 사용한다.
> ③ 100보다 큰 수가 아니라면 학생수를 구해야 하고, m + 1을 넣어준다.
> ④ 평균점수를 구하기 위해서 sum / 4를 넣어준다.

정답   ① score > 100
      ② break
      ③ m + 1
      ④ sum / m

028 다음은 입출력장치로부터 양의 정수 1개를 입력받아, 0부터 입력받은 수까지 짝수의 합을 구하는 C 프로그램이다. 다음 출력 화면을 참고하여, ①~②에 들어갈 알맞은 답을 작성하시오.

```
값을 입력하시오.
5

입력한 값은 5입니다.
0부터 5까지 짝수의 합은 6입니다.
```

```
int i = 0,
    j = 0,
    sum = 0;
printf("값을 입력하시오. \n");
①
printf(" \n입력한 값은 %d입니다. \n ", j);
while ( ② ) {
    sum = sum + i;
    i = i + 2;
}
printf("0부터 %d까지 짝수의 합은 %d입니다. \n", j, sum);
```

> **해설**
> ① 여기서는 값을 받아야 하기 때문에, 값을 받는 명령은 scanf를 사용해야 한다.
> ② 입력받은 값보다 작을 때까지 반복을 수행해야 하기 때문에, i <= j를 넣어준다.

정답   ① scanf("%d", &j);
      ② i <= j

029 다음 C언어 프로그램의 출력 결과를 쓰시오.

```c
#include <stdio.h>
int main() {
    int num[2][3] = {{10, 20, 30}, {40, 50, 60}};
    for(int i = 0; i < 2; i++){
        for( int j = 0; j < 3; j++ ){
            printf("%d, ", num[i][j]);
        }
        printf("\n");
    }
}
```

해설

크기가 2행 3열인 2차원 배열 num을 초기화한다.
첫 번째 for 반복문(i)은 행을 순회하고, 두 번째 for 반복문(j)은 해당 행의 각 요소를 순회하며 출력한다.
각 요소를 출력한 후 쉼표를 붙이고, 한 행이 끝나면 줄바꿈(\n)을 추가한다.

정답　10, 20, 30,
　　　40, 50, 60,

030 다음 C언어 프로그램의 출력 결과를 쓰시오.

```c
#include <stdio.h>
void func(int matrix[3][3]) {
    for (int i = 0; i < 3; i++) {
        for (int j = 0; j < 3; j++) {
            if (i == j) {
                matrix[i][j] *= 2;
            } else if (i < j) {
                matrix[i][j] += 1;
            } else {
                matrix[i][j] -= 1;
            }
        }
    }
}
int main() {
    int matrix[3][3] = {{1, 2, 3},{4, 5, 6},{7, 8, 9}};
    func(matrix);
    for (int i = 0; i < 3; i++) {
        for (int j = 0; j < 3; j++) {
            printf("%d ", matrix[i][j]);
        }
        printf("\n");
    }
    return 0;
}
```

> **해설**
>
> main 함수에서 3x3 행렬 matrix를 초기화한다.
> func 함수는 2차원 배열을 참조하여 다음 규칙에 따라 각 요소를 변환한다.
> 대각선 요소(i == j): 값을 두 배로 변경한다.
> 상삼각형 요소(i < j): 값을 1 더한다.
> 하삼각형 요소(i > j): 값을 1 뺀다.
> 변환된 행렬을 반복문으로 출력한다.
>
> 정답 2 3 4
> 　　　3 10 7
> 　　　6 7 18

031 다음 C언어 프로그램의 출력 결과를 쓰시오.

```c
#include <stdio.h>
void main() {
    int num[3][3] = {{5, 9, 7}, {9, 2, 3}, {3, 9, 4}};
    for(int i = 0; i < 3; i++){
        for( int j = 0; j < 3; j++ ){
            if( num[i][j] % 2 != 0 ){
                printf("%d, ", num[i][j]);
            }
            else{
                break;
            }
        }
        printf("\n");
    }
}
```

해설

3행 3열 크기의 배열 num을 초기화한다.
외부 for 반복문(i)은 배열의 각 행을 순회한다.
내부 for 반복문(j)은 해당 행의 각 요소를 순회하며 다음 조건에 따라 처리한다.
홀수: 값을 출력하고 쉼표를 추가한다.
짝수: 출력 중단(break)으로 해당 행의 남은 요소를 건너뛴다.
한 행의 처리가 끝나면 줄바꿈(\n)을 추가한다.

정답   5, 9, 7,
       9,
       3, 9,

032 다음 C언어 프로그램의 출력 결과를 쓰시오.

```c
#include <stdio.h>
void main() {
    char str[][5] = {"ABC", "123", "QWE"};
    for(int i = 0; i < 3; i++){
        printf("%s", str[i]);
    }
}
```

> **해설**
> 배열 str은 3개의 문자열(ABC, 123, QWE)을 저장하고 있다.
> 각 문자열의 최대 길이는 4글자(마지막에 null 문자 포함)로 제한된다.
> for 반복문을 통해 배열의 각 문자열을 순회하며 출력한다.
> str[i]는 i 번째 문자열의 시작 주소를 나타내며, 이를 %s 형식으로 출력한다.

정답   ABC123QWE

---

033 다음 C언어 프로그램의 출력 결과를 쓰시오.

```c
#include <stdio.h>
void main() {
    char str[][20] = {"ABC", "123", "QWE"};
    for(int i = 0; i < 3; i++){
        printf("%s", str[i]+i);
    }
}
```

> **해설**
> 배열 str은 3개의 문자열(ABC, 123, QWE)을 저장하며, 각 문자열은 최대 20글자까지 저장 가능하다.
> for 반복문으로 2차원 배열의 각 문자열을 순회한다.
> str[i] + i는 i 번째 문자열에서 i 번째 인덱스 이후의 부분 문자열을 가리킨다.
> 이를 %s로 출력하므로, 각 문자열의 일부만 출력된다.

정답   ABC23E

034 다음 C언어 프로그램의 출력 결과를 쓰시오.

```c
#include <stdio.h>
void main() {
    char str[][10] = {"ABC\0DEF", "12\0XYZ", "QWE\0RTY"};
    for (int i = 0; i < 3; i++) {
        printf("%s", str[i] + i);
    }
}
```

해설

str은 크기가 10인 문자열 배열로, 세 개의 문자열을 저장한다.
각 문자열은 널 문자(\0)를 포함하며, 초기화된 내용은 다음과 같다.
for 반복문으로 str 배열의 각 문자열을 순회하며 str[i] + i를 출력한다.
str[i] + i는 문자열의 시작 주소에서 i만큼 이동한 위치를 가리킨다.
str[0] + 0 → ABC 출력
str[1] + 1 → 2 출력 (널 문자 이후 문자열은 출력되지 않음)
str[2] + 2 → E 출력 (널 문자 이후 문자열은 출력되지 않음)

정답   ABC2E

035 배열의 첫 번째 요소 arr[0]의 주소가 100번지라고 가정했을 때, 출력 결과를 쓰시오.

```c
#include <stdio.h>
int main() {
    int arr[5] = {10, 20, 30, 40, 50};
    printf("%p\n", &arr[0]);
    printf("%p\n", &arr[3]);
    return 0;
}
```

해설

arr[i]의 주소는 arr[0]의 주소에서 i * sizeof(데이터형)을 더한 값이 된다.
arr[0]이 100번지이고 데이터형이 int(4바이트)라면, arr[3]=100+(3*4)=112번지가 된다.

정답   100
        112

036 배열의 첫 번째 요소 arr[0]의 주소가 100번지라고 가정했을 때, 출력 결과를 쓰시오.

```c
#include <stdio.h>
int main(void) {
    int ary[]={14, 22, 30, 38};
    printf("%u, ", &ary[2]);
    printf("%u", ary);
    return 0;
}
```

해설

&ary[2], 배열의 시작 위치가 100번지이기 때문에, 세 번째 요소의 주소는 108번지가 된다.
배열의 이름 ary는 배열의 첫 번째 요소의 주소를 나타내기 때문에, 100번지가 된다.

정답 108, 100

037 배열의 첫 번째 요소 arr[0][0]의 주소가 100번지라고 가정했을 때, 출력 결과를 쓰시오.

```c
#include <stdio.h>
int main() {
    int arr[3][4] = {
        {1, 2, 3, 4},
        {5, 6, 7, 8},
        {9, 10, 11, 12}
    };
    printf("%p\n", &arr[0][0]);
    printf("%p\n", &arr[2][1]);
    return 0;
}
```

해설

arr[i][j]의 주소는 arr[0][0]의 주소에서 (i * 열의 개수 + j) * sizeof(데이터형)을 더한 값이 된다.
arr[2][1]이 3행 4열 배열에서 데이터형 int(4바이트)라면 arr[2][1]=100+((2*4)+1)*4=100+36=136번지가 된다.

정답 100
136

038 다음 C언어 프로그램의 출력 결과를 쓰시오.

```c
#include <stdio.h>
int main() {
    int A = 10, B;
    int *C = &B;

    B = A--;
    B += 20;
    printf("%d", *C);
    return 0;
}
```

> **해설**
> 정수형 변수 A는 10으로 초기화되고, 변수 B는 초기화되지 않았다.
> 포인터 C는 변수 B의 주소를 가리킨다.
> 변수 B에 A의 현재 값 10을 대입한 후, A는 후위 감소 연산자로 인해 9로 감소한다.
> B에 20을 더하여 B의 최종값이 30이 된다.
> *C는 포인터 C가 가리키는 변수 B의 값을 참조한다.
> 따라서 출력값은 B의 최종값 30이 된다.

정답   30

039 다음 C언어 프로그램의 출력 결과를 쓰시오.

```c
#include <stdio.h>
int main() {
    int a = 10, b = 20;
    int *p;
    p = &a;
    *p = 30;
    p = &b;
    *p = 40;
    printf("a = %d, b = %d\n", a, b);
    return 0;
}
```

> **해설**
>
> 정수형 변수 a는 10, b는 20으로 초기화된다.
> 포인터 변수 p는 아직 초기화되지 않았다.
> 포인터 p가 변수 a의 주소를 가리킨다.
> 포인터 p를 통해 변수 a의 값을 30으로 변경한다.
> 포인터 p가 변수 b의 주소를 가리킨다.
> 포인터 p를 통해 변수 b의 값을 40으로 변경한다.
> 변수 a와 b의 최종값은 각각 30과 40이다.

정답   a = 30, b = 40

040 다음 C언어 프로그램의 출력 결과를 쓰시오.

```c
#include <stdio.h>
int main() {
    int code = 65;
    int *p = &code;
    printf("%c", (*p)++);
    return 0;
}
```

> **해설**
>
> 정수형 변수 code는 65로 초기화된다.
> 포인터 변수 p는 code의 주소를 가리킨다.
> 포인터 p가 가리키는 값(code)을 참조하여 문자 형식(%c)으로 출력한다.
> (*p)++는 후위 증가 연산자로, 현재 값을 출력한 후 code의 값을 1 증가시킨다.
> ASCII 코드 65는 문자 A에 해당한다.
> (*p)++에 의해 code의 값은 66으로 증가하지만, 이 값은 출력되지 않는다.

정답   A

041 다음 C언어 프로그램의 출력 결과를 쓰시오.

```c
#include <stdio.h>
int main() {
    int a = 10, b = 30;
    int *pa, *pb;
    pa = &a;
    pb = &b;
    *pa = 2 * a;
    *pb = 3 * a;
    printf("%d, %d, %d, %d", a, b, *pa, *pb);
    return 0;
}
```

해설

정수형 변수 a는 10, b는 30으로 초기화된다.
포인터 변수 pa와 pb는 각각 a와 b의 주소를 가리킨다.
포인터 pa를 통해 a의 값을 2 * a로 업데이트한다.
결과적으로 a의 값은 20이 된다.
포인터 pb를 통해 b의 값을 3 * a로 업데이트한다.
현재 a의 값이 20이므로, b의 값은 60이 된다.
출력문은 변수 a, b, 그리고 포인터를 통해 접근한 *pa, *pb의 값을 출력한다.

정답 20, 60, 20, 60

042 다음 C언어 프로그램의 출력 결과를 쓰시오.

```c
#include <stdio.h>
int main() {
    int a = 10, b = 20;
    int *p1 = &a, *p2 = &b;
    *p1 = *p2;
    *p2 = *p2 + 5;
    printf("%d, %d\n", a, b);
    return 0;
}
```

> **해설**
>
> 정수형 변수 a와 b는 각각 10과 20으로 초기화된다.
> 포인터 변수 p1과 p2는 각각 a와 b의 주소를 가리킨다.
> 포인터 p1을 통해 변수 a의 값을 포인터 p2가 가리키는 b의 값으로 변경한다.
> 이 연산 후, a는 20이 된다.
> 포인터 p2를 통해 변수 b의 값에 5를 더한다.
> 이 연산 후, b는 25가 된다.

정답   20, 25

043 다음 C언어 프로그램의 출력 결과를 쓰시오.

```c
#include <stdio.h>
void addFive(int *ptr) {
    *ptr += 5;
}

int main() {
    int number = 10;
    printf("변경 전: %d \n", number);
    addFive(&number);
    printf("변경 후: %d \n", number);

    return 0;
}
```

> **해설**
>
> 정수형 변수 number는 10으로 초기화된다.
> 함수 호출 전 출력은, 변수 number의 초기값 10을 출력한다.
> 함수 호출 후 출력은, 변수 number의 주소를 매개변수로 받아, 포인터를 통해 변수의 값을 간접적으로 수정했기 때문에, 15를 출력한다.

정답   변경 전: 10
         변경 후: 15

044 다음 C언어 프로그램의 출력 결과를 쓰시오.

```c
#include <stdio.h>
void swap(int *x, int *y) {
    int temp = *x;
    *x = *y;
    *y = temp;
}
int main() {
    int a = 5, b = 10;
    swap(&a, &b);
    printf("%d, %d\n", a, b);
    return 0;
}
```

> **해설**
>
> • swap 함수
> 두 정수형 변수의 주소를 매개변수로 받아, 포인터를 통해 변수 값을 교환한다.
> temp 변수에 *x의 값을 임시 저장한 후, *x와 *y의 값을 서로 바꾼다.
> • main 함수
> 정수형 변수 a와 b를 각각 5와 10으로 초기화한다.
> swap 함수에 a와 b의 주소를 전달하여 두 변수의 값을 교환한다.
> 교환 후, a와 b의 값은 각각 10과 5가 된다.

정답   10, 5

045 다음 C언어 프로그램의 출력 결과를 쓰시오.

```c
#include <stdio.h>
int main() {
    int x = 5, y = 10;
    int *p = &x, *q = &y;
    p = q;
    *p = *p + 5;
    printf("%d, %d\n", x, y);
    return 0;
}
```

> **해설**
>
> 정수형 변수 x와 y는 각각 5와 10으로 초기화된다.
> 포인터 변수 p와 q는 각각 x와 y의 주소를 가리킨다.
> 포인터 p는 더 이상 x의 주소를 가리키지 않고, y의 주소를 가리키게 된다.
> 포인터 p를 통해 y의 값을 간접적으로 변경한다.
> 현재 y의 값 10에 5를 더하여, y의 값은 15가 된다.
> 변수 x는 포인터 p가 더 이상 가리키고 있지 않으므로 초기값 5를 유지한다.
> 변수 y는 포인터 p를 통해 값이 15로 변경된다.

정답   5, 15

046 다음 C언어 프로그램의 출력 결과를 쓰시오.

```c
#include <stdio.h>
int main() {
    int a = 2, b = 4;
    int *p1 = &a, *p2 = &b;
    *p1 = *p2;
    p2 = p1;
    *p2 = *p2 + 3;

    printf("%d, %d\n", a, b);
    return 0;
}
```

> **해설**
>
> 정수형 변수 a와 b는 각각 2와 4로 초기화된다.
> 포인터 p1과 p2는 각각 a와 b의 주소를 가리킨다.
> 포인터 p1을 통해 a의 값을 p2가 가리키는 b의 값으로 변경한다.
> 이 연산 후, a는 4가 된다.
> 포인터 p2는 b의 주소를 가리키는 대신, 이제 a의 주소를 가리키게 된다.
> 포인터 p2를 통해 a의 값을 간접적으로 변경한다.
> 현재 a의 값은 4이므로, a는 4+3=7이 된다.
> 변수 a는 7로 최종값이 변경된다.
> 변수 b는 4로 초기값을 유지한다.

정답   7, 4

047 다음 C언어 프로그램의 출력 결과를 쓰시오. (단, value의 주소값은 100번지로 가정한다.)

```c
#include <stdio.h>

int main() {
    int value = 10;
    int *ptr;
    ptr = &value;
    printf("value: %d \n", value);
    printf("ptr 값: %d \n", ptr);
    printf("ptr의 값: %d \n", *ptr);

    *ptr = 20;
    printf("value: %d \n", value);

    return 0;
}
```

해설

정수형 변수 value는 10으로 초기화된다.
포인터 변수 ptr은 초기화된 후 value의 주소를 가리킨다. (ptr = &value)
printf("value: %d \n", value); 변수 value의 초기값 10을 출력한다.
printf("ptr 값: %d \n", ptr); 포인터 ptr에 저장된 주소 값(value의 주소)을 출력한다.
printf("ptr 의 값: %d \n", *ptr); 포인터 ptr이 가리키는 값(value의 값)을 출력, 초기값 10
포인터 ptr을 사용하여 value의 값을 20으로 수정한다.
printf("value: %d \n", value); 포인터를 통해 수정된 value의 새로운 값 20을 출력한다.

정답 value: 10
ptr 값: 100
ptr의 값: 10
value: 20

048 다음 C언어 프로그램의 출력 결과를 쓰시오. (단, 아래의 scanf() 함수의 입력으로 90을 타이핑했다고 가정한다.)

```c
#include <stdio.h>
int main() {
    int i = 10;
    int j = 20;
    int *k = &i;

    scanf("%d", k);
    printf("%d, %d, %d \n", i, j, *k);
    return 0;
}
```

해설

정수형 변수 i는 10, j는 20으로 초기화된다.
포인터 변수 k는 i의 주소를 가리킨다. (k = &i)
사용자 입력값 90을 포인터 k를 통해 변수 i에 저장한다.
이로 인해 i의 값이 90으로 변경된다.

정답   90, 20, 90

049 다음 C언어 프로그램의 출력 결과를 쓰시오. (단, 아래의 scanf() 함수의 입력으로 30을 타이핑했다고 가정한다.)

```c
#include <stdio.h>
int main() {
    int a = 15, b = 25;
    int *p1 = &a, *p2 = &b;
    scanf("%d", &b);
    *p1 = *p1 + *p2;
    printf("%d, %d, %d \n", a, b, *p1);
    return 0;
}
```

> **해설**
>
> 정수형 변수 a는 15, b는 25로 초기화된다.
> 포인터 p1은 변수 a의 주소를, p2는 변수 b의 주소를 가리킨다.
> 사용자 입력값 30이 변수 b에 저장된다.
> 포인터 p1이 가리키는 변수 a의 값과 p2가 가리키는 변수 b의 값을 더한다.
> a: 변수 a의 값은 포인터 연산 후 45
> b: 변수 b의 값은 입력값 30
> *p1: 포인터 p1이 가리키는 값, 즉 변수 a의 값은 45

정답   45, 30, 45

050 다음 C언어 프로그램의 출력 결과를 쓰시오.

```c
#include <stdio.h>
int main() {
    int a = 10;
    int* ptr = &a;
    int** dptr = &ptr;

    printf("%d, ", a);
    printf("%d, ", *ptr);
    printf("%d\n", **dptr);

    **dptr = 20;
    printf("%d, ", a);
    printf("%d, ", *ptr);
    printf("%d\n", **dptr);

    return 0;
}
```

> **해설**
>
> 정수형 변수 a는 10으로 초기화된다.
> 포인터 ptr은 변수 a의 주소를 가리킨다.
> 이중 포인터 dptr은 포인터 ptr의 주소를 가리킨다.
> printf("%d, ", a); 변수 a의 초기값 10을 출력한다.
> printf("%d, ", *ptr); 포인터 ptr이 가리키는 값(*ptr = a)을 출력한다.
> printf("%d\n", **dptr); 이중 포인터 dptr이 가리키는 포인터 ptr을 통해 참조한 값(**dptr = *ptr = a)을 출력한다.
> 이중 포인터 dptr을 통해 변수 a의 값을 20으로 수정한다.

printf("%d, ", a); 변수 a의 값이 20으로 변경되었음을 확인한다.
printf("%d, ", *ptr); 포인터 ptr이 가리키는 값(*ptr)도 20으로 변경된다.
printf("%d\n", **dptr); 이중 포인터 dptr을 통해 참조한 값(**dptr)도 20

정답 10, 10, 10
      20, 20, 20

051 다음 C언어 프로그램의 출력 결과를 쓰시오.

```c
#include <stdio.h>
int main() {
    int x = 5, y = 10;
    int *p1 = &x;
    int *p2 = &y;
    int **dptr = &p1;

    **dptr += 2;
    *dptr = p2;
    **dptr *= 3;

    printf("%d, %d, %d, %d\n", x, y, *p1, *p2);

    return 0;
}
```

해설

정수형 변수 x는 5, y는 10으로 초기화된다.
포인터 p1은 x를 가리키고, 포인터 p2는 y를 가리킨다.
이중 포인터 dptr은 포인터 p1의 주소를 가리킨다.
**dptr += 2; 이중 포인터를 통해 x의 값을 2 증가시킨다.
*dptr = p2; 이중 포인터 dptr이 가리키는 포인터를 p2로 변경한다.
**dptr *= 3; 이중 포인터를 통해 y의 값을 3배로 수정한다.
변수 x와 y의 최종값, 포인터 p1과 p2가 가리키는 값을 각각 출력한다.

정답 7, 30, 30, 30

052 다음은 포인터를 사용하여 두 변수의 값을 교체하는 코드이다. 빈칸에 알맞은 코드를 쓰시오. (단, 변수는 포인터 변수 형태를 사용해서 작성해야 한다.)

```
int a=10, b=20, t;
int *pa = &a;
int *pb = &b;
t = *pa;
[    ]
*pb = t;
```

> **해설**
>
> 먼저, t = *pa를 통해 a의 값을 임시 변수 t에 저장한다.
> *pa = *pb를 통해 a에 b의 값을 복사한다. (빈칸에 들어갈 코드)
> 마지막으로 *pb = t를 통해 b에 임시 저장된 a의 값을 복사한다.

정답   *pa = *pb;

053 double형 포인터 변수 ptr의 번지가 1000번지라고 가정했을 때, ptr+3의 실제 번지를 쓰시오.

> **해설**
>
> double형은 8Byte이고, 1번지당 8Byte를 이동하므로 실제 주소는 1024번지가 된다.

정답   1024

054 32비트 컴퓨터에서 int형 포인터 변수 ptr의 번지가 1000번지라고 가정했을 때, ptr+3의 실제 번지를 쓰시오.

> **해설**
>
> 32비트 컴퓨터에서 int형은 4Byte이고, 1번지당 4Byte를 이동하므로 실제 주소는 1012번지가 된다.

정답   1012

055 다음 C언어 프로그램의 출력 결과를 쓰시오.

```c
#include <stdio.h>
int main(void) {
    int n = 4;
    int* pt = NULL;
    pt=&n;

    printf("%d", &n + *pt - *&pt + n);
    return 0;
}
```

> **해설**
> 정수형 변수 n은 4로 초기화된다.
> 포인터 변수 pt는 초기화 시 NULL로 설정되었다가, 이후 n의 주소를 가리키도록 설정된다. (pt = &n)
> &n + *pt - *&pt + n 이 식의 평가 과정은 &n: 변수 n의 주소
> *pt: 포인터 pt가 가리키는 값(n의 값, 즉 4)
> *&pt: pt의 값을 역참조한 뒤 다시 주소를 참조하므로, pt와 동일한 값(n의 주소)
> n: 변수 n의 값, 즉 4
> 최종적으로 계산된 값 8이 출력된다.

정답   8

056 다음 C언어 프로그램의 출력 결과를 쓰시오.

```c
#include <stdio.h>

int main() {
    char str[10] = "abcd";
    char *p = str;
    *(p+2) = 'x';
    printf("%s \n", str);
    return 0;
}
```

> **해설**
> 문자열 배열 str은 abcd로 초기화된다.
> 포인터 p는 문자열 배열 str의 시작 주소를 가리킨다. (p = str)
> *(p+2) = 'x';
> p+2는 배열의 세 번째 요소(str[2] = c)를 가리킨다.
> 해당 위치의 값을 x로 변경한다.
> 수정 후 배열 str은 abxd가 된다.

정답 abxd

057 다음 C언어 프로그램의 출력 결과를 쓰시오.

```
int main(void) {
    char str[] = "PROGRAM";
    char *p = str;
    printf("%s \n", p);
    printf("%s \n", p + 3);
    printf("%c \n", *(p + 5));
    *p = 'X';
    printf("%s \n", p);
    return 0;
}
```

> **해설**
> 문자열 배열 str은 PROGRAM으로 초기화된다.
> 포인터 p는 문자열 배열 str의 시작 주소를 가리킨다. (p = str)
> printf("%s \n", p); 포인터 p가 가리키는 문자열 전체를 출력한다.
> printf("%s \n", p + 3); p + 3은 문자열의 네 번째 문자(G)를 시작으로 출력한다.
> printf("%c \n", *(p + 5)); *(p + 5)는 문자열의 여섯 번째 문자(A)를 참조한다.
> *p = 'X'; 포인터 p가 가리키는 첫 번째 문자(str[0])를 X로 변경한다.
> printf("%s \n", p); 수정된 문자열 str을 출력한다.

정답 PROGRAM
　　　　GRAM
　　　　A
　　　　XROGRAM

058 다음 C언어 프로그램의 출력 결과를 쓰시오.

```c
int main(void) {
    char str[] = "EXAMPLE";
    char *p = str;
    *(p + 1) = 'Z';
    *(p + 4) = 'X';
    printf("%s \n", p);
    return 0;
}
```

해설

문자열 배열 str은 EXAMPLE로 초기화된다.
포인터 p는 문자열 배열 str의 시작 주소를 가리킨다. (p = str)
*(p + 1) = 'Z'; p + 1은 배열의 두 번째 요소(str[1])를 가리키고, str[1]의 값을 Z로 변경한다.
*(p + 4) = 'X'; p + 4는 배열의 다섯 번째 요소(str[4])를 가리키고, str[4]의 값을 X로 변경한다.

정답   EZAMXLE

059 다음 C언어 프로그램의 출력 결과를 쓰시오.

```c
#include <stdio.h>
int main(void) {
    char *p = "KOREA";
    printf("%s\n", p) ;
    printf("%s\n", p+ 3) ;
    printf("%c\n", *p) ;
    printf("%c\n", *(p+ 3)) ;
    printf("%c\n", *p+ 2) ;
    return 0;
}
```

해설

포인터 p는 문자열 "KOREA"의 시작 주소를 가리킨다.
printf("%s\n", p); 포인터 p가 가리키는 문자열 전체를 출력한다.
printf("%s\n", p + 3); 문자열에서 세 번째 인덱스 이후(p + 3)의 부분 문자열을 출력한다.
printf("%c\n", *p); 포인터 p가 가리키는 첫 번째 문자를 출력한다.
printf("%c\n", *(p + 3)); 문자열에서 세 번째 인덱스(p + 3)의 문자를 출력한다.
printf("%c\n", *p + 2); 포인터 p가 가리키는 첫 번째 문자의 ASCII 값에 2를 더한 문자를 출력한다.
K의 ASCII 값 75에 2를 더하면 77, 이는 문자 M에 해당한다.

정답
KOREA
EA
K
E
M

060 다음 C언어 프로그램의 출력 결과를 쓰시오.

```
#include <stdio.h>
int main(void) {
    char *p = "HELLO";
    printf("%c\n", *(p + 1));
    printf("%s\n", p + 2);
    printf("%c\n", *p + 4);
    printf("%c\n", *(p + 4));
    printf("%s\n", p);
    return 0;
}
```

해설

포인터 p는 문자열 HELLO의 시작 주소를 가리킨다.
printf("%c\n", *(p + 1)); 문자열의 두 번째 문자를 가리킨다.
printf("%s\n", p + 2); 문자열의 세 번째 문자부터 출력한다.
printf("%c\n", *p + 4); *p는 문자열의 첫 번째 문자 H를 가리킨다.
'H'의 ASCII 값(72)에 4를 더하면 76, 이는 문자 L에 해당한다.
printf("%c\n", *(p + 4)); p + 4는 문자열의 다섯 번째 문자(O)를 가리킨다.
printf("%s\n", p); 포인터 p가 가리키는 문자열 전체를 출력한다.

정답
E
LLO
L
O
HELLO

061 다음 C언어 프로그램의 출력 결과를 쓰시오.

```c
#include <stdio.h>
int main(void) {
    char *ptr;
    char str[] = "computer";
    ptr = str;
    printf("%s, ", ptr+3);
    printf("%c",*(ptr+3));
    return 0;
}
```

해설

배열 str은 문자열 computer로 초기화된다.
포인터 ptr은 str의 시작 주소를 가리킨다.
ptr+3은 문자열의 네 번째 문자(p)부터 시작하는 부분 문자열을 가리킨다.
해당 부분 문자열은 puter이다.
*(ptr+3)은 네 번째 문자 p를 가리킨다.
역참조(*)를 통해 해당 문자를 출력한다.

정답   puter, p

062 다음 C언어 프로그램의 출력 결과를 쓰시오.

```c
#include <stdio.h>
int main(void) {
    char a[] = "Art";
    char* p = NULL;
    p = a;
    printf("%s\n", a);
    printf("%c\n", *p);
    printf("%c\n", *a);
    printf("%s\n", p);
    for(int i = 0; a[i] != '\0'; i++)
        printf("%c", a[i]);
    return 0;
}
```

> **해설**
>
> 문자열 배열 a는 Art로 초기화된다.
> 포인터 p는 NULL로 초기화되었다가 a의 시작 주소를 가리키도록 설정된다. (p = a)
> printf("%s\n", a); 배열 a를 문자열로 출력한다.
> printf("%c\n", *p); 포인터 p가 가리키는 첫 번째 문자(A)를 출력한다.
> printf("%c\n", *a); 배열 a의 첫 번째 문자(A)를 출력한다.
> printf("%s\n", p); 포인터 p가 가리키는 문자열 전체를 출력한다.
> for 반복문에서는, 문자열 배열 a를 순회하며 각 문자를 출력한다.

정답   Art
          A
          A
          Art
          Art

063 다음 C언어 프로그램의 출력 결과를 쓰시오.

```c
#include <stdio.h>
int main(void) {
    char arr[] = "COMPUTER";
    char *ptr;
    ptr = arr+2;
    printf("%c, ", *ptr);
    printf("%c, ", *ptr+1);
    printf("%c", *(ptr+1));
    return 0;
}
```

> **해설**
>
> 문자열 배열 arr은 COMPUTER로 초기화된다.
> 포인터 ptr은 arr+2로 설정되어, 배열 arr의 세 번째 문자(M)를 가리킨다.
> printf("%c, ", *ptr); 포인터 ptr이 가리키는 문자(M)를 출력한다.
> printf("%c, ", *ptr+1); *ptr은 문자 M이고, ASCII 값 77에 1을 더해 문자 N(78)을 출력한다.
> printf("%c", *(ptr+1)); ptr+1은 배열의 네 번째 문자(P)를 가리키고, 이를 출력한다.

정답   M, N, P

064 다음 C언어 프로그램의 출력 결과를 쓰시오.

```c
#include <stdio.h>
int main(void) {
    char str[] = "REVERSE";
    char *p = str;
    for(int i = 6; i >= 0; i--) {
        printf("%c", *(p + i));
    }
    printf(" \n");
    return 0;
}
```

해설

문자열 배열 str은 REVERSE로 초기화된다.
포인터 p는 배열 str의 시작 주소를 가리킨다. (p = str)
i를 배열의 마지막 유효 문자 인덱스(6)부터 시작하여, 첫 번째 문자(0)까지 감소시키며 반복한다.
포인터 p로부터 i만큼 떨어진 위치의 문자를 참조하여, 문자열을 역순으로 출력한다.

정답   ESREVER

065. 다음 C언어 프로그램의 출력 결과를 쓰시오.

```c
#include <stdio.h>
#include <ctype.h>
int main() {
    char p[] = "It is 8";
    char result[20];
    int i;
    for(i=0; p[i]!='\0'; i++){
        if(isupper(p[i]))
            result[i] = (p[i]-'A'+5) % 26 + 'A';
        else if(islower(p[i]))
            result[i] = (p[i]-'a'+10) % 26 + 'a';
        else if(isdigit(p[i]))
            result[i] = (p[i]-'0'+3) % 10 + '0';
        else
            result[i] = p[i];
    }
    result[i] = '\0';
    printf("%s\n",result);


    return 0;
}
```

해설

문자열 p는 It is 8로 초기화한다.
문자열 p를 순회하며, 각 문자에 대해 다음과 같은 규칙으로 변환한다.
대문자(A-Z): A 기준으로 5칸 이동 후, 알파벳 순환(% 26)하여 대문자로 변환한다.
소문자(a-z): a 기준으로 10칸 이동 후, 알파벳 순환(% 26)하여 소문자로 변환한다.
숫자(0-9): 아스키 코드값 48(0의 아스키 코드)을 기준으로 3칸 이동 후, 숫자 순환(% 10)하여 숫자로 변환한다.
그 외 문자: 변환 없이 그대로 복사한다.

정답 Nd sc 1

066 다음 C언어 프로그램의 출력 결과를 쓰시오.

```c
#include <stdio.h>
void reverse(char*str){
    int len = strlen(str);
    char*p1 = str;
    char*p2 = str + len - 1;
    while(p1<p2){
        char t = *p1;
        *p1 = *p2;
        *p2 = t;
        p1++;
        p2--;
    }
}

int main(int argc, char*argv[]){
    char str[100] = "ABCDEFGH";
    reverse(str);
    int len = strlen(str);
    for(int i=1; i<len; i+=2){
        printf("%c",str[i]);
    }
    printf("\n");

    return 0;
}
```

해설

- reverse 함수
문자열 포인터 p1은 문자열의 시작(str), p2는 문자열의 끝(str + len - 1)을 가리킨다.
while 루프를 사용하여 p1과 p2가 만나거나 교차하기 전까지, *p1과 *p2를 교환(swap)한다.
p1은 앞으로 이동, p2는 뒤로 이동한다.
결과적으로 입력 문자열이 뒤집힌 상태로 저장된다.
- main 함수
str은 ABCDEFGH로 초기화한다.
reverse(str) 호출로 문자열이 뒤집혀 HGFEDCBA가 된다.
뒤집힌 문자열의 길이를 계산하고, for 루프를 사용해 홀수 인덱스(1, 3, 5, ...)에 위치한 문자를 출력한다.

정답   GECA

067 다음 C언어 프로그램의 출력 결과를 쓰시오.

```c
#include <stdio.h>
int main() {
    int num[] = { 100, 200, 300, 400, 500 };
    int *pt;
    pt = num;
    printf("%d\n", *(pt+3) + 100);
    return 0;
}
```

해설

정수형 배열 num은 {100, 200, 300, 400, 500}으로 초기화된다.
배열의 각 요소는 인덱스 0부터 4까지 순서대로 저장된다.
포인터 pt는 배열 num의 시작 주소를 가리킨다. (pt = num)
따라서 pt는 num[0]을 가리키며, *(pt + n)은 num[n]을 참조한다.
pt + 3은 배열의 네 번째 요소(num[3])를 가리킨다.
*(pt + 3)은 해당 요소의 값(400)을 참조한다.
*(pt + 3) + 100의 결과는 500이 된다.

정답 500

068 다음 C언어 프로그램의 출력 결과를 쓰시오.

```c
#include <stdio.h>
int main() {
    int i;
    int a[] = { 10, 20, 30, 40, 50, 60, 70, 80, 90, 100 };
    int *ptr = a + 3;
    for( i = 0; i < 5; ++i ) {
        printf("%d ", *(ptr+i)-3);
    }
    return 0;
}
```

해설

정수형 배열 a는 {10, 20, 30, 40, 50, 60, 70, 80, 90, 100}으로 초기화된다.
배열의 각 요소는 인덱스 0부터 9까지 저장된다.
포인터 ptr은 배열 a의 네 번째 요소(a[3])를 가리키도록 초기화된다. (ptr = a + 3)
반복문은 i = 0부터 i < 5까지 실행되며, 총 5번 반복된다.
각 반복에서 *(ptr + i) - 3을 계산하여 출력한다.
ptr + i는 배열의 네 번째 요소부터 순차적으로 다섯 번째 요소까지 접근하여, 해당 요소 값에서 3을 뺀 값을 출력한다.

정답 37 47 57 67 77

069 다음 C언어 프로그램의 출력 결과를 쓰시오.

```c
#include <stdio.h>
int main(int argc, char *argv[])    {
    int ary[3];
    int s = 0;
    *(ary + 0) = 1;
    ary[1] = *(ary + 0) + 2;
    ary[2] = *ary + 3;
    for(int i = 0; i < 3; i++) {
        s = s + ary[i];
    }
    printf("%d", s);
    return 0;
}
```

해설

정수형 배열 ary는 크기가 3인 배열로 선언되었다.
초기값은 설정되지 않았으므로 프로그램에서 값을 설정한다.
*(ary + 0) = 1; 배열의 첫 번째 요소(ary[0])를 1로 설정한다.
ary[1] = *(ary + 0) + 2; 배열의 두 번째 요소(ary[1])를 첫 번째 요소 값(1)에 2를 더한 값으로 설정한다. (1+2=3)
ary[2] = *ary + 3; 배열의 세 번째 요소(ary[2])를 첫 번째 요소 값(1)에 3을 더한 값으로 설정한다. (1+3=4)
최종 배열 상태는 {1, 3, 4}가 된다.

정답 8

070 다음 C언어 프로그램의 출력 결과를 쓰시오.

```c
#include <stdio.h>
int main(void) {
    int a[] = { 1, 2, 4, 8 };
    int *p = a;
    p[1] = 3;
    a[1] = 4;
    p[2] = 5;
    printf("%d %d \n", a[1] + p[1], a[2] + p[2]);
    return 0;
}
```

해설

정수형 배열 a는 {1, 2, 4, 8}로 초기화된다.
포인터 p는 배열 a의 시작 주소를 가리킨다. (p = a)
p[1] = 3; 포인터 p를 통해 배열의 두 번째 요소(a[1])를 3으로 수정한다.
a[1] = 4; 배열의 두 번째 요소(a[1])를 직접 4로 수정한다.
p[2] = 5; 포인터 p를 통해 배열의 세 번째 요소(a[2])를 5로 수정한다.
a[1] + p[1], 배열의 두 번째 요소(a[1] = 4)와 포인터를 통해 접근한 두 번째 요소(p[1] = 4)의 합
a[2] + p[2], 배열의 세 번째 요소(a[2] = 5)와 포인터를 통해 접근한 세 번째 요소(p[2] = 5)의 합

정답   8   10

071 다음 C언어 프로그램의 출력 결과를 쓰시오.

```c
#include <stdio.h>
int main(void) {
    int arr[] = { 10, 20, 30, 40, 50 };
    int *ptr;
    ptr = arr;
    printf("%d, ", *ptr + *(ptr+1));
    printf("%d, ", *ptr + *(ptr+2));
    printf("%d, ", *ptr + *(ptr+3));
    printf("%d", *ptr + 5);
    return 0;
}
```

> **해설**
>
> 정수형 배열 arr은 {10, 20, 30, 40, 50}으로 초기화된다.
> 포인터 ptr은 배열 arr의 시작 주소를 가리킨다. (ptr = arr)
> *ptr, 배열의 첫 번째 요소(arr[0] = 10)
> *(ptr+1), 배열의 두 번째 요소(arr[1] = 20)
> *(ptr+2), 배열의 세 번째 요소(arr[2] = 30)
> *(ptr+3), 배열의 네 번째 요소(arr[3] = 40)
> *ptr+5, *ptr은 배열의 첫 번째 요소(arr[0] = 10) + 5

정답   30, 40, 50, 15

072 다음 C언어 프로그램의 출력 결과를 쓰시오.

```c
#include <stdio.h>
int main(void) {
    int a[] = { 1, 2, 4, 8 };
    int *p = a+1;
    p[1] = 3;
    a[1] = 4;
    p[2] = 5;
    printf("%d, %d, %d, %d, ", a[0], a[1], a[2], a[3]);
    printf("%d, %d \n", a[1] + p[1], a[2] + p[2]);
    return 0;
}
```

> **해설**
>
> 정수형 배열 a는 {1, 2, 4, 8}로 초기화된다.
> 포인터 p는 배열 a의 두 번째 요소(a[1])를 가리킨다. (p = a + 1)
> p[1] = 3; 포인터 p를 통해 배열의 세 번째 요소(a[2])를 3으로 수정한다.
> a[1] = 4; 배열의 두 번째 요소(a[1])를 직접 4로 수정한다.
> p[2] = 5; 포인터 p를 통해 배열의 네 번째 요소(a[3])를 5로 수정한다.
> printf("%d, %d, %d, %d, ", a[0], a[1], a[2], a[3]); 수정된 배열 상태(1, 4, 3, 5)를 출력한다.
> a[1] + p[1], 배열의 두 번째 요소(a[1] = 4)와 포인터로 접근한 두 번째 요소(p[1] = 3)의 합
> a[2] + p[2], 배열의 세 번째 요소(a[2] = 3)와 포인터로 접근한 세 번째 요소(p[2] = 5)의 합

정답   1, 4, 3, 5, 7, 8

073 다음 C언어 프로그램의 출력 결과를 쓰시오.

```c
#include <stdio.h>
int main(void) {
    int arr[] = {10, 20, 30, 40, 50};
    int *ptr;
    ptr = arr;
    printf("%d, ", *ptr + *(ptr+2));
    ptr = ptr+2;
    printf("%d, ", *ptr + *(ptr+2));
    printf("%d", ptr[0] + ptr[1]);
    return 0;
}
```

해설

정수형 배열 arr은 {10, 20, 30, 40, 50}으로 초기화된다.
포인터 ptr은 배열 arr의 시작 주소를 가리킨다. (ptr = arr)
• 첫 번째 출력
*ptr, 배열의 첫 번째 요소(arr[0] = 10)
*(ptr+2), 배열의 세 번째 요소(arr[2] = 30)
ptr = ptr+2; 포인터 ptr은 배열의 세 번째 요소(arr[2])를 가리키게 된다.
• 두 번째 출력
*ptr, 현재 포인터 ptr이 가리키는 요소(arr[2] = 30)
*(ptr+2), 배열의 다섯 번째 요소(arr[4] = 50)
• 세 번째 출력
ptr[0], 현재 포인터 ptr이 가리키는 요소(arr[2] = 30)
ptr[1]은 그다음 요소(arr[3] = 40)

정답 40, 80, 70

074 다음 C언어 프로그램의 출력 결과를 쓰시오.

```c
#include <stdio.h>
int main(void) {
    int a[4] = { 10, 20, 30 };
    int *p = a;
    p++;
    *p++ = 100;
    *++p = 200;
    printf("a[0]=%d, a[1]=%d, a[2]=%d \n", a[0], a[1], a[2] );
    return 0;
}
```

해설

정수형 배열 a는 {10, 20, 30, 0}로 초기화된다.
네 번째 요소는 명시적으로 초기화되지 않았으므로 0으로 초기화된다.
포인터 p는 배열 a의 시작 주소를 가리킨다. (p = a)
p++, 포인터 p가 배열의 두 번째 요소(a[1])를 가리키게 된다.
*p++ = 100, 현재 p가 가리키는 요소(a[1])에 100을 저장한 후, 포인터 p는 세 번째 요소(a[2])로 이동한다.
*++p = 200, 포인터 p를 한 칸 더 이동시켜 네 번째 요소(a[3])를 가리키게 한 뒤, 해당 위치에 200을 저장한다.
배열의 첫 세 요소(a[0], a[1], a[2])를 출력한다.

정답   a[0]=10, a[1]=100, a[2]=30

075 다음 C언어 프로그램의 출력 결과를 쓰시오.

```c
#include <stdio.h>
int main() {
    int num[4] = { 1, 2, 3, 4 };
    int *pt = num;
    pt++;
    *pt++= 5;
    *pt++= 10;
    pt--;
    *pt++= 20;
    printf("%d %d %d %d", num[0], num[1], num[2],num[3] );
    return 0;
}
```

> **해설**
>
> 정수형 배열 num은 {1, 2, 3, 4}로 초기화된다.
> 포인터 pt는 배열 num의 시작 주소를 가리킨다. (pt = num)
> pt++, 포인터 pt가 배열의 두 번째 요소(num[1])를 가리키게 된다.
> *pt++ = 5, 현재 pt가 가리키는 두 번째 요소(num[1])에 5를 저장한 후, 포인터 pt는 세 번째 요소(num[2])로 이동한다.
> *pt++ = 10, 현재 pt가 가리키는 세 번째 요소(num[2])에 10을 저장한 후, 포인터 pt는 네 번째 요소(num[3])로 이동한다.
> pt--, 포인터 pt가 다시 세 번째 요소(num[2])를 가리키게 된다.
> *pt++ += 20, 현재 pt가 가리키는 세 번째 요소(num[2])의 값에 20을 더해 저장한 후, 포인터 pt는 네 번째 요소로 이동한다.
> 출력에서는 모든 배열 요소를 출력한다.

정답   1 5 30 4

076 다음 C언어 프로그램의 출력 결과를 쓰시오.

```c
#include <stdio.h>
int main()
{
    int arr[]={8, 5, 3, 1, 2, 7, 9};
    int *p=arr+2, a=0, b=0;

    a=*++p;
    b=(*p)++;
    printf("%d, %d\n", a, b);
    return 0;
}
```

> **해설**
>
> 정수형 배열 arr은 {8, 5, 3, 1, 2, 7, 9}로 초기화된다.
> 포인터 p는 배열의 세 번째 요소(arr[2]=3)를 가리킨다. (p=arr+2)
> • a = *++p
> ++p는 포인터 p를 한 칸 이동시켜 네 번째 요소(arr[3]=1)를 가리키게 한다.
> *p는 현재 포인터가 가리키는 값(1)을 참조하여 변수 a에 저장한다.
> a의 결과는 1이 된다.
> • b = (*p)++
> *p는 현재 포인터 p가 가리키는 값(1)을 참조하여 변수 b에 저장한다.
> 후위 증가 연산(++)으로 *p의 값을 1 증가시켜 배열의 네 번째 요소를 2로 수정한다.
> b에는 1값이 대입되고, arr[3]은 2가 대입된다.

정답   1, 1

077 다음 C언어 프로그램의 출력 결과를 쓰시오.

```c
#include <stdio.h>
int main()
{
    int a[4] = {1, 2, 3};
    int *p = a;

    p++;
    *p++ = 10;
    *p += 10;
    printf("%d, %d, %d\n", a[0], a[1], a[2]);
    return 0;
}
```

해설

정수형 배열 a는 {1, 2, 3, 0}로 초기화된다.
네 번째 요소는 명시적으로 초기화되지 않았으므로 0으로 설정된다.
포인터 p는 배열 a의 시작 주소를 가리킨다. (p=a)
p++, 포인터 p를 배열의 두 번째 요소(a[1])로 이동시킨다.
*p++ = 10, 현재 p가 가리키는 두 번째 요소(a[1])에 10을 저장한 후, 포인터 p를 세 번째 요소(a[2])로 이동시킨다.
*p += 10, 현재 p가 가리키는 세 번째 요소(a[2])의 값에 10을 더한다.
배열의 첫 세 요소(a[0], a[1], a[2])를 출력한다.

정답 1, 10, 13

078 다음 C 프로그램에서 밑줄 친 코드의 실행 결과와 동일한 결과를 출력하는 코드로 옳은 것을 모두 고르시오.

```c
#include <stdio.h>
int main()
{
    int ary[5] = {10, 11, 12, 13, 14};
    int *ap;
    ap = ary;
    printf("%d", ary[1]);
    return 0;
}
```

ㄱ. printf("%d", ary+1);
ㄴ. printf("%d", *ap+1);
ㄷ. printf("%d", *ary+1);
ㄹ. printf("%d", *ap++);
ㅁ. printf("%d", ++*ap);
ㅂ. printf("%d", *++ap);

해설

배열 ary는 {10, 11, 12, 13, 14}로 초기화된다.
ary[1]은 배열의 두 번째 요소(11)이다.
ㄱ. ary+1은 값이 아니라 주소를 출력하므로, 결과가 ary[1]의 값 11과 다르다.
ㄴ. *ap는 10이고, 여기에 1을 더했기 때문에 11이 된다.
ㄷ. *ary는 10이고, 여기에 1을 더했기 때문에 11이 된다.
ㄹ. *ap++는 현재 포인터 ap가 가리키는 값(10)을 출력한 후, ap를 다음 요소로 이동시킨다.
ㅁ. *ap가 가리키는 값(ary[0]=10)이 11로 변경되어 출력된다.
ㅂ. *++ap는 포인터 ap를 다음 요소로 이동시키고(ap=ap+1), 이동된 위치의 값을 참조한다.

정답 ㄴ, ㄷ, ㅁ, ㅂ

079 다음 C언어 프로그램의 출력 결과를 쓰시오.

```c
#include <stdio.h>
int main() {
    int code[] = {10, 20, 30};
    int *p = code;

    printf("%d, ", ++*p);
    printf("%d, ", *p);
    printf("%d, ", *++p);
    printf("%d\n", *p);

    return 0;
}
```

해설

정수형 배열 code는 {10, 20, 30}으로 초기화된다.
포인터 p는 배열 code의 시작 주소를 가리킨다. (p=code)
++*p, ++*p는 code[0]의 값을 1 증가시키고, 증가된 값을 출력한다.
*++p, ++p는 포인터 p를 다음 요소로 이동시키고(p=p+1), p가 가리키는 값을 참조한다.

정답 11, 11, 20, 20

080 다음 C언어 프로그램의 출력 결과를 쓰시오.

```c
#include <stdio.h>
int main() {
    int code[] = {10, 20, 30};
    int *p = code;

    printf("%d, ", *(p++));
    printf("%d, ", *p);
    printf("%d, ", *(++p));
    printf("%d\n", *p);

    return 0;
}
```

> **해설**
>
> 정수형 배열 code는 {10, 20, 30}으로 초기화된다.
> 포인터 p는 배열 code의 시작 주소를 가리킨다. (p=code)
> *(p++), *p는 현재 포인터 p가 가리키는 배열의 첫 번째 요소(code[0]=10)를 참조하고, 후위 증가한다.
> *(++p), ++p는 포인터 p를 배열의 세 번째 요소(code[2])로 이동시키고, 이동된 위치의 값을 참조한다.

정답   10, 20, 30, 30

081 다음 C언어 프로그램의 출력 결과를 쓰시오.

```
#include <stdio.h>
int main() {
    int code[] = {10, 20, 30};
    int *p = code;

    printf("%d, ", *p++);
    printf("%d, ", *p);
    printf("%d, ", (*p)++);
    printf("%d\n", *p);

    return 0;
}
```

> **해설**
>
> 정수형 배열 code는 {10, 20, 30}으로 초기화된다.
> 포인터 p는 배열 code의 시작 주소를 가리킨다. (p=code)
> *p++, *p는 현재 포인터 p가 가리키는 첫 번째 요소(code[0]=10)를 참조하고, 후위 증가한다.
> (*p)++, *p는 현재 포인터 p가 가리키는 값(code[1]=20)을 참조하고, 후위 증가한다.

정답   10, 20, 20, 21

082 다음 C언어 프로그램의 출력 결과를 쓰시오.

```c
#include <stdio.h>
int main() {
    int nums[5] = {1, 2, 3, 4, 5};
    int *p1 = &nums[1];
    int *p2 = &nums[3];
    int temp = *p1;
    *p1 = *p2;
    *p2 = temp;

    for (int i = 0; i < 5; i++) {
        printf("%d ", nums[i]);
    }
    return 0;
}
```

해설

정수형 배열 nums는 {1, 2, 3, 4, 5}로 초기화된다.
p1은 배열의 두 번째 요소(nums[1]=2)를 가리킨다.
p2는 배열의 네 번째 요소(nums[3]=4)를 가리킨다.
*p1의 값(nums[1]=2)을 임시 변수 temp에 저장한다.
*p2의 값(nums[3]=4)을 *p1에 대입하여 nums[1]의 값을 4로 변경한다.
임시 변수 temp의 값(2)을 *p2에 대입하여 nums[3]의 값을 2로 변경한다.
교환 결과는 {1, 4, 3, 2, 5}가 된다.

정답 1 4 3 2 5

083 다음 C언어 프로그램의 출력 결과를 쓰시오. (단, 입력은 홍길동, 김철수, 박영희 순으로 입력받았다고 가정한다.)

```c
#include <stdio.h>
char n[30];
char* getname(){
    gets(n);
    return n;
}
int main() {
    char* n1 = getname();
    char* n2 = getname();
    char* n3 = getname();
    printf("%s\n",n1);
    printf("%s\n",n2);
    printf("%s\n",n3);
    return 0;
}
```

해설

전역 배열 n은 크기가 30인 문자 배열로 선언되었다. 모든 입력 문자열은 이 배열에 저장된다.
getname 함수는 표준 입력 함수 gets를 사용하여 문자열을 입력받아 배열 n에 저장한다.
입력된 문자열의 시작 주소(n)를 반환한다.
첫 번째 호출, 사용자 입력 문자열을 배열 n에 저장하고, 반환된 주소를 포인터 n1에 저장한다.
두 번째 호출, 새로운 문자열을 입력받아 배열 n에 덮어쓰고, 반환된 주소를 포인터 n2에 저장한다.
세 번째 호출, 또 다른 문자열을 입력받아 배열 n에 덮어쓰고, 반환된 주소를 포인터 n3에 저장한다.
printf로 n1, n2, n3을 각각 출력하지만, 모든 포인터가 동일한 전역 배열 n을 가리키므로, 마지막 입력된 문자열이 세 번 출력된다.

정답 박영희
박영희
박영희

084 다음 C언어 프로그램의 출력 결과를 쓰시오.

```c
#include <stdio.h>
int main() {
    int num[3][3] = {{1, 2, 3}, {4, 5, 6}, {7, 8, 9}};
    int *ptr = num[0];
    ptr += 5;
    while( *ptr != 9 ){
        printf("%d, ", *ptr);
        ptr++;
    }
    return 0;
}
```

해설

배열 num을 3행 3열로 만들고, 초기화시킨다.
포인터 ptr은 배열 num의 첫 번째 요소(num[0][0])를 가리킨다.
ptr += 5: 포인터를 다섯 번째 요소(num[1][2], 값 6)로 이동시킨다.
포인터 ptr이 가리키는 값이 9가 아닐 때 반복하면서, 현재 포인터가 가리키는 값을 출력하고, 포인터를 다음 요소로 이동시킨다.

정답 6, 7, 8,

085 다음 C언어 프로그램의 출력 결과를 쓰시오.

```c
#include <stdio.h>
int main() {
    int data[ ][3] = {1, 3, 4, 5, 2, 9, 6, 8, 7};
    int *p = data[1];
    int x, y;
    x = *p;
    y = *(p+2);
    printf("x=%d, y=%d \n", x, y);
    return 0;
}
```

> **해설**
> 배열 data를 3행 3열로 만들고, 초기화시킨다.
> 포인터 p는 배열 data의 두 번째 행(data[1])을 가리킨다. 즉, p는 {5, 2, 9}의 시작 주소를 가리킨다.
> *p는 현재 포인터 p가 가리키는 첫 번째 값(data[1][0] = 5)을 참조하여 x에 저장한다.
> *(p+2)는 포인터 p로부터 두 번째 위치를 이동한 값(data[1][2] = 9)을 참조하여 y에 저장한다.
> 변수 x와 y의 값을 출력한다.

정답   x = 5, y = 9

086 다음 C언어 프로그램의 출력 결과를 쓰시오.

```c
#include <stdio.h>
int main(int argc, char *argv[]) {
    int num[2][2] = {{11, 22},{44, 55}};
    int i, sum = 0;
    int *p;
    p= num[0];
    for(i = 1;i < 4; i++)
        sum += *(p + i);
    printf("%d", sum);
    return 0;
}
```

> **해설**
> 배열 num을 2행 2열로 만들고, 초기화시킨다.
> 포인터 p는 배열 num의 첫 번째 행(num[0])을 가리킨다. 즉, p는 배열의 시작 주소(&num[0][0])를 가리킨다.
> 반복문은 i = 1부터 i < 4까지 실행되며, 포인터 연산을 통해 배열 요소를 순회한다.
> *(p + i)는 배열의 (i+1)번째 요소를 참조한다.
> 계산 과정,
> i = 1: *(p + 1) = num[0][1] = 22, sum = 0 + 22 = 22
> i = 2: *(p + 2) = num[1][0] = 44, sum = 22 + 44 = 66
> i = 3: *(p + 3) = num[1][1] = 55, sum = 66 + 55 = 121
> 변수 sum의 최종값 121을 출력한다.

정답   121

087 다음 C언어 프로그램의 출력 결과를 쓰시오.

```
#include <stdio.h>
int main() {
    int data[2][4] = { {10, 20, 30, 40}, {50, 60, 70, 80} };
    int *p = data[0];
    int x = *(p + 5);
    int y = *(p + 3);
    printf("x=%d, y=%d \n", x, y);
    return 0;
}
```

해설

배열 data를 2행 2열로 만들고, 초기화시킨다.
포인터 p는 배열 data의 첫 번째 행(data[0])을 가리킨다.
- x = *(p + 5)
포인터 p로부터 다섯 번째 위치로 이동하여 배열 요소를 참조한다.
*(p + 5)는 data[1][1] = 60을 참조한다.
- y = *(p + 3)
포인터 p로부터 세 번째 위치로 이동하여 배열 요소를 참조한다.
*(p + 3)는 data[0][3] = 40을 참조한다.

정답   x=60, y=40

088 다음 C언어 프로그램의 출력 결과를 쓰시오.

```
#include <stdio.h>
int main(int argc, char *argv[]) {
    int num[2][3] = { {-3, 14, 5}, {1, -10, 8} };
    int *p = num[1];
    printf("%d, ", *(++p));
    printf("%d", *(--p-2));
    return 0;
}
```

> **해설**
>
> 배열 num을 2행 3열로 만들고, 초기화시킨다.
> 포인터 p는 배열의 두 번째 행(num[1])의 첫 번째 요소(num[1][0])를 가리킨다.
> printf("%d, ", *(++p)); ++p는 포인터를 다음 위치로 이동시켜 배열의 두 번째 행의 두 번째 요소(num[1][1])를 가리킨다.
> *(++p)는 해당 요소의 값(-10)을 참조한다.
> printf("%d", *(--p-2)); --p는 포인터를 이전 위치로 이동시켜 배열의 두 번째 행의 첫 번째 요소(num[1][0])를 가리킨다.
> p - 2는 포인터를 두 칸 뒤로 이동시켜 배열의 첫 번째 행의 두 번째 요소(num[0][1])를 가리킨다.
> *(--p - 2)는 해당 요소의 값(14)을 참조한다.

정답 -10, 14

089 다음 C언어 프로그램의 출력 결과를 쓰시오.

```c
#include <stdio.h>
int main() {
    int arr[2][3] = { {10, 20, 30}, {40, 50, 60} };
    int sum1;
    sum1 = *arr[0] + *arr[1];
    int sum2;
    sum2 = *(*arr + 0) + *(*arr + 1) + *(*arr + 2);

    printf("%d, %d\n", sum1, sum2);
    return 0;
}
```

> **해설**
>
> 배열 arr을 2행 3열로 만들고, 초기화시킨다.
> sum1 = *arr[0] + *arr[1];
> *arr[0] + *arr[1]은 배열의 첫 번째 행과 두 번째 행의 첫 번째 요소들의 합을 계산한다.
> sum2 = *(*arr + 0) + *(*arr + 1) + *(*arr + 2);
> *(*arr + 0) + *(*arr + 1) + *(*arr + 2)는 포인터 연산을 통해 배열의 첫 번째 행의 모든 요소를 합산하는 방식이다.

정답 50, 60

090 다음 C언어 프로그램의 출력 결과를 쓰시오.

```c
#include <stdio.h>
int main() {
    int darr[3][3] = { {1,2,3}, {4,5,6}, {7,8,9} };
    int sum1, sum2;
    sum1 = *(*darr+1) + *(*darr+2);
    sum2 = *darr[1] + *darr[2];
    printf("%d, %d", sum1, sum2);
    return 0;
}
```

해설

배열 darr을 3행 3열로 만들고, 초기화시킨다.
sum1 = *(*darr + 1) + *(*darr + 2);
*darr은 배열의 첫 번째 행(darr[0])의 첫 번째 요소(1)를 가리킨다.
*(*darr + 1)은 darr[0][1] = 2를 참조
*(*darr + 2)는 darr[0][2] = 3을 참조
sum2 = *darr[1] + *darr[2];
*darr[1]은 darr[1][0] = 4를 참조
*darr[2]는 darr[2][0] = 7을 참조
sum1에는 5, sum2에는 11이 대입된다.

정답 5, 11

091 다음 C언어 프로그램의 출력 결과를 쓰시오.

```c
#include <stdio.h>
int main() {
    int darr[3][3] = { {1, 2, 3}, {4, 5, 6}, {7, 8, 9} };
    int sum1;
    sum1 = *darr[0] + *darr[1] + *darr[2];
    int sum2;
    sum2 = *(*darr + 0) + *(*darr + 1) + *(*darr + 2);

    printf("%d, %d\n", sum1, sum2);
    return 0;
}
```

해설

배열 darr을 3행 3열로 만들고, 초기화시킨다.
sum1 = *darr[0] + *darr[1] + *darr[2];
darr[0]은 배열의 첫 번째 행({1, 2, 3})을 가리키고, *darr[0]은 첫 번째 요소 1을 참조
darr[1]은 배열의 두 번째 행({4, 5, 6})을 가리키고, *darr[1]은 첫 번째 요소 4를 참조
darr[2]는 배열의 세 번째 행({7, 8, 9})을 가리키고, *darr[2]는 첫 번째 요소 7을 참조
sum2 = *(*darr + 0) + *(*darr + 1) + *(*darr + 2);
*darr은 배열의 첫 번째 행({1, 2, 3})을 가리킨다. *(*darr + 0)은 1, *(*darr + 1)은 2, *(*darr + 2)는 3을 참조
sum1에는 12, sum2에는 6이 대입된다.

정답 12, 6

---

092 다음 C언어 프로그램의 출력 결과를 쓰시오.

```c
#include <stdio.h>
int main(int argc, char *argv[]) {
    char num[3][3] = {{11, 22, 33},{44, 55, 66}, {77, 88, 99}};
    int i, sum = 0;
    printf("%d, ", *(*num+1));
    printf("%d, ", **(num+1));
    printf("%d", *(num[1]+1));
    return 0;
}
```

해설

배열 num을 3행 3열로 만들고, 초기화시킨다.
*(*num + 1),
*num은 배열의 첫 번째 행({11, 22, 33})의 주소를 가리킨다.
(*num + 1)은 배열의 두 번째 요소(22)를 가리킨다.
*(*num + 1)은 해당 요소의 값 22를 참조한다.
**(num + 1),
num + 1은 배열의 두 번째 행({44, 55, 66})의 주소를 가리킨다.
**(num + 1)은 두 번째 행의 첫 번째 요소(44)를 참조한다.
*(num[1] + 1),
num[1]은 두 번째 행({44, 55, 66})을 가리킨다.
(num[1] + 1)은 두 번째 요소(55)를 가리킨다.
*(num[1] + 1)은 해당 요소의 값 55를 참조한다.

정답 22, 44, 55

093 다음 C언어 프로그램의 출력 결과를 쓰시오.

```c
#include <stdio.h>
int main() {
    static char *c[] = {"aaa", "bbb", "ccc"};
    printf("%s", *(c+1));
    return 0;
}
```

해설

static char *c[]는 문자열을 가리키는 정적 포인터 배열이다.
배열의 구성은,
c[0] = "aaa"
c[1] = "bbb"
c[2] = "ccc"
printf("%s", *(c+1)); c+1은 배열의 두 번째 요소(c[1])를 가리킨다.
*(c+1)은 배열의 두 번째 요소가 가리키는 문자열(bbb)을 참조한다.

정답 bbb

094 다음 C언어 프로그램의 출력 결과를 쓰시오.

```c
#include<stdio.h>
int main() {
    char *array1[2] = {"Good morning", "C language" };
    printf("%s, ", array1[0]+5);
    printf("%c ", *(array1[1]+6));
    return 0;
}
```

해설

array1은 두 개의 문자열을 가리키는 포인터 배열로 초기화된다.
array1[0]은 문자열 Good morning의 시작 주소를 가리킨다.
array1[0]+5는 문자열의 다섯 번째 문자(m)부터 시작하는 부분(morning)을 참조한다.
array1[1]은 문자열 C language의 시작 주소를 가리킨다.
array1[1]+6은 문자열의 여섯 번째 문자(u)를 가리킨다.
*(array1[1]+6)은 해당 문자를 참조하여 출력한다.

정답 morning, u

095 다음 C언어 프로그램의 출력 결과를 쓰시오. (단, 알 수 없는 문자열이 출력되는 경우, 알 수 없음으로 표시하시오.)

```c
#include <stdio.h>
int main() {
    char *kia[] = {"k3", "k5", "k7"};
    printf("%s\n", kia);
    printf("%s\n", *kia);
    printf("%s\n", *kia+1);
    printf("%s\n", *(kia+1));
    return 0;
}
```

해설

kia는 세 개의 문자열을 가리키는 포인터 배열로 초기화된다.
printf("%s\n", kia); kia는 포인터 배열의 시작 주소를 의미하기 때문에, 알 수 없는 출력이 된다.
printf("%s\n", *kia); *kia는 배열 kia의 첫 번째 요소(kia[0])를 참조하여, k3을 출력한다.
printf("%s\n", *kia+1); *kia는 첫 번째 문자열 "k3"을 가리키고, *kia + 1은 문자열 k3의 두 번째 문자(3)부터 시작하는 문자열을 참조한다.
printf("%s\n", *(kia+1)); kia+1은 배열의 두 번째 요소(kia[1])를 가리키고, *(kia+1)은 두 번째 문자열 k5를 참조한다.

정답 알 수 없음
k3
3
k5

096 다음 C언어 프로그램의 출력 결과를 쓰시오.

```c
#include <stdio.h>
int main() {
    int *arr[3];
    int a = 12, b = 24, c = 36;
    arr[0] = &a;
    arr[1] = &b;
    arr[2] = &c;

    printf("%d \n", *arr[1] + **arr + 1);
    return 0;
}
```

> **해설**
>
> 세 개의 정수형 변수 a, b, c가 각각 12, 24, 36으로 초기화된다.
> 포인터 배열 arr은 각 변수의 주소를 저장한다.
> *arr[1]: 포인터 배열의 두 번째 요소(arr[1])가 가리키는 값(b=24)
> **arr: 포인터 배열의 첫 번째 요소(arr[0])가 가리키는 값(a=12)
> 최종, 24 + 12 + 1의 연산 결과 37이 출력된다.

정답   37

097 다음 C언어 프로그램의 출력 결과를 쓰시오.

```c
#include <stdio.h>
int main() {
    int val1[3] = {10, 20, 30};
    int val2[3] = {90, 80, 70};

    int *ptr[2] = {val1, val2};

    printf("%d, ", *ptr[0] + 3);
    printf("%d, ", *(ptr[0]+1) + 3);
    printf("%d, ", *ptr[1] + 7);
    printf("%d ", *(ptr[1]+2) + 7);
    return 0;
}
```

> **해설**
>
> val1 배열을 선언하고, 초기값으로 10, 20, 30을 대입한다.
> val2 배열을 선언하고, 초기값으로 90, 80, 70을 대입한다.
> ptr[0] = val1: 포인터 배열의 첫 번째 요소는 val1의 시작 주소를 가리킨다.
> ptr[1] = val2: 포인터 배열의 두 번째 요소는 val2의 시작 주소를 가리킨다.
> printf("%d, ", *ptr[0] + 3); *ptr[0]은 val1[0](10)을 참조하고, 3을 더해서 13이 출력된다.
> printf("%d, ", *(ptr[0]+1) + 3); ptr[0] + 1은 val1[1](20)을 가리키고, 3을 더해서 23이 출력된다.
> printf("%d, ", *ptr[1] + 7); *ptr[1]은 val2[0](90)을 참조하고, 7을 더해서 97이 출력된다.
> printf("%d ", *(ptr[1]+2) + 7); ptr[1] + 2는 val2[2](70)을 가리키고, 7을 더해서 77이 출력된다.

정답   13, 23, 97, 77

098 다음 C언어 프로그램의 출력 결과를 쓰시오.

```c
#include<stdio.h>
int main() {
    int a[2][3] = { {-3, 14, 5 }, {1, -10, 8 } };
    int *b[] = {a[0], a[1] };
    int *p = b[1];
    printf("%d, ", *b[1]);
    printf("%d, ", *(++p));
    printf("%d", *(--p-2));
    return 0;
}
```

> **해설**
> 2행 3열의 2차원 배열 a를 선언하고, 초기값을 대입한다.
> b는 포인터 배열로, 배열 a의 각 행 시작 주소를 저장한다.
> p는 배열 a[1]의 시작 주소를 가리킨다.
> printf("%d, ", *b[1]); b[1]은 a[1]의 시작 주소를 가리키므로 *b[1]은 a[1][0](1)을 참조하여 1을 출력한다.
> printf("%d, ", *(++p)); ++p는 p를 다음 위치(a[1][1])로 이동하고, 해당 위치의 값 -10을 출력한다.
> printf("%d", *(--p-2)); --p는 포인터 p를 이전 위치(a[1][0])로 이동하고, -2를 해서 a[0][1](14)를 출력한다.

정답 1, -10, 14

---

099 다음 C언어 프로그램의 출력 결과를 쓰시오.

```c
#include<stdio.h>
int main() {
    int a[3][4] = { {1, 2, 3, 4}, {5, 6, 7, 8}, {9, 10, 11, 12} };
    int *b[] = {a[0], a[1], a[2]};
    int *p = b[0];
    printf("%d ", *b[2]);
    printf("%d ", *(p + 2));
    printf("%d ", *(++p + 1));
    printf("%d", *(--p + 3));
    return 0;
}
```

> **해설**
>
> 3행 4열의 2차원 배열 a를 선언하고, 초기값을 대입한다.
> b는 포인터 배열로, 배열 a의 각 행 시작 주소를 저장한다.
> 포인터 p는 배열 a[0]의 시작 주소를 가리킨다.
> *b[2], b[2]는 배열 a[2]의 시작 주소를 가리키므로, *b[2]는 a[2][0]=9를 참조한다.
> *(p + 2), p는 배열 a[0]의 시작 주소를 가리키고, p + 2는 배열 a[0]의 세 번째 요소(a[0][2]=3)를 참조한다.
> *(++p + 1), ++p는 p를 배열의 두 번째 요소(a[0][1])로 이동하고, ++p + 1은 배열 a[0][2](3)를 참조한다.
> *(--p + 3), --p는 포인터를 배열의 첫 번째 요소(a[0][0])로 되돌리고, --p + 3은 배열의 네 번째 요소(a[0][3])를 참조한다.

정답   9 3 3 4

100 다음 C언어 프로그램의 출력 결과를 쓰시오.

```c
#include <stdio.h>

int main() {
    int arr[3][3] = {1, 2, 3, 4, 5, 6, 7, 8, 9};
    int* darr[2] = {arr[1], arr[2]};
    printf("%d", darr[1][1] + *(darr[1]+2) + **darr);

    return 0;
}
```

> **해설**
>
> arr[3][3]은 3행 3열 정수 배열로 초기화된다.
> darr[2]는 두 개의 정수형 포인터를 저장하는 배열이다.
> darr[0]은 arr[1](두 번째 행: {4, 5, 6})을 가리킨다.
> darr[1]은 arr[2](세 번째 행: {7, 8, 9})를 가리킨다.
> darr[1][1]: darr[1]이 세 번째 행을 가리키므로, 세 번째 행의 두 번째 요소(8)를 참조한다.
> *(darr[1] + 2): darr[1]의 시작 주소에서 2칸 이동한 요소(9)를 참조한다.
> **darr: darr[0](두 번째 행의 시작 주소)을 참조하며, 해당 주소의 값(4)을 참조한다.

정답   21

101 다음 C언어 프로그램의 출력 결과를 쓰시오.

```
#include<stdio.h>
int main(int argc, char *argv[]) {
    int arr[2][3]={1,2,3,4,5,6};
    int (*p)[3]=NULL;
    p=arr;
    printf("%d, ", *(p[0]+1) + *(p[1]+2) );
    printf("%d", *(*(p+1)+0) + *(*(p+1)+1));
    return 0;
}
```

> **해설**
> arr은 2행 3열의 배열로 초기화된다.
> p는 2차원 배열 포인터로 선언되며, arr의 주소를 가리킨다.
> *(p[0]+1), p[0]은 배열 arr[0]의 시작 주소를 가리키고, p[0]+1은 배열의 두 번째 요소(arr[0][1]=2)를 참조한다.
> *(p[1]+2), p[1]은 배열 arr[1]의 시작 주소를 가리키고, p[1]+2는 배열의 세 번째 요소(arr[1][2]=6)를 참조한다.
> *(*(p+1)+0), p+1은 배열 arr[1]의 시작 주소를 가리키고, *(p+1)은 배열 arr[1]을 참조하고, *(*(p+1)+0)은 배열 arr[1][0]=4를 참조한다.
> *(*(p+1)+1), *(p+1)은 배열 arr[1]을 참조하고, *(*(p+1)+1)은 배열 arr[1][1]=5를 참조한다.

정답   8, 9

102 다음 C언어 프로그램의 출력 결과를 쓰시오.

```
#include <stdio.h>
int main(int argc, char *argv[]) {
    int arr[2][3]={1,2,3,4,5,6};
    int (*p)[2]=NULL;
    p=arr;
    printf("%d, ", *(p[0]+1) + *(p[1]+2) );
    printf("%d", *(*(p+1)+0) + *(*(p+1)+1));
    return 0;
}
```

해설

arr은 2행 3열의 배열로 초기화된다.
p는 2차원 배열 포인터로 선언되며, 초기화된 배열 arr의 주소를 가리킨다.
2차원 배열 포인터 2는 arr을 3열이 아닌, 2열로 보고 값을 계산하게 된다.
p의 구조를 다시 재구성하면 아래와 같다.

p (100)	p[0]	1	2
	p[1]	3	4
	p[2]	5	6

정답   7, 7

---

103 다음 C언어 프로그램의 출력 결과를 쓰시오.

```c
#include<stdio.h>
#include<stdlib.h>
#define N 3
int main(void) {
    int (*in)[N], *out, sum=0;
    in = (int (*)[N]) malloc( N * N * sizeof(int) );
    out = (int *) in;
    for(int i = 0; i < N * N; i++) out[i] = i;
    for(int i = 0; i < N; i++)
        sum += in[i][i];
    printf("%d", sum);
    return 0;
}
```

해설

매크로 N은 3으로 정의되었고, 3행 3열의 2차원 배열을 동적으로 할당한다.
in은 3x3 배열을 가리키는 포인터로 동적 메모리를 할당받는다.
2차원 배열 in을 1차원 포인터 out으로 캐스팅하여 모든 요소에 직렬 접근이 가능하게 한다.
out을 통해 0부터 8까지의 값을 배열에 순차적으로 값을 저장한다.
두 번째 반복에서는 대각선 요소, in[0][0], in[1][1], in[2][2]의 값을 합산한다.

정답   12

104 다음 C언어 프로그램의 출력 결과를 쓰시오.

```c
#include<stdio.h>
void callByValue(int x) {
    x += 10;
    printf("x=%d\n", x);
}
void callByReference(int *x) {
    *x += 10;
    printf("x=%d\n", *x);
}
int main() {
    int a = 20, b = 30;
    printf("a=%d\n", a);
    callByValue(a);
    printf("a=%d\n", a);
    printf("\nb=%d\n", b);
    callByReference(&b);
    printf("b=%d\n", b);
    return 0;
}
```

해설

- callByValue(int x)
전달된 x의 값만 함수 내부에서 변경된다.
함수 호출 이후 원래 변수에는 영향이 없다.
- callByReference(int *x)
전달된 변수의 주소를 통해 값을 직접 변경한다.
함수 호출 이후 원래 변수의 값이 바뀐다.

정답
```
a=20
x=30
a=20

b=30
x=40
b=40
```

105 다음 C언어 프로그램의 출력 결과를 쓰시오.

```c
#include<stdio.h>
int get_avg(int num[], int n) {
    int i, sum = 0;
    for(i = 0; i < n; i++)
        sum += num[i];
    return sum / n;
}
int main() {
    int num[3] = { 1, 2, 5 };
    printf("%d\n", get_avg(num, 3));
    return 0;
}
```

> **해설**
> • get_avg 함수의 동작
> for 루프를 통해 배열의 각 요소를 sum에 누적하여 합산한다.
> 최종적으로 sum/n을 반환하여 평균값을 계산한다.
> • main 함수의 동작
> 배열 초기화 후, get_avg(num, 3) 호출하여, 배열의 평균 계산을 요청한다.

정답 2

106 다음 C언어 프로그램의 출력 결과를 쓰시오.

```c
#include<stdio.h>
int f( int *i, int j ) {
    *i += 5;
    return ( 2 * *i + ++j );
}
int main(void) {
    int x = 10, y = 20;
    printf( "%d ", f( &x, y ) );
    printf( "%d %d \n", x, y );
}
```

> **해설**
>
> 정수형 변수 x와 y가 각각 10과 20으로 초기화된다.
> 함수 f가 호출되어, x의 주소(&x)와 y의 값(20)이 전달된다.
> f 함수 내부 동작, *i += 5; 포인터 i가 가리키는 값(x = 10)에 5를 더해 x는 15가 된다.
> return (2 * *i + ++j); 2 * 15 + 21의 결과 51을 반환한다.
> 반환된 값 51이 첫 번째 출력으로 출력한다.
> 함수 호출 후 x는 포인터를 통해 수정되었기 때문에 15로 변경되어 출력하고, y는 그대로 20을 출력한다.

정답   51 15 20

107 다음 C언어 프로그램의 출력 결과를 쓰시오.

```
#include<stdio.h>
int foo( int a, int *b ) {
    int c;
    *b = a + 1;
    c = a - 1;
    return c;
}
int main() {
    int a = 5;
    int b = 3;
    int c = 0;
    b = foo( a, &c );
    c = foo( b, &a );
    printf("a=%d b=%d c=%d", a, b, c );
    return 0;
}
```

> **해설**
>
> foo 함수는 전달된 정수 a와 포인터 *b를 입력받아, 포인터 *b에 a+1을 저장하고, 함수의 반환값으로 a-1을 반환한다.
> main 함수는 a를 5, b를 3, c를 0으로 초기화한다.
> foo 함수 호출로 b와 c의 값을 변경한다.
> 첫 번째 호출: b = foo(a, &c); → b는 4, c는 6
> 두 번째 호출: c = foo(b, &a); → c는 3, a는 5
> 최종적으로 a=5, b=4, c=3을 출력한다.

정답   a=5 b=4 c=3

108 다음 C언어 프로그램의 출력 결과를 쓰시오.

```c
#include<stdio.h>
int main(void) {
    int a=10, b=20, c=30, d=40;
    change( &a, &b, c, d );
    printf("a=%d, b=%d, c=%d, d=%d", a, b, c, d);
}
void change(int *px, int *py, int pc, int pd) {
    *px = *py + pd;
    *py = pc + pd;
    pc = *px + pd;
    pd = *px + *py;
}
```

해설

- change 함수의 동작

포인터 *px, *py는 호출 시 전달된 변수(a, b)의 주소를 참조하여 값을 직접 변경한다.
pc, pd는 값으로 전달되므로 함수 내부에서만 변경되고, 호출자(main)에 영향을 미치지 않는다.

- change 함수 내부에서 수행되는 작업

*px = *py + pd → a=b+d=20+40=60
*py = pc + pd → b=c+d=30+40=70
pc와 pd는 내부에서만 변경되므로 main에 영향을 미치지 않는다.

- main 함수의 동작

a, b, c, d는 각각 10, 20, 30, 40으로 초기화된다.
change 함수 호출 후, a와 b는 변경되지만, c와 d는 그대로 유지된다.

정답   a=60, b=70, c=30, d=40

109 다음 C언어 프로그램의 출력 결과를 쓰시오.

```c
#include<stdio.h>
void modify(int *x, int *y, int z) {
    *x = *y + z;
    *y = *x - z;
    z = *x + *y;
}

int main() {
    int a = 10, b = 20, c = 30;
    modify(&a, &b, c);
    printf("a=%d, b=%d, c=%d\n", a, b, c);
    c = a + b;
    modify(&b, &c, a);
    printf("a=%d, b=%d, c=%d\n", a, b, c);
    return 0;
}
```

> **해설**
> - modify 함수의 동작
> 포인터 *x와 *y를 통해 호출된 변수의 값을 직접 수정하고, 정수 z는 값으로 전달되어 함수 내부에서만 변경된다.
> - main 함수의 동작
> a, b, c를 각각 10, 20, 30으로 초기화한다.
> - 첫 번째 modify(&a, &b, c) 호출
> a는 b+c=20+30=50
> b는 a-c=50-30=20
> c는 값 전달이므로 그대로 유지(30)
> c를 a+b로 갱신: c=50+20=70
> - 두 번째 modify(&b, &c, a) 호출
> b는 c+a=70+50=120
> c는 b-a=120-50=70
> a는 값 전달된 z로 변화 없음(50)

정답   a=50, b=20, c=30
a=50, b=120, c=70

110 다음 C언어 프로그램의 출력 결과를 쓰시오.

```c
#include<stdio.h>
void main() {
    int value = 3, list[4] = {1, 3, 5, 7 };
    int i;
    swap( value, &list[0] );
    swap( list[2], &list[3] );
    swap( value, &list[value] );
    for( i = 0; i < 4; i++ )
        printf("%d ", list[i] );
}
void swap( int a, int *b ) {
    int temp;
    temp = a;
    a = *b;
    *b = temp;
}
```

해설

- swap 함수의 동작
두 개의 인수 a(값 전달)와 *b(참조 전달)를 받아 a와 *b의 값을 교환한다.
내부에서 temp를 이용해 값 교환을 수행하며, a의 값은 함수 내부에서만 바뀌고, *b의 값은 호출자에게 영향을 미친다.
- main 함수의 동작
변수 value와 배열 list가 초기화된다.
첫 번째 swap(value, &list[0]), value(3)와 list[0](1)의 값을 교환한다.
두 번째 swap(list[2], &list[3]), list[2](5)와 list[3](7)의 값을 교환한다.
세 번째 swap(value, &list[value]), value(3)와 list[3](5)의 값을 교환한다.

정답   3 3 5 3

111 다음 C언어 프로그램의 출력 결과를 쓰시오.

```c
#include<stdio.h>
double h(double *f, int d, double x) {
    int i;
    double res = 0.0;
    for( i = d-1; i >= 0; i-- ) {
        res = res * x + f[i];
    }
    return res;
}
int main() {
    double f[] = { 1, 2, 3, 4 };
    printf("%3.1f \n", h( f, 4, 2));
    return 0;
}
```

해설

- h 함수의 동작
입력받은 배열 f에 저장된 계수를 사용하여 다항식을 계산하는 함수
d는 배열 f의 크기(다항식 항의 수)를 나타낸다.
x는 다항식에서 대입할 값이다.
함수는 반복문을 통해 배열의 끝에서부터 순차적으로 계산하며, 최종 결과를 반환한다.
- main 함수의 동작
h(f, 4, 2) 호출 결과 49.0을 계산하여 출력한다.

정답   49.0

112 다음 C언어 프로그램의 출력 결과를 쓰시오.

```c
#include<stdio.h>
void func(int *a, int b, int *c) {
    int x;
    x = *a;
    *a = x++;
    x = b;
    b = ++x;
    --(*c);
}
int main() {
    int a, b, c[1];
    a = 20;
    b = 20;
    c[0] = 20;
    func( &a, b, c );
    printf("a=%d b=%d c=%d", a, b, c[0]);
    return 0;
}
```

해설

- func 함수의 동작
x = 20 (포인터 *a의 값)
*a = 20으로 설정 후, x는 21로 증가 (a는 20으로 유지)
x = 20 (값 전달로 b의 값 복사)
x를 21로 증가시키고, b = 21로 설정(값 전달이므로 호출자에 영향 없음)
c[0] 값 감소: c[0] = 19
- main 함수의 동작
func(&a, b, c)를 호출하여,
a = 20 (포인터로 전달된 값이 변경 후 그대로)
b = 20 (값 전달로 원래 값 유지)
c[0] = 19 (포인터로 전달된 값이 변경됨)

정답   a = 20 b = 20 c = 19

113 다음 C언어 프로그램의 출력 결과를 쓰시오.

```c
#include<stdio.h>
void func(int *m, int *x, int y) {
    int i = 0, n = 0;
    y = *x;
    n = *(m+1) + (*m + 2);
    *x = ++n;
}
int main(void) {
    int num[3] = { 1, 3, 6 };
    int a = 10, b = 30;
    func( num, &a, b );
    printf("a=%d, b=%d \n", a, b);
    return 0;
}
```

해설

- func 함수의 동작
*x는 참조된 변수 a를 가리키므로, y = 10 (값 전달로 b는 호출자에 영향을 미치지 않음)
*(m+1)은 num[1]의 값(3), *m은 num[0]의 값(1), *m + 2 = 1 + 2 = 3
결과적으로 n = 3 + 3 = 6
n을 증가시켜 n = 7로 설정하고, 이를 참조된 변수 a에 저장한다. (결과 a = 7)
- main 함수의 동작
func(num, &a, b)를 호출하여,
a = 7: 참조 전달로 변경된다.
b = 30: 값 전달로 변경되지 않는다.
num 배열은 수정되지 않는다.

정답   a = 7, b = 30

114 다음 C언어 프로그램의 출력 결과를 쓰시오.

```c
#include<stdio.h>
void modify_array(int** arr, int size) {
    for(int i = 0; i < size; i++) {
        *(*arr + i) = (*(*arr + i) * (i + 1)) % size;
    }
}
void update_value(int* value, int* arr, int size) {
    *value = arr[*value % size] + *value;
}
int main() {
    int arr[] = {2, 4, 6, 8, 10};
    int* p = arr;
    int** pp = &p;
    int value = 7;
    modify_array(pp, 5);
    update_value(&value, arr, 5);

    printf("%d", value);
    return 0;
}
```

해설

modify_array 함수의 동작, 배열의 각 요소를 반복적으로 계산하여 값을 수정한다.
update_value 함수의 동작, 입력된 value를 배열에서 특정 인덱스로 접근한 값과 더해 업데이트한다.

정답 10

115 다음은 C언어로 구현된 버블 정렬 소스 코드이다. 괄호에 들어갈 코드를 완성하시오. (단, 배열명을 이용한 답안을 작성해야 한다.)

```c
#include <stdio.h>
void swap(int *lt, int *gt){
    int tmp;
    tmp = *lt;
    *lt = *gt;
    *gt = tmp;
}
int main() {
    int arr[] = {34, 8, 50, 11, 18};
    int i, j;
    for (i = 0; i < 5 - 1; i++)
        for (j = 0; j < 5 - i - 1; j++)
            if (arr[j] > arr[j + 1])
                swap(①, ②);
    for(i = 0; i < 5; i++)
        printf("%d, ", arr[i]);

    return 0;
}
```

> **해설**
>
> num 포인터 변수로 3개의 배열 공간을 확보한다.
> a 함수를 이용하여, 각 배열 요소에 2, 1, 4를 각각 대입한다.
> b 함수는 선택정렬을 하는 알고리즘으로, c 함수로 넘기는 인자가 주소값이기 때문에, lt+1 혹은 &lt[a], lt+b 혹은 &lt[b]를 넘겨주면 된다.

정답 ① &arr[j]
② &arr[j+1]
or
① arr+j
② arr+j+1

116 다음 C언어 프로그램의 출력 결과를 쓰시오.

```c
void change(char *s, int n) {
    char temp;
    int i;
    int j=(strlen(s)-1);
    for (i=n; i < j; i++) {
        temp = *(s+i);
        *(s+i) = *(s+j);
        *(s+j) = temp;
    }
}
int main(void) {
    char codes[2][20] = {
        "topic", "enough"
    };
    int c;
    for (c = 0; c < 2; c++) {
        change(codes[c], c);
        printf("%s \n", codes[c]);
    }
    return 0;
}
```

해설

인자로 전달된 문자열을 길이만큼 반복하면서 위치를 변경하는 프로그램이다.
반복을 돌면서 해당 위치의 문자열을 바꿔주면 ctopi, ehnoug로 변경이 된다.

정답   ctopi
           ehnoug

117 다음 C언어 프로그램의 출력 결과를 쓰시오.

```c
#include<stdio.h>
int *func( int a, int *x ) {
    a = a + 10;
    x = x + 1;
    *x = *x * 2;
    return x;
}
int main() {
    int i;
    int x = 10;
    int *p;
    int a[100];
    for( i = 0; i < 100; i++ )
        a[i] = i * 10;
    p = func( x, a );
    printf("sum=%d", x + a[0] + a[1] + p[0] + p[1]);
}
```

해설

- func 함수의 동작
함수 내부에서만 a = a + 10으로 변경되며, 호출자에 영향을 주지 않는다.
x = x + 1: 포인터를 배열의 두 번째 요소로 이동 (x가 a[1]을 가리킴)
*x = *x * 2: a[1]의 값을 두 배로 변경 (a[1] = 10 * 2 = 20)
반환값: x(현재 a[1]의 주소)
- main 함수의 동작
p = func(x, a): p는 a[1]의 주소를 반환받음
- printf에서 출력
x: 그대로 10 (값 전달로 변경되지 않음)
a[0]: 배열 초기값 0
a[1]: func에서 두 배로 변경되어 20
p[0]: a[1] = 20
p[1]: a[2] = 20 (초기값)

정답 sum=70

118 다음 C언어 프로그램의 출력 결과를 쓰시오.

```c
#include <stdio.h>
int *find(int *arr, int size) {
    for (int i = 0; i < size; i++) {
        if (arr[i] % 2 == 0) {
            return arr + i;
        }
    }
    return NULL;
}
int main() {
    int nums[6] = {11, 5, 8, 6, 13};
    int *idx = find(nums, 5);
    if (idx) {
        printf("Value: %d, Index: %ld\n", *idx, idx - nums);
    } else {
        printf("No Data.\n");
    }
    return 0;
}
```

해설

nums[6]은 {11, 5, 8, 6, 13}으로 초기화된 정수 배열이다.
find 함수를 호출하여, 짝수의 첫 번째 위치값을 리턴받아, 해당 값과 인덱스를 출력하게 된다.

정답   Value: 8, Index: 2

119 다음 C언어 프로그램의 출력 결과를 쓰시오.

```c
#include<stdio.h>
int *find_max(int *arr, int size) {
    int *max_ptr = arr;
    for (int i = 1; i < size; i++) {
        if (*(arr + i) > *max_ptr) {
            max_ptr = arr + i;
        }
    }
    return max_ptr;
}
int main() {
    int nums[5] = {10, 50, 30, 70, 20};
    int *max_value = find_max(nums, 5);
    printf("Max: %d, index: %ld\n", *max_value, max_value - nums);
    return 0;
}
```

해설

find_max 함수의 동작, 첫 번째 요소를 초기 최대값(max_ptr)으로 설정한다.
배열을 순회하며 더 큰 값이 발견되면 max_ptr을 해당 값의 주소로 업데이트한다.
리턴값은 최대값의 주소를 리턴하게 된다.
최대값(*max_value)과 배열 내 해당 인덱스(max_value - nums)를 계산하여 출력한다.

정답   Max: 70, index: 3

120 다음 C언어 코드는 배열의 주소값을 출력하는 코드이다. 배열의 첫 번째 주소를 100번지로 가정했을 때, 출력으로 나오는 주소값을 쓰시오. (단, main 함수에서 수행되는 소스 코드라고 가정한다.)

```
int a[5] = {1, 2, 3, 4, 5};
printf("%p \n", a);
printf("%p \n", &a);
printf("%p \n", &a[0]);
printf("%p \n", a+1);
printf("%p \n", &a[0]+1);
printf("%p \n", a+2);
printf("%p \n", &a[2]);
printf("%p \n", a+4);
printf("%p \n", &a+1);
```

해설

printf("%p \n", a); a는 배열의 첫 번째 원소 a[0]의 주소값이다. (100)
printf("%p \n", &a); &a는 배열 전체의 주소를 가리키며, 첫 번째 원소의 주소와 동일하다. (100)
printf("%p \n", &a[0]); &a[0]은 배열의 첫 번째 원소의 주소를 나타낸다. (100)
printf("%p \n", a+1); a + 1은 배열의 두 번째 원소의 주소를 나타낸다. (104)
printf("%p \n", &a[0]+1); &a[0] + 1은 배열의 첫 번째 원소의 주소에서 1만큼 이동한 주소로, 두 번째 원소의 주소를 나타낸다. (104)
printf("%p \n", a+2); a + 2는 배열의 세 번째 원소의 주소를 나타낸다. (108)
printf("%p \n", &a[2]); &a[2]는 배열의 세 번째 원소의 주소를 나타낸다. (108)
printf("%p \n", a+4); a + 4는 배열의 다섯 번째 원소의 주소를 나타낸다. (116)
printf("%p \n", &a+1); &a + 1은 배열 전체의 주소에 배열 크기만큼 이동한 주소를 나타낸다. 배열 크기가 5*4=20바이트이므로, 주소값은 100+20=120이다.

정답
100
100
100
104
104
108
108
116
120

121 다음 C언어 코드는 배열의 자료형의 크기를 출력하는 코드이다. 출력으로 나오는 자료형의 크기를 쓰시오. (단, main 함수에서 수행되는 소스 코드라고 가정한다.)

```
int b[6] = {1, 2, 3, 4, 5, 6};
printf("%d \n", sizeof(b));
printf("%d \n", sizeof(&b));
printf("%d \n", sizeof(*b));
printf("%d \n", sizeof(b[0]));
printf("%d \n", sizeof(*(b+1)));
printf("%d \n", sizeof(b+1));
printf("%d \n", sizeof(&b[0]));
printf("%d \n", sizeof(&b+1));
printf("%d \n", sizeof(b[0]+1));
printf("%d \n", sizeof(*b+1));
```

해설

printf("%d \n", sizeof(b)); b는 배열 이름으로, 배열의 전체 크기를 반환한다. (24)
printf("%d \n", sizeof(&b)); &b는 배열의 주소를 가리키는 포인터이다. (8)
printf("%d \n", sizeof(*b)); 배열의 첫 번째 요소를 역참조한 값으로, 타입은 int이다. (4)
printf("%d \n", sizeof(b[0])); 배열의 첫 번째 요소이며, 타입은 int이다. (4)
printf("%d \n", sizeof(*(b+1))); 배열의 두 번째 요소의 값이다. (4)
printf("%d \n", sizeof(b+1)); b+1은 배열의 두 번째 요소의 주소이며, 타입은 int*이다. (8)
printf("%d \n", sizeof(&b[0])); &b[0]은 배열의 첫 번째 요소의 주소이며, 타입은 int*이다. (8)
printf("%d \n", sizeof(&b+1)); &b는 배열의 주소를 나타내며, &b+1은 배열 크기만큼 이동한 새로운 주소를 가리킨다. (8)
printf("%d \n", sizeof(b[0]+1)); b[0] + 1은 배열의 첫 번째 요소의 값에 1을 더한 값이다. (4)
printf("%d \n", sizeof(*b+1)); *b + 1은 첫 번째 요소의 값에 1을 더한 값으로, 타입은 int이다. (4)

정답
24
8
4
4
4
8
8
8
4
4

122 다음 C언어 코드는 배열의 주소값을 출력하는 코드이다. 배열의 첫 번째 주소를 100번지로 가정했을 때, 출력으로 나오는 주소값을 쓰시오. (단, main 함수에서 수행되는 소스 코드라고 가정한다.)

```
int a[2][3] = { {1,2,3}, {4,5,6} };
printf("%p \n", a);
printf("%p \n", &a);
printf("%p \n", a[0]);
printf("%p \n", *a);
printf("%p \n", &a[0][0]);
printf("%p \n", a[0]+1);
printf("%p \n", *a+1);
printf("%p \n", &a[0][0]+1);
printf("%p \n", &a[0]+1);
printf("%p \n", a+1);
printf("%p \n", &a+1);
```

해설

printf("%p \n", a); 배열 a는 첫 번째 행(a[0])의 시작 주소를 가리킨다. (100)
printf("%p \n", &a); 배열 &a는 전체 배열 a의 시작 주소를 가리킨다. (100)
printf("%p \n", a[0]); a[0]은 배열의 첫 번째 행의 시작 주소를 가리킨다. (100)
printf("%p \n", *a); *a는 a[0]과 동일하며, 첫 번째 행의 시작 주소를 가리킨다. (100)
printf("%p \n", &a[0][0]); &a[0][0]은 첫 번째 요소의 주소를 가리킨다. (100)
printf("%p \n", a[0]+1); a[0]+1은 첫 번째 행의 두 번째 요소의 주소를 가리킨다. (104)
printf("%p \n", *a+1); *a+1은 a[0]+1과 동일하며, 첫 번째 행의 두 번째 요소의 주소를 가리킨다. (104)
printf("%p \n", &a[0][0]+1); &a[0][0]+1은 첫 번째 요소의 다음 요소 주소를 가리킨다. (104)
printf("%p \n", &a[0]+1); &a[0]+1은 두 번째 행(a[1])의 시작 주소를 가리킨다. (112)
printf("%p \n", a+1); a+1은 두 번째 행(a[1])의 시작 주소를 가리킨다. (112)
printf("%p \n", &a+1); &a+1은 전체 배열 a[2][3] 다음 위치의 주소를 가리킨다. (124)

정답
100
100
100
100
100
104
104
104
112
112
124

123 다음 C언어 코드는 배열의 자료형의 크기를 출력하는 코드이다. 출력으로 나오는 자료형의 크기를 쓰시오. (단, main 함수에서 수행되는 소스 코드라고 가정한다.)

```
int a[2][3] = { {1,2,3}, {4,5,6} };
printf("%d \n", sizeof(a));
printf("%d \n", sizeof(&a));
printf("%d \n", sizeof(*a));
printf("%d \n", sizeof(a[0]));
printf("%d \n", sizeof(*(a+1)));
printf("%d \n", sizeof(a[1]));
printf("%d \n", sizeof(*a+1));
printf("%d \n", sizeof(a[0]+1));
printf("%d \n", sizeof(a[0][0]));
printf("%d \n", sizeof(a[0][0]+1));
```

해설

printf("%d \n", sizeof(a)); a는 배열 전체를 의미한다.(24)
printf("%d \n", sizeof(&a)); &a는 배열 전체의 주소이고, 주소값 크기는 포인터 크기를 가진다.(8)
printf("%d \n", sizeof(*a)); *a는 배열 a의 첫 번째 행(a[0])을 가리킨다.(12)
printf("%d \n", sizeof(a[0])); a[0]은 첫 번째 행을 의미하며, 1차원 배열이다.(12)
printf("%d \n", sizeof(*(a+1))); a+1은 배열 a의 두 번째 행을 가리킨다.(12)
printf("%d \n", sizeof(a[1])); a[1]은 두 번째 행을 의미하며, 1차원 배열이다.(12)
printf("%d \n", sizeof(*a+1)); *a+1은 첫 번째 행의 두 번째 요소(a[0][1])를 가리키는 주소이다.(8)
printf("%d \n", sizeof(a[0]+1)); a[0]+1은 첫 번째 행의 두 번째 요소의 주소를 가리킨다.(8)
printf("%d \n", sizeof(a[0][0])); a[0][0]은 배열의 첫 번째 요소로, 정수형(int) 값이다.(4)
printf("%d \n", sizeof(a[0][0]+1)); a[0][0]은 정수형 값이고, a[0][0]+1은 정수형 값을 의미한다.(4)

정답
24
8
12
12
12
12
8
8
4
4

CHAPTER 09 구조체와 공용체

1. 구조체

(1) 구조체의 개념
- 구조체는 다양한 자료형으로 이루어진 데이터를 하나의 단위로 묶는 사용자 정의 자료형이다.
- 한 사람의 정보를 저장할 때 이름(문자열), 나이(정수), 키(실수) 등을 하나의 구조체로 묶어 관리할 수 있다.

(2) 구조체 선언 및 정의
- 구조체는 struct 키워드를 사용하여 선언한다.
- 예제

```
struct Student {
    char name[50];    // 이름
    int age;          // 나이
    float grade;      // 학점
};
```

(3) 구조체 변수 선언 및 초기화

1) 구조체 변수 선언
- 구조체 변수를 선언하여 데이터를 저장한다.
- 예제

```
struct Student {
    char name[50];    // 이름
    int age;          // 나이
    float grade;      // 학점
};
struct Student s1, s2;
```

2) 구조체 변수 초기화
- 구조체 변수는 선언 시 초기화하거나 이후에 값을 할당할 수 있다.
- 예제

```c
struct Student {
    char name[50];    // 이름
    int age;          // 나이
    float grade;      // 학점
};
struct Student s1 = {"Lee", 45, 3.5};
```

(4) 구조체 멤버 접근
- 구조체 멤버는 . (점 연산자)를 사용하여 접근한다.
- 예제

```c
#include <stdio.h>
struct Student {
    char name[50];
    int age;
    float grade;
};
int main() {
    struct Student s1 = {"Lee", 20, 3.5};

    printf("Name: %s\n", s1.name);
    printf("Age: %d\n", s1.age);
    printf("Grade: %.2f\n", s1.grade);
    return 0;
}
```

[실행 결과]
Name: Lee
Age: 20
Grade: 3.50

(5) 구조체 배열

- 구조체는 배열로 선언하여 여러 데이터를 저장할 수 있다.
- 예제

```c
#include <stdio.h>
struct Student {
    char name[50];
    int age;
    float grade;
};
int main() {
    struct Student st[3] = {
        {"Lee", 19, 3.8},
        {"Kim", 21, 3.2},
        {"Park", 20, 3.9}
    };
    for (int i = 0; i < 3; i++) {
        printf("%s, %d, %.2f\n", st[i].name, st[i].age, st[i].grade);
    }
    return 0;
}
```

[실행 결과]
Lee, 19, 3.80
Kim, 21, 3.20
Park, 20, 3.90

(6) 구조체 포인터

- 구조체를 포인터로도 사용할 수 있다.
- -> (화살표 연산자)를 사용하여 멤버에 접근한다.
- 예제

```c
#include <stdio.h>
struct Student {
    char name[50];
    int age;
    float grade;
};
```

```
int main() {
    struct Student s1 = {"Lee", 20, 3.5};
    struct Student *ptr = &s1;
    printf("%s\n", ptr->name); // 화살표 연산자로 접근
    return 0;
}
```

[실행 결과]
Lee

(7) typedef와 구조체

- typedef를 사용하여 구조체에 별칭을 붙이면, struct 키워드 없이 구조체를 간단히 사용할 수 있다.
- 예제

```
#include <stdio.h>
int main() {
    typedef struct {
        char name[50];
        int age;
        float grade;
    } Student;
    Student s1 = {"Kim", 19, 3.8};
    printf("%s\n", s1.name);
    return 0;
}
```

[실행 결과]
Kim

(8) 중첩 구조체

- 구조체 안에 또 다른 구조체를 포함할 수 있다.
- 예제

```
#include <stdio.h>
int main() {
    struct Address {
        char city[50];
        int zipCode;
```

```
        };
        struct Person {
            char name[50];
            struct Address address;
        };
        struct Person p = {"Lee", {"Wonju", 12345}};
        printf("%s, %s, %d\n", p.name, p.address.city, p.address.zipCode);
        return 0;
    }
```

[실행 결과]
Lee, Wonju, 12345

2. 공용체

(1) 공용체의 개념

- 공용체는 여러 멤버를 정의할 수 있지만, 가장 큰 멤버의 크기만큼의 메모리만 할당된다.
- 하나의 메모리 공간을 공유하기 때문에, 한 시점에 하나의 멤버만 값을 저장할 수 있다.
- 메모리 사용이 제한적인 시스템에서 메모리 효율성을 극대화하기 위해 사용된다.

(2) 공용체 선언 및 정의

- 공용체는 union 키워드를 사용하여 선언한다.
- 예제

```
union Data {
    int i;          // 4바이트
    float f;        // 4바이트
    char str[20];   // 20바이트
};
// 이 공용체의 크기는 20바이트이다.
```

(3) 공용체의 장점

- 메모리 사용량을 최소화할 수 있다.
- 다양한 데이터 타입을 하나의 메모리 공간에서 처리할 수 있다.

문제풀이

001 다음 C언어 프로그램의 출력 결과를 쓰시오.

```c
#include <stdio.h>
struct person{
    char *name;
    int age;
};
int main(void) {
    struct person user1;
    user1.name = "hungjik";
    user1.age = 43;

    struct person user2;
    user2.name = "hoon";
    user2.age = 13;

    printf("%s, %d\n", user1.name, user1.age);
    printf("%s, %d\n", user2.name, user2.age);

    return 0;
}
```

해설

struct person은 name(문자열 포인터)과 age(정수형 변수)를 포함하는 구조체이다.
user1과 user2라는 두 개의 struct person 변수를 선언한다.
user1에 이름 hungjik과 나이 43을 저장한다.
user2에 이름 hoon과 나이 13을 저장한다.
user1과 user2의 name과 age를 각각 출력한다.

정답   hungjik, 43
          hoon, 13

002 다음 C언어 프로그램의 출력 결과를 쓰시오.

```c
#include <stdio.h>
int main(void) {
    struct person{
        char *name;
        int age;
    }u1, *u2;
    u1.name = "A";
    u1.age = 30;

    u2 = (struct person *)malloc(sizeof(struct person));
    u2->name = "B";
    u2->age = 40;

    printf("%s, %d\n", u1.name, u1.age);
    printf("%s, %d\n", u2->name, u2->age);

    free(u2);
    return 0;
}
```

해설

struct person은 이름(name)과 나이(age)를 저장하는 구조체이다.
u1은 구조체 변수로 선언되었으며, u1.name에 A, u1.age에 30을 저장한다.
u2는 구조체 포인터로 선언되었으며, malloc을 사용해 구조체 크기만큼의 메모리를 동적으로 할당받는다.
u2->name에 B, u2->age에 40을 저장한다.
u1과 u2의 멤버 값을 각각 출력한다.

정답   A, 30
B, 40

003 다음 C언어 프로그램의 출력 결과를 쓰시오.

```c
#include <stdio.h>
int main(void) {
    struct rgb{
        int red;
        int green;
        int blue;
    };

    struct rgb data[2] = {{10, 20}, {40, 50}};

    for(int i = 0; i < 2; i++){
        printf("%d, %d, %d\n", data[i].red, data[i].green, data[i].blue);
    }

    return 0;
}
```

해설

struct rgb는 red, green, blue 세 가지 정수형 멤버를 포함하여 RGB 색상을 나타낸다.
struct rgb data[2]는 두 개의 rgb 데이터를 저장하는 배열이다.
배열의 첫 번째 요소 {10, 20}으로 초기화되며, blue 값은 명시적으로 초기화되지 않아 기본값 0으로 설정된다.
배열의 두 번째 요소 {40, 50}도 동일하게 초기화된다.
for 반복문을 통해 배열의 각 요소를 순회하면서 red, green, blue 값을 출력한다.

정답   10, 20, 0
          40, 50, 0

004 다음 C언어 프로그램의 출력 결과를 쓰시오.

```c
#include <stdio.h>
int main(void) {
    struct rgb{
        int red;
        int green;
        int blue;
    };

    struct rgb data[2] = {10, 20, 30, 40};

    for(int i = 0; i < 2; i++){
        printf("%d, %d, %d\n", data[i].red, data[i].green, data[i].blue);
    }

    return 0;
}
```

해설

struct rgb는 red, green, blue 세 가지 정수형 멤버를 포함하여 RGB 색상을 표현한다.
struct rgb data[2] 배열은 두 개의 rgb 데이터를 저장한다.
배열 초기화에서 총 네 개의 값이 주어졌으므로, 첫 번째 요소: {10, 20, 30}, 두 번째 요소: {40, 0, 0} (초기화되지 않은 멤버는 기본값 0으로 설정)
for 반복문을 사용하여 배열의 각 요소를 순회하며, 각 구조체의 red, green, blue 값을 출력한다.

정답 10, 20, 30
40, 0, 0

005 다음 C언어 프로그램의 출력 결과를 쓰시오.

```c
#include <stdio.h>
int main(void) {
    struct point{
        int x;
        int y;
    };
    struct point x[3] = {{1, 2}, {3,4}, {5, 6}};
    struct point *p;
    p = x;

    printf("%d, %d", (p+1)->x, (p+2)->y);

    return 0;
}
```

해설

struct point는 x와 y라는 두 개의 정수 멤버를 가지는 구조체이다.
struct point x[3] 배열을 선언하고 { {1, 2}, {3, 4}, {5, 6} }으로 초기화하였다.
구조체 포인터 p를 선언하고, 배열 x의 시작 주소를 p에 저장하였다.
p+1은 배열 x의 두 번째 요소를 가리킨다. (p+1)->x는 두 번째 구조체의 x 값을 반환한다.
p+2는 배열 x의 세 번째 요소를 가리킨다. (p+2)->y는 세 번째 구조체의 y 값을 반환한다.
(p+1)->x는 3이고, (p+2)->y는 6이다.

정답 3, 6

006 다음 C언어 프로그램의 출력 결과를 쓰시오.

```c
#include<stdio.h>
int main(void) {
    struct point{
        int x;
        int y;
    };
    struct point x[4] = {{1, 2}, {3,4}, {5, 6}, {7, 8}};
    struct point *p;
    p = x;

    printf("%d, ", (p++)->x);
    printf("%d", (p+2)->y);

    return 0;
}
```

해설

struct point는 2차원 좌표를 표현하는 x와 y 두 개의 정수형 멤버를 포함한다.
x[4] 배열에는 네 개의 좌표({1, 2}, {3, 4}, {5, 6}, {7, 8})가 저장된다.
포인터 p는 구조체 배열 x의 시작 주소를 가리킨다.
(p++)->x, 현재 p가 가리키는 첫 번째 구조체의 x 값 1을 출력한 후, p는 다음 구조체를 가리키도록 이동한다.
(p+2)->y, 현재 p 기준으로 두 번째 요소를 건너뛴 네 번째 구조체의 y 값 8을 출력한다.

정답 1, 8

007 다음 C언어 프로그램의 출력 결과를 쓰시오.

```c
#include<stdio.h>
int main() {
    struct list {
        int *fp;
    } data, *p;
    int x[] = { 100, 200, 300, 400 };
    p = &data;
    p->fp = x + 1;
    printf("%d", *(++p->fp));
    return 0;
}
```

해설

struct list는 정수형 포인터(int *fp)를 멤버로 가진다.
구조체 변수 data와 구조체 포인터 p가 선언된다.
정수 배열 x는 {100, 200, 300, 400}으로 초기화된다.
p는 구조체 변수 data의 주소를 가리킨다.
p->fp는 배열 x의 두 번째 요소(x + 1, 값: 200)를 가리킨다.
++p->fp, p->fp를 한 칸 증가시켜 배열의 세 번째 요소(x + 2, 값: 300)를 가리키도록 이동한다.
*(++p->fp), 증가된 p->fp가 가리키는 값을 역참조하여 출력한다.

정답 300

008 다음 C언어 프로그램의 출력 결과를 쓰시오.

```c
#include<stdio.h>
struct person {
    char name[10];
    int age;
};
int main() {
    struct person s[] = {"Kim",28,"Lee",38,"Seo",50,"Park",35};
    struct person *p;
    p = s;
    p++;
    printf("%s, ", p->name);
    printf("%d\n", p->age);

    return 0;
}
```

해설

struct person은 이름(name)과 나이(age)를 멤버로 가진다.
s[] 배열에는 네 명의 정보를 초기화({"Kim",28,"Lee",38,"Seo",50,"Park",35})하여 저장한다.
구조체 포인터 p가 선언되고, 구조체 배열 s의 시작 주소를 가리킨다.
p++를 통해 포인터 p를 다음 구조체 요소(s[1], "Lee", 38)로 이동시킨다.
p->name: 현재 포인터(s[1])가 가리키는 구조체의 name 값 "Lee"를 출력한다.
p->age: 현재 포인터(s[1])가 가리키는 구조체의 age 값 38을 출력한다.

정답   Lee, 38

009 다음 C언어 프로그램의 출력 결과를 쓰시오.

```c
#include <stdio.h>
struct student {
    char name[12];
    int math, english, science;
    int total;
};
int main() {
    struct student s[3] = {
        {"학생1", 85, 90, 78},
        {"학생2", 88, 76, 92},
        {"학생3", 95, 89, 84}
    };
    struct student *p = s;
    int sum = 0; // 모든 학생의 총합

    for (int i = 0; i < 3; i++) {
        (p + i)->total = (p + i)->math + (p + i)->english + (p + i)->science;
        sum += (p + i)->total;
    }

    printf("Tot: %d\n", sum);
    printf("Avg: %.2f\n", sum / 3.0);

    return 0;
}
```

해설

struct student는 학생 이름(name), 세 과목 점수(math, english, science), 그리고 총점(total)을 저장한다.
배열 s[3]에는 세 명의 학생 데이터가 초기화되어 있다.
구조체 포인터 p가 배열 s의 시작 주소를 가리킨다.
반복문에서 p를 사용하여 각 학생의 총점을 계산한다.
첫 번째 학생: 85 + 90 + 78 = 253
두 번째 학생: 88 + 76 + 92 = 256
세 번째 학생: 95 + 89 + 84 = 268
sum에 모든 학생의 총점을 누적하고, 반복을 빠져나와 총점과 평균을 출력한다.

정답   Tot: 777
　　　　　 Avg: 259.00

010 다음 C언어 프로그램의 출력 결과를 쓰시오.

```c
#include<stdio.h>
struct jumsu {
    char name[12];
    int os, db, hab, hhab;
};

int main(){
    struct jumsu s[3] = {{"데이터1", 95, 88},
                         {"데이터2", 84, 91},
                         {"데이터3", 86, 75}};
    struct jumsu* p;
    p = &s[0];

    (p + 1)->hab = (p + 1)->os + (p + 2)->db;
    (p + 1)->hhab = (p + 1)->hab + p->os + p->db;

    printf("%d\n", (p + 1)->hab + (p + 1)->hhab);
}
```

해설

struct jumsu는 이름(name), 점수(os, db), 합계(hab), 누적 합계(hhab)를 저장한다.
s[3] 배열에는 3개의 데이터가 초기화된다.
구조체 포인터 p는 배열 s[0]의 주소를 가리킨다.
(p + 1)->hab, 두 번째 요소(s[1])의 hab 멤버에 두 번째 요소의 os와 세 번째 요소(s[2])의 db를 합산한 값을 저장한다.
(p + 1)->hhab, 두 번째 요소의 hhab 멤버에 두 번째 요소의 hab, 첫 번째 요소(s[0])의 os, db를 합산한 값을 저장한다.
(p + 1)->hab + (p + 1)->hhab을 계산하여 출력한다.

정답   501

011 다음 C언어 프로그램의 출력 결과를 쓰시오.

```c
#include<stdio.h>
struct node {
    int data;
    struct node *link;
};
int main() {
    struct node *first = NULL;
    struct node p1 = {1, 0 };
    struct node p2 = {2, 0 };
    struct node p3 = {3, 0 };
    first = &p1;
    p1.link = &p2;
    p2.link = &p3;
    printf("%d", first->link->link->data);
}
```

해설

struct node는 두 개의 멤버를 가진다.
세 개의 노드(p1, p2, p3)가 생성되고 초기화된다.
first는 연결 리스트의 시작 노드를 가리키는 포인터로 설정되며, p1의 주소를 저장한다.
p1.link = &p2, p1이 p2를 가리키도록 설정한다.
p2.link = &p3, p2가 p3을 가리키도록 설정한다.
first->link->link->data는 연결 리스트를 따라가며 데이터에 접근한다.

정답   3

012 다음 C언어 프로그램의 출력 결과를 쓰시오.

```c
#include<stdio.h>
struct node {
    int data;
    struct node *link;
};
int main() {
    struct node *first = NULL;
    struct node nodes[3] =
        { {1, NULL}, {2, NULL}, {3, NULL} };
    first = &nodes[0];
    nodes[0].link = &nodes[1];
    nodes[1].link = &nodes[2];
    printf("%d", first->link->link->data);
    return 0;
}
```

해설

struct node는 두 개의 멤버를 가진다.
nodes[3] 배열은 세 개의 노드를 저장하며 초기값은 다음과 같다.
첫 번째 노드: data = 1, link = NULL
두 번째 노드: data = 2, link = NULL
세 번째 노드: data = 3, link = NULL
첫 번째 노드(nodes[0])를 first 포인터로 설정하여 연결 리스트의 시작점으로 지정한다.
nodes[0].link = &nodes[1]: 첫 번째 노드가 두 번째 노드를 가리킨다.
nodes[1].link = &nodes[2]: 두 번째 노드가 세 번째 노드를 가리킨다.
first->link->link->data는 연결 리스트를 따라가며 데이터를 참조한다.

정답 3

013 다음 C언어 프로그램의 출력 결과를 쓰시오.

```c
#include<stdio.h>
struct Node {
    int value;
    struct Node* next;
};
void f(struct Node* node) {
    while (node != NULL && node->next != NULL) {
        int t = node->value;
        node->value = node->next->value;
        node->next->value = t;
        node = node->next->next;
    }
}
int main() {
    struct Node n1 = {1, NULL};
    struct Node n2 = {2, NULL};
    struct Node n3 = {3, NULL};

    n1.next = &n3;
    n3.next = &n2;

    f(&n1);

    struct Node* c = &n1;
    while (c != NULL) {
        printf("%d ", c->value);
        c = c->next;
    }

    return 0;
}
```

> **해설**
>
> struct Node는 연결 리스트의 각 노드를 표현하며, 두 개의 멤버를 가진다.
> 세 개의 노드(n1, n2, n3)를 생성하고, 다음과 같이 연결한다.
> n1 -> n3 -> n2
> f(&n1) 호출로 스왑 연산을 수행한다.
> 스왑연산에서는 n1.value와 n3.value를 교환한다.
> 스왑연산 후에는 3 -> 1 -> 2의 상태가 된다.

정답   3 1 2

014 다음 C언어 프로그램의 출력 결과를 쓰시오.

```c
#include <stdio.h>
union Data {
    int a;
    int b;
};
int main() {
    union Data data;
    data.a = 10;
    printf("a: %d, b: %d\n", data.a, data.b);

    data.b = 20;
    printf("a: %d, b: %d\n", data.a, data.b);

    return 0;
}
```

> **해설**
>
> 공용체 Data는 두 개의 int 멤버 a와 b를 정의한다. 하지만 이 둘은 동일한 메모리를 공유한다.
> data.a에 10을 저장하면 data.b도 같은 메모리를 참조하므로 10으로 읽힌다.
> data.b에 20을 저장하면 같은 메모리를 공유하는 data.a도 값이 20으로 바뀐다.

정답   a: 10, b: 10
        a: 20, b: 20

015 리틀 엔디안(Little Endian) 방식을 사용하는 시스템에서, 다음 C언어 프로그램의 출력 결과를 쓰시오. (단, int의 크기는 4바이트이다.)

```c
#include <stdio.h>
int main( ) {
    char i;
    union {
        int int_arr[2];
        char char_arr[8];
    } endian;
    for (i = 0; i < 8; i++)
        endian.char_arr[i] = i + 16;
    printf("%x", endian.int_arr[1]);
    return 0;
}
```

해설

리틀 엔디안 방식은 낮은 주소에 데이터의 낮은 바이트(LSB, Least Significant Bit)부터 저장하는 방식이다.
char_arr의 각 배열 요소에, {16, 17, 18, 19, 20, 21, 22, 23}을 대입하였고,
char_arr의 뒷부분 4바이트 {20, 21, 22, 23}을 int로 해석하므로, 이 값은 4바이트 정수로 변환된다.
이 경우, 이진수로 변환하면 00010100 00010001 00010000 00010111이 된다.
%x 형식 지정자를 사용하여 16진수로 출력하므로, 출력 결과는 17161514가 된다.

정답 17161514

016 리틀 엔디안(Little Endian) 방식을 사용하는 시스템에서, 다음 C언어 프로그램의 출력 결과를 쓰시오. (단, int의 크기는 4바이트이다.)

```c
#include <stdio.h>
union Data {
    int num;
    char ch[4];
};
int main() {
    union Data dt;

    dt.num = 0x41424344;
    printf("%X, %c %c %c %c\n", dt.num, dt.ch[0], dt.ch[1], dt.ch[2], dt.ch[3]);

    dt.ch[0] = 'X';
    printf("%X, %c %c %c %c\n", dt.num, dt.ch[0], dt.ch[1], dt.ch[2], dt.ch[3]);

    dt.ch[2] = 'Y';
    printf("%X, %c %c %c %c\n", dt.num, dt.ch[0], dt.ch[1], dt.ch[2], dt.ch[3]);

    return 0;
}
```

해설

dt.num = 0x41424344;로 num을 초기화하면, 이는 16진수 값 0x41424344를 의미한다. 이 값은 메모리의 바이트 순서에 따라 ch[0]부터 ch[3]까지 나뉘어 저장된다.
바이트 순서는 시스템의 엔디안(Endianness)에 따라 달라지는데, 일반적으로 x86 시스템에서는 리틀 엔디안으로 0x44(D), 0x43(C), 0x42(B), 0x41(A)로 저장된다.
출력 결과는 41424344, D C B A이다.
dt.ch[0] = 'X';로 ch[0]의 값을 수정하면, 메모리의 첫 번째 바이트가 X로 덮어써진다.
dt.num의 전체 값도 이에 따라 변경된다. (리틀 엔디안 기준으로 0x58(X), 0x43(C), 0x42(B), 0x41(A)가 되어 0x41424358이 된다.)
dt.ch[2] = 'Y';로 ch[2]의 값을 수정하면, 메모리의 세 번째 바이트가 Y로 덮어써진다.
이에 따라 dt.num의 값도 반영되어 0x41594358이 된다.

정답
41424344, D C B A
41424358, X C B A
41594358, X C Y A

017 다음 C언어 프로그램의 출력 결과를 쓰시오.

```c
#include<stdio.h>
union Number {
    int intA;
    int intB;
};
struct data {
    union Number n1;
    union Number n2;
    int isChk;
};
void func(struct data *a) {
    if (a->isChk) {
        a->n1.intA += a->n2.intB;
    }
    else {
        a->n2.intB += a->n2.intB;
    }
}
int main() {
    struct data a = {{.intA=5}, {.intB=3}, 0};
    func(&a);
    printf("%d, ", a.n1.intA);
    printf("%d, ", a.n1.intB);
    printf("%d, ", a.n2.intA);
    printf("%d\n", a.n2.intB);
    return 0;
}
```

해설

공용체 union Number는, intA와 intB 두 멤버가 동일한 메모리 공간을 공유한다.
struct data는 두 개의 공용체(n1, n2)와 정수형 플래그(isChk)를 포함한다.
구조체 a를 초기화한다.
func 함수를 호출 후, 멤버 값을 출력한다.
func 함수에서는 isChk 값을 확인하여,
isChk == 1, n1.intA += n2.intB 연산을 수행하고,
isChk == 0: n2.intB += n2.intB 연산을 수행한다.

정답 5, 5, 6, 6

018 다음 C언어 프로그램의 출력 결과를 쓰시오.

```c
#include<stdio.h>
union Number {
    int intA;
    int intB;
};
struct data {
    union Number n1;
    union Number n2;
    int isChk;
};
void func(struct data *a) {
    if (a->isChk) {
        a->n1.intA += a->n2.intB;
    }
    else {
        a->n2.intB += a->n2.intB;
    }
}
int main() {
    struct data a = {{.intA=5,.intB=8}, {3}, 1};
    func(&a);
    printf("%d, ", a.n1.intA);
    printf("%d, ", a.n1.intB);
    printf("%d, ", a.n2.intA);
    printf("%d\n", a.n2.intB);
    return 0;
}
```

해설

union Number는 두 개의 정수형 멤버(intA와 intB)를 포함하며, 같은 메모리 공간을 공유한다.
struct data는 두 개의 공용체(n1, n2)와 정수형 플래그(isChk)를 포함한다.
구조체 a 초기화,
n1.intA = 5, n1.intB = 8 (마지막으로 설정된 값이 유효하여 8)
n2.intA = 3, n2.intB = 3 (공용체 특성으로 intA와 동일)
isChk = 1 (첫 번째 조건 실행)
isChk == 1, n1.intA += n2.intB 연산을 수행하고,
isChk == 0: n2.intB += n2.intB 연산을 수행한다.

정답 11, 11, 3, 3

019 다음 C언어 프로그램의 출력 결과를 쓰시오.

```c
#include<stdio.h>
struct test {
    char a;
    int b;
};
int main() {
    struct test fp;
    printf("%d", sizeof(fp));
    return 0;
}
```

해설

char는 1byte, int는 4byte의 기억공간을 가진다.
그러나 구조체는 추가적인 패딩이 필요하고, char 다음이 int형이기 때문에, char도 추가 3byte의 패딩을 가지게 된다.

정답 8

020 다음 C언어 프로그램의 출력 결과를 쓰시오.

```c
#include<stdio.h>
struct test {
    char a;
    char b;
    int c;
};
int main() {
    struct test fp;
    printf("%d", sizeof(fp));
    return 0;
}
```

해설

char는 1byte, int는 4byte의 기억공간을 가진다.
첫 번째와 두 번째로 선언된 char 2Byte이고, 세 번째로 선언된 c가 4Byte이기 때문에, 앞에 선언된 두 개의 char형의 패딩이 추가되어 총 8Byte의 크기를 가지게 된다.

정답 8

CHAPTER 09. 구조체와 공용체

021 다음 C언어 프로그램의 출력 결과를 쓰시오.

```c
#include<stdio.h>
struct test {
    char a;
    int c;
    char b;
};
int main() {
    struct test fp;
    printf("%d", sizeof(fp));
    return 0;
}
```

> **해설**
> int형 전, 후로 char형이 선언되어 있다.
> char형 각각이 패딩값을 가지기 때문에 총 12Byte의 공간을 가지게 된다.

정답   12

022 다음 C언어 프로그램의 출력 결과를 쓰시오.

```c
#include<stdio.h>
struct test {
    char a;
    int b;
    char c;
    char d;
    char e;
    char f;
    char g;
};
int main() {
    struct test fp;
    printf("%d", sizeof(fp));
    return 0;
}
```

> **해설**
> char형 a는 패딩을 삽입하여 4Byte의 공간을 가진다.
> c, d, e, f는 각 1Byte씩의 공간을 가지지만, g는 패딩이 삽입되어 4Byte의 공간이 필요하다.
> 총 16Byte의 공간을 가지게 된다.

정답   16

023 다음 C언어 프로그램의 출력 결과를 쓰시오.

```
#include<stdio.h>
struct  test {
    char a;
    int c;
    double b;
};
int main() {
    struct test fp;
    printf("%d", sizeof(fp));
    return 0;
}
```

> **해설**
> 구조체에서 가장 큰 자료형은 double이다.
> 앞에 선언된 int, char는 가장 큰 double의 크기 안에 들어가게 되고, 패딩이 삽입되어 int와 char 5Byte에 3Byte의 패딩이 삽입된다.
> 총 16Byte의 공간을 가지게 된다.

정답   16

024 공용체의 정의가 다음과 같이 되어 있을 때, 공용체가 갖는 기억공간의 크기는?

```
union data{
    int a;
    float b;
    double c;
}
```

> **해설**
> 공용체는 가장 크기가 큰 자료형의 메모리를 공유하기 때문에 double형 8Byte가 공용체에 할당이 된다.

정답   8Byte

CHAPTER 10 프로세스 생성

1. fork

(1) fork 개념
- 새로운 프로세스(자식 프로세스)를 생성하기 위해 사용되는 C언어의 시스템 호출이다.
- 호출 시 부모 프로세스(Parent Process)를 복제하여 동일한 메모리 공간을 가진 자식 프로세스를 생성한다.
- 부모와 자식 프로세스는 동일한 코드를 실행하지만, 프로세스 ID(PID)를 통해 서로 구분할 수 있다.

(2) 동작 방식
- fork()는 호출 시 두 번 반환된다.
  - 부모 프로세스에서는 자식 프로세스의 PID를 반환한다.
  - 자식 프로세스에서는 0을 반환한다.
- 반환값을 통해 부모와 자식 프로세스를 구분하여 서로 다른 작업을 수행할 수 있다.

(3) fork 활용
1) 함수 원형

```
#include <unistd.h>
pid_t fork(void);

// 양수: 부모 프로세스에서 반환된 자식 프로세스의 PID
// 0: 자식 프로세스에서 반환
// 음수: 프로세스 생성 실패
```

2) 예제

```c
#include <stdio.h>
#include <unistd.h>

int main() {
    pid_t pid = fork();

    if (pid > 0) {
        // 부모 프로세스
        printf("P PID = %d, C PID = %d\n", getpid(), pid);
    } else if (pid == 0) {
        // 자식 프로세스
        printf("C PID = %d\n", getpid());
    } else {
        // 에러 처리
        printf("Fork failed.\n");
    }
    return 0;
}
```

문제풀이

001 다음 C언어 프로그램의 출력 결과를 쓰시오. (단, 자식 프로세스의 생성을 성공하였다고 가정한다.)

```c
#include <stdio.h>
#include <unistd.h>

int main(void) {
    int x = 0;
    fork();
    x = 1;
    printf("%d\n", x);

    return 0;
}
```

해설

fork() 호출을 통해 부모 프로세스와 자식 프로세스가 생성된다.
fork() 이후에는 두 개의 프로세스가 존재하며, 둘 다 x = 1;과 printf() 문을 실행한다.
x의 초기값은 0이지만, fork() 이후 부모와 자식 프로세스는 독립적인 메모리 공간을 가지므로 서로 다른 x를 사용하게 된다.
x=1;로 인해 각 프로세스에서 x의 값이 1로 변경된다.
printf("%d\n", x);는 부모와 자식 프로세스 각각에서 실행되며, 결과적으로 1이 두 번 출력된다.

정답 1
       1

002 다음 C언어 프로그램의 출력 결과를 쓰시오. (단, 자식 프로세스의 생성을 성공하였다고 가정한다.)

```c
#include <stdio.h>
#include <unistd.h>
#include <sys/types.h>
int main(void) {
    pid_t pid;
    int x = 0;
    pid = fork();
    if( pid > 0 ){
        x = 1;
        printf("부모 : %d\n", x);
    }
    else if( pid == 0 ){
        x = 2;
        printf("자식 : %d\n", x);
    }
    else{
        printf("실패");
    }

    return 0;
}
```

해설

fork()를 호출하여 새로운 자식 프로세스를 생성한다.
반환값 pid를 기준으로 부모와 자식 프로세스를 구분한다.
pid > 0 조건을 만족하며, 변수 x를 1로 설정한 후 부모 : 1을 출력한다.
pid == 0 조건을 만족하며, 변수 x를 2로 설정한 후 자식 : 2를 출력한다.
pid < 0인 경우, "실패"를 출력한다. (단, 이 코드에서는 fork()가 성공했다고 가정한다.)

정답 부모 : 1
         자식 : 2

003 다음 C언어 프로그램의 출력 결과를 쓰시오. (단, 자식 프로세스의 생성을 성공하였다고 가정한다.)

```c
#include <stdio.h>
#include <sys/types.h>
int main(void) {
    int i = 0, v = 1, n = 5;
    pid_t pid;
    pid = fork();
    if( pid < 0 ){
        for( i = 0; i < n; i++ ) v += (i+1);
        printf("c = %d ", v);
    }
    else if( pid == 0 ){
        for( i = 0; i < n; i++ ) v *= (i+1);
        printf("b = %d", v );
    }
    else{
        for( i = 0; i < n; i++ ) v+=1;
        printf("a = %d, ", v);
    }
    return 0;
}
```

> **해설**
>
> 변수 i, v, n이 각각 0, 1, 5로 초기화된다.
> fork() 호출로 자식 프로세스가 생성된다.
> 부모 프로세스는, v는 1+1+1+1+1+1=6으로 계산된다.
> 자식 프로세스는, v는 1*1*2*3*4*5=120으로 계산된다.
> 일반적으로 부모 프로세스가 먼저 실행되는 경우가 많지만, 자식 프로세스가 먼저 실행되는 경우도 흔히 발생한다.
> 시험에 나오는 문제는 일반적인 경우인 부모 프로세스를 먼저 수행하도록 풀이하면 된다.
>
> **정답**   a = 6, b = 120

004 다음 C언어 프로그램의 출력 결과를 쓰시오. (단, 자식 프로세스의 생성을 성공하였다고 가정한다.)

```c
#include <stdio.h>
#include <sys/types.h>
int main(void) {
    int i = 0, v = 1, n = 5;
    pid_t pid;
    pid = fork();
    if( pid < 0 ){
        for( i = 0; i < n; i++ ) v += (i+1);
        printf("c = %d ", v);
    }
    else if( pid == 0 ){
        for( i = 0; i < n; i++ ) v *= (i+1);
        printf("b = %d, ", v );
    }
    else{
        wait(NULL);
        for( i = 0; i < n; i++ ) v+=1;
        printf("a = %d", v);
    }
    return 0;
}
```

해설

변수 i, v, n이 각각 0, 1, 5로 초기화된다.
fork() 호출로 자식 프로세스가 생성된다.
부모 프로세스는 wait()로 자식 프로세스를 먼저 수행하게 된다.
자식 프로세스 (pid == 0), v는 1*1*2*3*4*5=120으로 계산된다.
부모 프로세스 (pid > 0), wait(NULL)로 자식 프로세스가 종료될 때까지 대기 후, v는 1+1+1+1+1+1=6으로 계산된다.

정답   b = 120, a = 6

005 다음 프로그램을 수행하였을 때, 현재 수행 중인 프로세스의 개수는 몇 개인지 쓰시오.

```
int main(void) {
    for( int i = 0; i < 3; i++ ){
        fork();
    }
    return 0;
}
```

> **해설**
> 메인 프로세스가 1개 수행 중이다.
> i=1일 때, fork를 이용하여 자식 프로세스가 1개 생성된다.
> i=2일 때, fork를 이용하여 자식 프로세스를 생성시키는데, 현재 수행 중인 프로세스는 2개이기 때문에 각자 fork를 수행하여 4개가 된다.
> i=3일 때, fork를 이용하여 자식 프로세스를 생성시키는데, 현재 수행 중인 프로세스는 4개이기 때문에 각자 fork를 수행하여 8개가 된다.

정답　8개

006 다음 프로그램을 수행하였을 때, 새로 생성된 프로세스의 개수는 몇 개인지 쓰시오.

```
int main(void) {
    for( int i = 0; i < 3; i++ ){
        fork();
    }
    return 0;
}
```

> **해설**
> 메인 프로세스가 1개 수행 중이다.
> i=1일 때, fork를 이용하여 자식 프로세스가 1개 생성된다.
> i=2일 때, fork를 이용하여 자식 프로세스를 생성시키는데, 현재 수행 중인 프로세스는 2개이기 때문에 각자 fork를 수행하여 4개가 된다.
> i=3일 때, fork를 이용하여 자식 프로세스를 생성시키는데, 현재 수행 중인 프로세스는 4개이기 때문에 각자 fork를 수행하여 8개가 된다.
> 메인 프로세스는 새로 생성된 것이 아니기 때문에 한 개를 빼고 7개가 답이 된다.

정답　7개

CHAPTER 11. C언어 주요 함수

1. 문자열 함수 〈string.h〉

(1) strlen()

- 문자열의 길이를 반환한다. (널 문자 '\0'은 포함하지 않음)
- 예제

```c
#include <stdio.h>
#include <string.h>
int main() {
    char str[] = "Hello, World!";
    printf("Length: %d\n", strlen(str));
    return 0;
}
```

[실행 결과]
Length: 13

(2) strcpy()

- 문자열을 다른 문자열로 복사한다.
- 예제

```c
#include <stdio.h>
#include <string.h>
int main() {
    char src[] = "Source";
    char dest[20];
    strcpy(dest, src);
    printf("%s\n", dest);
    return 0;
}
```

[실행 결과]
Source

(3) **strncpy()**
- 문자열을 지정된 길이만큼 복사한다.
- 예제

```c
#include <stdio.h>
#include <string.h>
int main() {
    char src[] = "Source";
    char dest[10];
    strncpy(dest, src, 3);
    dest[3] = '\0';
    printf("%s\n", dest);
    return 0;
}
```

[실행 결과]
Sou

(4) **strcat()**
- 문자열을 다른 문자열에 이어 붙인다.
- 예제

```c
#include <stdio.h>
#include <string.h>
int main() {
    char str1[20] = "Hello";
    char str2[] = ", World!";
    strcat(str1, str2);
    printf("%s\n", str1);
    return 0;
}
```

[실행 결과]
Hello, World!

(5) strncat()

- 지정된 길이만큼 문자열을 이어 붙인다.
- 예제

```c
#include <stdio.h>
#include <string.h>
int main() {
    char str1[20] = "Hello";
    char str2[] = ", World!";
    strncat(str1, str2, 3);
    printf("%s\n", str1);
    return 0;
}
```

[실행 결과]
Hello, W

(6) strcmp()

- 두 문자열을 비교한다.
- 반환값: 0 (같음), 양수(앞이 큼), 음수(뒤가 큼)
- 예제

```c
#include <stdio.h>
#include <string.h>
int main() {
    char str1[] = "ABC";
    char str2[] = "ACD";
    int result = strcmp(str1, str2);
    printf("%d\n", result);
    return 0;
}
```

[실행 결과]
-1

(7) strncmp()

- 지정된 길이만큼 두 문자열을 비교한다.
- 예제

```c
#include <stdio.h>
#include <string.h>
int main() {
    char str1[] = "Hello";
    char str2[] = "Helium";
    int result = strncmp(str1, str2, 3);
    printf("Comparison: %d\n", result);
    return 0;
}
```

[실행 결과]
Comparison: 0

(8) strchr()

- 문자열에서 특정 문자의 첫 번째 위치를 찾는다.
- 예제

```c
#include <stdio.h>
#include <string.h>
int main() {
    char str[] = "Hello, World!";
    char *ptr = strchr(str, 'W');
    if (ptr) {
        printf("%s\n", ptr);
    }
    return 0;
}
```

[실행 결과]
World!

(9) strrchr()

- 문자열에서 특정 문자의 마지막 위치를 찾는다.
- 예제

```c
#include <stdio.h>
#include <string.h>

int main() {
    char str[] = "Hello, World!";
    char *ptr = strrchr(str, 'o');
    if (ptr) {
        printf("%s\n", ptr); // 출력: Found: orld!
    }
    return 0;
}
```

[실행 결과]
orld!

(10) strstr()

- 문자열에서 특정 문자열(부분 문자열)의 첫 번째 위치를 찾는다.
- 예제

```c
#include <stdio.h>
#include <string.h>
int main() {
    char str[] = "Hello, World!";
    char *ptr = strstr(str, "World");
    if (ptr) {
        printf("%s\n", ptr);
    }
    return 0;
}
```

[실행 결과]
World!

2. 수학 함수 〈Math.h〉

(1) sqrt()

- 제곱근을 반환한다.
- 예제

  ```
  printf("%.2f\n", sqrt(16));
  ```

  [실행 결과]
  4.00

(2) pow()

- 거듭제곱을 반환한다.
- 예제

  ```
  printf("%.0f\n", pow(2, 3));
  ```

  [실행 결과]
  8

(3) abs()

- 정수의 절대값을 반환한다.
- 예제

  ```
  printf("%d\n", abs(-10)); // 출력: 10
  ```

  [실행 결과]
  10

(4) ceil() / floor()

- ceil(): 올림 / floor(): 내림
- 예제

  ```
  printf("%.1f, %.1f\n", ceil(2.3), floor(2.7));
  ```

  [실행 결과]
  3.0, 2.0

3. 기타 자주 사용되는 함수

(1) atoi() / atof()
- 문자열을 정수(int) 또는 실수(float)로 변환한다.
- 예제

```
char numStr[] = "123";
int num = atoi(numStr);
printf("%d\n", num);
```

[실행 결과]
123

(2) rand() / srand()
- 난수를 생성한다.
- 예제

```
srand(time(NULL));
printf("%d\n", rand() % 100);
```

[실행 결과]
0~99의 난수

(3) toupper() / tolower()
- 문자 대소문자를 변환한다.
- 예제

```
char ch = 'a';
printf("%c\n", toupper(ch));
```

[실행 결과]
A

문제풀이

001 다음 C언어 프로그램의 출력 결과를 쓰시오.

```c
#include <stdio.h>
int main(int argc, char *argv[])    {
    char str1[20] = "KOREA";
    char str2[20] = "LOVE";
    char* p1=NULL;
    char* p2=NULL;
    p1=str1;
    p2=str2;
    str1[1]=p2[2];
    str2[3]=p1[4];
    strcat(str1, str2);
    printf("%s, ", str1);
    printf("%c", *(p1+2));
    return 0;
}
```

해설

str1은 KOREA, str2는 LOVE로 초기화된다.
포인터 p1과 p2는 각각 str1과 str2를 가리킨다.
str1[1] = p2[2], p2[2]은 str2의 세 번째 문자(V)를 가리킨다. 따라서 str1의 두 번째 문자가 O에서 V로 변경된다.
str2[3] = p1[4], p1[4]는 str1의 다섯 번째 문자(A)를 가리킨다. 따라서 str2의 네 번째 문자가 E에서 A로 변경된다.
strcat(str1, str2), str1과 str2를 연결한다.
*(p1+2)는 p1이 가리키는 문자열의 세 번째 문자(R)를 가리킨다.

정답 KVREALOVA, R

002 다음 C언어 프로그램의 출력 결과를 쓰시오.

```c
#include <stdio.h>
#include <stdlib.h>
#include <string.h>

int main() {
    char *source = "Hello World";
    char *dest = malloc(strlen(source) + 1);
    strcpy(dest, source);
    printf("%s \n", dest);
    free(dest);
    return 0;
}
```

해설

source는 문자열 Hello World를 가리킨다.
malloc()을 사용하여 source 문자열의 길이(strlen(source)) + 1(널 문자 포함)만큼 메모리를 동적으로 할당한다.
strcpy(dest, source);를 통해 source 문자열을 동적으로 할당된 메모리(dest)로 복사한다.

정답   Hello World

003 다음 C언어 프로그램의 출력 결과를 쓰시오.

```c
#include <stdio.h>
#include <string.h>

int main() {
    char s[] = "This is a test string.";
    char word[] = "short";
    char *ptr;
    ptr = strstr(s, "test");
    strncpy(word, ptr, 4);
    word[4] = '\0';
    printf("%s \n", word);
    return 0;
}
```

> **해설**
>
> s는 This is a test string.으로 초기화된다.
> word는 short로 초기화된다.
> strstr(s, "test")를 사용하여 s에서 test라는 부분 문자열의 시작 위치를 검색한다.
> 검색된 부분 문자열의 시작 주소를 포인터 ptr이 가리킨다.
> strncpy(word, ptr, 4)를 사용하여 ptr이 가리키는 test를 word로 복사한다.
> 복사 후, word[4] = '\0'를 통해 문자열의 끝을 명시적으로 지정한다.
> 복사된 문자열 test를 출력한다.

정답   test

004 다음 C언어 프로그램의 출력 결과를 쓰시오.

```c
#include <stdio.h>
#include <string.h>

int main() {
    char s[] = "Programming is fun.";
    char d[10];

    char *ptr = strstr(s, "fun");
    strncpy(d, ptr, 4);
    printf("%s\n", d);
    return 0;
}
```

> **해설**
>
> s는 Programming is fun.이라는 문자열을 가진다.
> d는 크기 10의 배열로 선언되었으나 초기화는 되지 않았다.
> strstr(s, "fun")을 사용하여 s 문자열에서 fun 부분 문자열의 시작 위치를 검색한다.
> fun 부분 문자열이 발견되면 해당 부분 문자열의 시작 주소가 포인터 ptr에 저장된다.
> strncpy(d, ptr, 4)로 ptr이 가리키는 fun.의 첫 4문자를 d에 복사한다.
> printf("%s\n", d)로 d에 저장된 문자열 fun.을 출력한다.

정답   fun.

005 다음 C언어 프로그램의 출력 결과를 쓰시오.

```c
#include <stdio.h>
#include <string.h>

int main() {
    char sentence[] = "I enjoy coding in C language.";
    char part1[10], part2[10], part3[10];

    char *ptr1 = strstr(sentence, "e");
    strncpy(part1, ptr1, 5);
    part1[5] = '\0';

    char *ptr2 = strstr(sentence, "c");
    strncpy(part2, ptr2, 6);
    part2[6] = '\0';

    char *ptr3 = strstr(sentence, "l");
    strncpy(part3, ptr3, 8);
    part3[8] = '\0';

    printf("%s\n", part1);
    printf("%s\n", part2);
    printf("%s\n", part3);

    return 0;
}
```

해설

sentence는 I enjoy coding in C language.라는 문자열을 가진다.
part1, part2, part3은 각각 크기 10의 배열로 선언되었으며, 추출한 문자열을 저장하기 위해 사용된다.
strstr(sentence, "e")로 e가 처음 등장하는 위치를 검색하고, 검색된 위치부터 5문자를 part1에 복사하여 enjoy를 저장한다.
strstr(sentence, "c")로 c가 처음 등장하는 위치를 검색하고, 검색된 위치부터 6문자를 part2에 복사하여 coding을 저장한다.
strstr(sentence, "l")로 l이 처음 등장하는 위치를 검색하고, 검색된 위치부터 8문자를 part3에 복사하여 language를 저장한다.
각 배열에 저장된 결과를 출력한다.

정답
enjoy
coding
language

006 다음 C언어 프로그램의 출력 결과를 쓰시오.

```c
#include <stdio.h>
#include <string.h>

int main() {
    char s1[] = "Learn to code.";
    char s2[] = "Practice makes perfect!";
    char extracted[10];
    char combined[30];

    char *ptr = strstr(s1, "code");
    strncpy(extracted, ptr, 4);
    extracted[4] = '\0';

    strcpy(combined, extracted);
    strcat(combined, " is fun!");

    printf("%s\n", combined);

    return 0;
}
```

> **해설**
> s1은 Learn to code., s2는 Practice makes perfect!라는 문자열로 초기화된다.
> extracted는 추출된 문자열을 저장하기 위한 크기 10의 배열이다.
> combined는 최종 조합된 문자열을 저장하기 위한 크기 30의 배열이다.
> strstr(s1, "code")로 s1에서 code 부분 문자열의 시작 위치를 검색한다.
> 검색된 위치부터 4문자를 strncpy로 extracted에 복사하여 code를 저장하고, 널 문자('\0')를 추가한다.
> strcpy를 사용하여 extracted의 값 code를 combined에 복사한다.
> strcat을 사용하여 is fun!을 combined에 이어 붙여 최종 문자열을 생성한다.
> 조합된 문자열 code is fun!을 출력한다.
>
> **정답**   code is fun!

007 다음 C언어 프로그램의 출력 결과를 쓰시오.

```c
#include <stdio.h>
int main() {
    char list[] = "22QPP1";
    const char *pa, *pb;
    char *pc, *pd;
    pa = &list[1];
    list[2] = 'K';
    pb = &list[3];
    pc = list;
    pd = strstr(pa, pb);
    printf("pd: %s \n", pd);
    if (pd != 0) {
        strncpy(pd, "77", 3);
        printf("pc: %s \n", pc);
    }
    printf("pb: %s \n", pb);
    return 0;
}
```

해설

list는 22QPP1로 초기화된 문자 배열이다.
pa는 &list[1](2QPP1)을 가리킨다.
pb는 &list[3](PP1)을 가리킨다.
pc는 list 전체 배열(22QPP1)을 가리킨다.
list[2] = 'K'를 수행하면, list는 22KPP1로 변경된다.
pd = strstr(pa, pb)를 통해 pa(2KPP1)에서 pb(PP1)의 위치를 검색한다.
검색 결과로 pd는 PP1 부분 문자열의 시작 주소를 가리킨다.
따라서 pd는 PP1이다.
pd가 NULL이 아니므로 조건문이 실행된다.
strncpy(pd, "77", 3)를 수행하면, pd가 가리키는 PP1에 77이 복사된다.
복사 길이가 3이므로 77이 들어가고 세 번째 문자 1도 덮어쓴다.
결과적으로 list는 22K77로 변경된다.
첫 번째 출력, pd는 여전히 PP1을 가리키고 있었지만, list가 수정되었으므로 수정된 내용인 77이 출력된다.
두 번째 출력, pc는 list 전체를 가리키므로 수정된 전체 문자열 22K77을 출력한다.
세 번째 출력, pb는 &list[3](PP1)을 가리켰으나, 수정으로 인해 77이 출력된다.

정답
pd: PP1
pc: 22K77
pb: 77

008 다음 C언어 프로그램의 출력 결과를 쓰시오.

```c
#include <stdio.h>
#include <string.h>
int main() {
    char original[] = "Replace : Word.";
    char buffer[10];
    char *ptr;
    ptr = strstr(original, "Word");
    if (ptr) {
        strncpy(buffer, "Replaced", 8);
        strncpy(ptr, buffer, 8);
    }
    printf("%s \n", original);
    return 0;
}
```

해설

original은 Replace : Word.라는 문자열로 초기화된다.
buffer는 Replaced라는 문자열을 저장할 배열이다.
strstr(original, "Word")를 사용하여 original에서 Word의 시작 위치를 검색한다.
검색된 위치는 포인터 ptr에 저장된다.
ptr이 NULL이 아니면 Word의 위치에 Replaced를 복사한다.
strncpy(ptr, buffer, 8)는 Word를 Replaced로 대체한다.
수정된 original 문자열을 출력한다.

정답 Replace : Replaced

009 다음 C언어 프로그램의 출력 결과를 쓰시오.

```c
#include <stdio.h>
#include <string.h>
int main() {
    char original[] = "Replace : Word.";
    char buffer[10];
    char *ptr;
    ptr = strstr(original, "Word");
    if (ptr) {
        strncpy(buffer, "Replaced", 8);
        strncpy(ptr, buffer, 8);
    }
    printf("%s \n", original);
    for(int i = 0; i < sizeof(original); i++) {
        printf("%c", original[i]);
    }
    return 0;
}
```

> **해설**
> original은 Replace : Word.로 초기화된다.
> buffer는 크기 10의 배열로 선언되며, Replaced라는 문자열을 저장하기 위해 사용된다.
> strstr는 original에서 Word의 시작 위치를 검색하고, 그 주소를 ptr에 저장한다.
> 만약 Word가 존재하지 않으면 ptr은 NULL이 된다.
> 이 코드에서는 Word가 존재하므로 ptr은 Word.의 시작 주소를 가리킨다.
> if (ptr) 조건문은 ptr이 NULL이 아닐 경우 실행된다.
> strncpy(buffer, "Replaced", 8); Replaced라는 문자열을 buffer에 복사한다.
> strncpy(ptr, buffer, 8); ptr이 가리키는 위치(Word)에 buffer의 내용을 8바이트만큼 복사한다.
> 결과적으로 original의 Word.는 Replaced로 덮어써진다.
> 수정된 original 문자열을 출력한다.

정답　　Replace : Replaced
　　　　　Replace : Replac

010 다음 C언어 프로그램의 출력 결과를 쓰시오.

```c
#include <stdio.h>
#include <string.h>
int main() {
    char str[] = "Example string";
    char sub[] = "string";
    char replace[] = "sample";
    char *pos;
    pos = strstr(str, sub);
    if (pos) {
        strncpy(pos, replace, strlen(sub));
    }
    printf("%s \n", str);
    return 0;
}
```

해설

str은 Example string으로 초기화된 문자열 배열이다.
sub은 string으로 초기화된 검색할 부분 문자열이다.
replace는 sample로 초기화된 교체할 문자열이다.
pos = strstr(str, sub); str에서 string의 시작 위치를 검색하고, 해당 주소를 포인터 pos에 저장한다.
if (pos) 조건문은 pos가 NULL이 아닌 경우 실행된다.
strncpy(pos, replace, strlen(sub)); replace의 내용을 pos가 가리키는 위치에 복사한다.
복사 길이는 strlen(sub)로 제한되므로 string의 길이(6)만큼만 복사된다.
수정된 문자열 str을 출력한다.

정답   Example sample

011 다음 C언어 프로그램의 출력 결과를 쓰시오.

```c
#include <stdio.h>
#include <string.h>
int main() {
    char str1[] = "HELLO";
    char str2[] = "HELLO";
    char *p1 = str1;
    char *p2 = str2;
    if(p1 == p2) {
        printf("True \n");
    } else {
        printf("False \n");
    }
    if(strcmp(p1, p2) == 0) {
        printf("True \n");
    } else {
        printf("False \n");
    }
    return 0;
}
```

해설

str1과 str2는 각각 HELLO로 초기화된 문자열 배열이다.
두 배열은 동일한 내용의 문자열을 가지고 있지만, 서로 다른 메모리 위치에 저장된다.
p1은 str1의 시작 주소를 가리키는 포인터이다.
p2는 str2의 시작 주소를 가리키는 포인터이다.
if (p1 == p2) 조건문은 p1과 p2가 동일한 메모리 주소를 가리키는지 확인한다.
p1은 str1의 시작 주소를, p2는 str2의 시작 주소를 가리키므로, 두 포인터는 다른 메모리 주소를 가지고 있다.
따라서 출력은 False가 된다.
if (strcmp(p1, p2) == 0) 조건문은 strcmp()를 사용하여 p1과 p2가 가리키는 문자열의 내용을 비교한다.
strcmp()는 두 문자열이 동일하면 0을 반환한다.
p1과 p2가 가리키는 문자열 "HELLO"는 동일하므로, 출력은 True가 된다.

정답 False
True

012 다음 C언어 프로그램의 출력 결과를 쓰시오.

```c
#include <stdio.h>
#include <string.h>
int main() {
    char str[] = "character function are fun!";
    char *first, *last;
    char result[50];

    first = strchr(str, 'a');
    last = strrchr(str, 'a');

    if (first && last) {
        int distance = last - first;
        printf("%d\n", distance);

        strncpy(result, first, distance + 1);
        result[distance + 1] = '\0';
        printf("%s\n", result);
    }

    return 0;
}
```

> **해설**
>
> 문자열 character functions are fun!에서 a가 처음 나타나는 위치(strchr)와 마지막으로 나타나는 위치(strrchr)를 찾는다.
> 두 위치의 주소 차이를 계산하여 거리를 출력한다.
> 두 위치 사이의 문자열을 추출하여 출력한다.

정답   17
           aracter function a

013 다음 C언어 프로그램의 출력 결과를 쓰시오.

```c
#include <stdio.h>
#include <math.h>

int main() {
    double num1 = -3.75;
    double num2 = 4.5;

    printf("%.2f\n", ceil(num1));
    printf("%.2f\n", floor(num2));
    printf("%.2f\n", round(num1));
    printf("%.2f\n", round(num2));

    return 0;
}
```

해설

ceil(num1)은 주어진 실수 값의 크거나 같은 가장 작은 정수를 반환한다.
num1 = -3.75이므로, 올림 결과는 -3.00이다.
floor(num2)은 주어진 실수 값의 작거나 같은 가장 큰 정수를 반환한다.
num2 = 4.5이므로, 내림 결과는 4.00이다.
round는 주어진 실수 값을 가장 가까운 정수로 반올림한다.
-3.75는 -4.00에 더 가깝기 때문에 결과는 -4.00이다.
4.5는 5.00에 더 가깝기 때문에 결과는 5.00이다.

정답
-3.00
4.00
-4.00
5.00

014 아래의 C언어 프로그램을 컴파일 후, 명령행 인자로 x y를 입력해서 실행을 하게 되면, 파일이 하나 만들어진다. 생성된 파일의 이름을 쓰시오.

```c
#include<stdio.h>
int main(int argc, char *argv[]){
    FILE *Z = fopen(argv[2], "w");
    fprintf(Z, "hello");
    fclose(Z);
}
```

해설

명령행 인자 구조,
argc: 명령행 인자의 개수를 나타낸다.
argv[]: 명령행 인자의 배열로, 각각의 인자를 문자열 형태로 보관한다.
argv[0]: 실행 파일 이름
argv[1]: 첫 번째 명령행 인자 (x)
argv[2]: 두 번째 명령행 인자 (y)
실행 명령을 보면, ./program x y 이런 형태로 실행을 시키게 되고, 두 번째 인자가 파일 이름으로 사용된다.

정답   y

PART
02

JAVA

CHAPTER 01 클래스와 객체 생성

1. 클래스(Class)

(1) 클래스 개념
- 데이터(필드)와 해당 데이터에 작용하는 동작(메서드)을 하나로 묶은 구조이다.
- 객체(Object)는 클래스를 기반으로 생성된 실체(인스턴스)이다.
- 클래스는 객체를 생성하기 위한 설계도로, 상태(속성)와 행동(메서드)을 정의한다.

(2) 클래스의 기본 구성 요소

1) 필드(Field)
- 객체의 속성을 저장하는 변수이다.
- 클래스 내부에 선언되며, 객체 생성 시 메모리에 할당된다.
- 예: int age; 또는 String name;

2) 메서드(Method)
- 객체의 동작을 정의하는 함수이다.
- 필드를 읽거나 변경하거나, 객체의 동작을 수행한다.
- 예: void display() { System.out.println(name); }

3) 생성자(Constructor)
- 객체 생성 시 호출되는 특별한 메서드이다.
- 객체를 초기화하는 데 사용된다.
- 클래스 이름과 동일하며 반환형이 없다.
- MyClass(String name) { this.name = name; }

(3) 클래스의 정의와 객체 생성

1) 클래스 정의

```java
class Car {
    // 필드
    String model;
    int speed;
    // 생성자
    Car(String model) {
        this.model = model;
        this.speed = 0; // 초기값 설정
    }
    // 메서드
    void accelerate(int increment) {
        speed += increment;
    }
    void displayInfo() {
        System.out.println("Model: " + model + ", Speed: " + speed);
    }
}
```

2) 객체 생성 및 사용

```java
public class Main {
    public static void main(String[] args) {
        Car car1 = new Car("Sonata"); // 객체 생성
        car1.accelerate(50);          // 메서드 호출
        car1.displayInfo();
    }
}
```

[실행 결과]
Model: Sonata, Speed: 50

2. 객체

(1) 객체의 개념
- 클래스(Class)를 기반으로 생성된 실체이다.
- 객체는 현실 세계의 사물을 소프트웨어적으로 표현한 것으로, 속성(데이터)과 동작(메서드)을 가진다.
- 객체는 프로그램에서 동작의 주체가 되며, 상태와 행위를 통해 서로 상호작용한다.

(2) 객체의 주요 특징
- 속성(Properties): 객체가 가지는 데이터나 상태를 의미한다.
- 행위(Behaviors): 객체가 수행할 수 있는 동작을 의미한다.

(3) 인스턴스(Instance)
- 클래스에서 생성된 구체적인 객체를 의미한다.
- 클래스는 설계도, 인스턴스는 그 설계도를 기반으로 만들어진 실체라고 이해할 수 있다.
- 클래스는 추상적 정의이며, 이를 구체적으로 메모리에 할당하면 인스턴스가 된다.

(4) 예제
1) 객체 생성 #1

```java
class Person {
    String name;
    int age;
    void greet() {
        System.out.println("Hello, my name is " + name + ".");
    }
}
public class Main {
    public static void main(String[] args) {
        // Person 클래스의 인스턴스 생성
        Person person1 = new Person();
        Person person2 = new Person();

        person1.name = "Alice";
        person1.age = 25;

        person2.name = "Bob";
        person2.age = 30;
```

```
            person1.greet();
            person2.greet();
    }
}
```

[실행 결과]
Hello, my name is Alice.
Hello, my name is Bob.

2) 객체 생성 #2

```
class Car {
    private String name;
    private int speed;
    public void setName(String name) {
        this.name = name;
    }
    public void setSpeed(int sp){
        this.speed = sp;
    }
    public void printInfo() {
        System.out.print("Name: " + name);
        System.out.println(", Speed: " + speed);
    }
}
class Main {
    public static void main(String[] args) {
        Car myCar = new Car();
        Car yourCar = new Car();

        myCar.setName("소나타");
        myCar.setSpeed(150);

        yourCar.setName("그렌저");
        yourCar.setSpeed(200);

        myCar.printInfo();
        yourCar.printInfo();
```

        }
    }

[실행 결과]
Name: 소나타, Speed: 150
Name: 그렌저, Speed: 200

3. 생성자(Constructor)

(1) 생성자의 개념

- 클래스의 인스턴스가 생성될 때 가장 먼저 호출되는 특별한 메서드이다.
- 생성자의 역할은 객체를 초기화하고, 객체의 멤버 변수에 기본값을 설정하거나 필요한 동작을 수행한다.
- 자바에서는 생성자가 클래스 이름과 동일한 이름을 가지며, 반환형이 없다.

(2) 생성자의 특징

- 생성자는 반드시 클래스 이름과 동일해야 한다.
- 생성자는 반환형을 명시하지 않으며, 반환값도 가지지 않는다.
- 생성자는 객체가 생성되는 시점에 자동으로 호출된다.
- 생성자는 매개변수의 종류와 개수를 다르게 하여 여러 개 정의할 수 있다.
- 개발자가 생성자를 정의하지 않으면, 자바 컴파일러가 매개변수가 없는 기본 생성자를 자동으로 제공한다.

(3) 생성자 예제

1) 생성자의 정의와 호출

```java
class Person {
    String name;
    int age;
    // 기본 생성자
    Person() {
        name = "Unknown";
        age = 0;
        System.out.println("기본 생성자 호출.");
    }
```

```
        }

        public class Main {
            public static void main(String[] args) {
                Person person = new Person(); // 생성자 호출
                System.out.println("Name: " + person.name + ", Age: " + person.age);
            }
        }
```

[실행 결과]
기본 생성자 호출.
Name: Unknown, Age: 0

2) 생성자 오버로딩

```
        class Person {
            String name;
            int age;
            // 기본 생성자
            Person() {
                name = "Unknown";
                age = 0;
            }
            // 매개변수가 있는 생성자
            Person(String name, int age) {
                this.name = name;
                this.age = age;
            }
        }
        public class Main {
            public static void main(String[] args) {
                Person person1 = new Person(); // 기본 생성자 호출
                Person person2 = new Person("Alice", 25); // 매개변수가 있는 생성자 호출
                System.out.println("P1 : " + person1.name + ", " + person1.age);
                System.out.println("P2 : " + person2.name + ", " + person2.age);
            }
        }
```

[실행 결과]
P1 - Unknown, 0
P2 - Alice, 25

3) 생성자에서 다른 생성자 호출

```java
class Person {
    String name;
    int age;
    Person() {
        this("Unknown", 0); // 다른 생성자 호출
    }
    Person(String name, int age) {
        this.name = name;
        this.age = age;
    }
}
public class Main {
    public static void main(String[] args) {
        Person person1 = new Person(); // 기본 생성자 호출
        Person person2 = new Person("Alice", 25); // 매개변수가 있는 생성자 호출
        System.out.println("P1 : " + person1.name + ", " + person1.age);
        System.out.println("P2 : " + person2.name + ", " + person2.age);
    }
}
```

[실행 결과]
P1 : Unknown, 0
P2 : Alice, 25

4. 접근지정자

(1) 접근지정자 개념
- 클래스의 멤버(필드, 메서드, 생성자)에 대한 접근 범위를 정의하는 키워드이다.
- 이를 통해 캡슐화(Encapsulation)를 구현하고, 외부 코드가 클래스 내부의 데이터와 동작에 접근할 수 있는 권한을 제한할 수 있다.

(2) 접근지정자 종류

종류	접근범위	클래스	패키지	상속	전체
public	접근 제한 없음	O	O	O	O
protected	동일 패키지와 상속받은 클래스	O	O	O	
default	동일 패키지	O	O		
private	동일 클래스	O			

(3) 접근지정자 예제

1) 같은 패키지에 있을 경우

```java
class Car {
    public String name;
    private int speed;
    protected int person;
    int max_speed;
    public void setSpeed(int speed) {
        this.speed = speed;
    }
    public int getSpeed(){
        return this.speed;
    }
}
public class Main {
    public static void main(String[] args) {
        Car myCar = new Car();
        myCar.name = "쏘나타";   // 가능
        //myCar.speed = 100;   // 오류
        myCar.person = 4;   // 가능
        myCar.max_speed = 200;   // 가능
```

```
            myCar.setSpeed(100); // 가능
            System.out.println(myCar.getSpeed()); // 가능
    }
}
```

2) 다른 패키지에 있을 경우

```
package mypackage;
public class Parent {
    public int pubVar = 1;
    protected int protVar = 2;
    int defVar = 3; // default
    private int privVar = 4;
    public void display() {
        System.out.println("Public: " + pubVar);
        System.out.println("Protected: " + protVar);
        System.out.println("Default: " + defVar);
        System.out.println("Private: " + privVar);
    }
}


package otherpackage;
import mypackage.Parent;
public class Child extends Parent {
    public void show() {
        System.out.println("Public: " + pubVar);        // 가능
        System.out.println("Protected: " + protVar); // 가능 (상속 관계)
        // System.out.println("Default: " + defVar); // 오류
        // System.out.println("Private: " + privVar); // 오류
    }
}
```

문제풀이

001 다음 JAVA 프로그램의 출력 결과를 쓰시오.

```java
class Person {
    String name;
    int age;

    public void setName(String name) {
        this.name = name;
    }
    public void setAge(int age) {
        this.age = age;
    }
    void introduce() {
        System.out.println("이름: " + name + ", 나이: " + age);
    }
}
public class Main {
    public static void main(String[] args) {
        Person p1 = new Person();
        Person p2 = new Person();

        p1.setName("Lee");
        p1.setAge(45);

        p1.introduce();
        p2.introduce();
    }
}
```

해설

Person 클래스의 객체 p1이 생성되고, name은 null, age는 0으로 초기화된다.
Person 클래스의 또 다른 객체 p2가 생성되며, 마찬가지로 초기값은 null과 0이다.
p1 객체의 name 필드가 Lee로 설정된다.
p1 객체의 age 필드가 45로 설정된다.
p1을 이용하여 introduce() 메서드를 실행하고, p1 객체의 name과 age 값을 출력한다.
p2를 이용하여 introduce() 메서드를 실행하고, p2 객체의 name과 age 값을 출력한다.

정답 이름: Lee, 나이: 45
     이름: null, 나이: 0

002 다음 JAVA 프로그램의 출력 결과를 쓰시오.

```java
class Person {
    String name;
    int age;

    public void setName(String name) {
        this.name = name;
    }
    public void setAge(int age) {
        this.age = age;
    }
    void introduce() {
        System.out.println("이름: " + name + ", 나이: " + age);
    }
}
public class Main {
    public static void main(String[] args) {
        Person p1 = new Person();
        Person p2 = new Person();

        p1.setName("Lee");
        p1.setAge(45);

        p2.setName("Kim");
        p2.setAge(43);

        p1.introduce();
        p2.introduce();
    }
}
```

> **해설**
>
> Person 클래스의 객체 p1이 생성되고, name은 null, age는 0으로 초기화된다.
> Person 클래스의 또 다른 객체 p2가 생성되며, 마찬가지로 초기값은 null과 0이다.
> p1 객체의 name 필드는 Lee, age 필드는 45로 설정된다.
> p2 객체의 name 필드는 Kim, age 필드는 43으로 설정된다.
> p1을 이용하여 introduce() 메서드를 실행하고, p1 객체의 name과 age 값을 출력한다.
> p2를 이용하여 introduce() 메서드를 실행하고, p2 객체의 name과 age 값을 출력한다.

정답　　이름: Lee, 나이: 45
　　　　이름: Kim, 나이: 43

003 다음 JAVA 프로그램의 출력 결과를 쓰시오.

```java
class Person {
    public String name;
    public int age;
    public String toString(){
        String info = "name:" + name + ", age:" + age;
        return info;
    }
}

class Main {
    public static void main(String[] args) {
        Person person = new Person();
        person.name = "Lee";
        person.age = 24;
        System.out.println(person);
    }
}
```

> **해설**
>
> Person 클래스의 객체가 생성되고, 메모리에 person이라는 참조 변수가 할당된다.
> 객체의 name 필드에 "Lee"를 저장한다.
> 객체의 age 필드에 24를 저장한다.
> System.out.println(person); 실행 시, toString() 메서드가 자동으로 호출된다.
> toString() 메서드는 "name:Lee, age:24" 문자열을 반환하고 출력한다.

정답　　name:Lee, age:24

004 다음 JAVA 프로그램의 출력 결과를 쓰시오.

```java
class Car{
    public String model;
    public int year;
    public void setModel(String model){
        this.model = model;
    }
    public String getModel(){
        return this.model;
    }
    public void setYear(int year){
        this.year = year;
    }
    public int getYear(){
        return this.year;
    }
    public void print(){
        System.out.println(this.model + " : " + this.year);
    }
    public static void main(String[] args){
        Car a = new Car();
        Car b = new Car();
        a.setModel("소나타");
        a.setYear(2020);
        b.setModel("그렌저");
        b.setYear(2016);
        a.print();
        b.print();
    }
}
```

> **해설**
> a와 b 객체는 Car 클래스의 인스턴스로 생성되며, 초기값은 자동으로 null(String)과 0(int)로 설정된다.
> a.setModel("소나타"): a 객체의 model 필드에 소나타를 저장한다.
> a.setYear(2020): a 객체의 year 필드에 2020을 저장한다.
> b.setModel("그렌저"): b 객체의 model 필드에 그렌저를 저장한다.
> b.setYear(2016): b 객체의 year 필드에 2016을 저장한다.
> print 메서드를 이용해서, 각 인스턴스의 값들을 출력한다.

정답   소나타 : 2020
       그렌저 : 2016

005 다음 JAVA 프로그램의 출력 결과를 쓰시오.

```java
class Store{
    public String name;
    public String item;

    public static void main(String[] args){
        Store a = new Store();
        Store b = new Store();
        a.name = "상점1";
        a.item = "인형";
        b.name = "상점2";
        b.item = "과자";
        System.out.println(a.name + " : " + a.item);
        System.out.println(b.name + " : " + b.item);
    }
}
```

해설

a와 b는 각각 독립적인 Store 객체로 생성된다.
이 시점에서 name과 item 필드는 자동으로 null로 초기화된다.
a.name = "상점1"; a 객체의 name 필드에 상점1을 저장한다.
a.item = "인형"; a 객체의 item 필드에 인형을 저장한다.
b.name = "상점2"; b 객체의 name 필드에 상점2를 저장한다.
b.item = "과자"; b 객체의 item 필드에 과자를 저장한다.
a 객체의 name과 item 값을 출력한다.
b 객체의 name과 item 값을 출력한다.

정답   상점1 : 인형
       상점2 : 과자

006 다음 JAVA 프로그램의 출력 결과를 쓰시오.

```java
class Main {
    private int a;
    public void set(int a) {this.a=a;}
    public void add(int d) {a+=d;}
    public void print() {System.out.println(a);}
    public static void main(String args[]) {
        Main p = new Main();
        Main q;
        p.set(10);
        q=p;
        p.add(10);
        q.set(30);
        p.print();
    }
}
```

해설

p는 Main 클래스의 객체를 생성하여 참조한다.
q는 참조 변수로 선언되었으나 아직 객체를 참조하지 않는다.
p 객체의 set 메서드를 호출하여 a=10으로 설정한다.
참조 변수 q가 p와 동일한 객체를 참조하게 된다.
이로 인해 p와 q는 동일한 객체를 가리키며, 하나의 변경은 다른 참조에도 영향을 미친다.
p 객체의 add 메서드를 호출하여 a 값에 10을 더한다.
q 객체(실제로는 p와 동일한 객체)의 set 메서드를 호출하여 a=30으로 설정한다.
p 객체의 print 메서드를 호출하여 필드 a 값을 출력한다.

정답 30

007 다음 JAVA 프로그램의 출력 결과를 쓰시오.

```java
class Conv{
    public int a = 0;
    public Conv(int a){
        this.a=a;
    }
    int func(){
        int b=1;
        for(int i =1;i<a;i++){
            b=a*i+b;
        }
        return a+b;
    }
}

public class Main {
    public static void main(String args[]) {
        Conv obj=new Conv(3);
        obj.a=5;
        int b=obj.func();
        System.out.print(obj.a+b);
    }
}
```

해설

Conv 클래스의 객체 obj를 생성하며, 생성자 Conv(int a)가 호출되어 필드 a가 3으로 초기화된다.
생성된 객체 obj의 필드 a 값을 5로 변경한다.
func() 메서드를 실행하여, 56값을 반환하고, b 변수에 대입된다.
obj.a=5, b=56이므로 출력값은 61이 된다.

정답 61

008 다음 JAVA 프로그램의 출력 결과를 쓰시오.

```java
class Ref {
    int a;
    Ref(int x) {
        a = x;
    }
    int sum(Ref obj) {
        int k;
        k = obj.a - a;
        a = 10; obj.a = 20;
        return k;
    }
}

public class Main {
    public static void main(String args[]) {
        Ref obj1 = new Ref(3);
        Ref obj2 = new Ref(4);
        int k1 = obj2.sum(obj1);
        System.out.print(" k1="+k1);
        System.out.print(", obj1.a="+obj1.a);
        System.out.print(", obj2.a="+obj2.a);
    }
}
```

해설

obj1과 obj2는 각각 a 값을 3과 4로 초기화한다.
sum 메서드는 매개변수 객체의 참조를 받아 두 객체의 a 값을 조작한다.
obj1.a와 obj2.a는 같은 메모리 공간을 공유하지 않으므로 독립적으로 변경된다.
sum 메서드 내부에서 a 값을 변경한 후 반환값으로 k를 계산한다.
obj2.sum(obj1) 호출 시, k = obj1.a - obj2.a = 3 - 4 = -1
obj2.a=10, obj1.a=20으로 변경한다.
결과로 넘어온 k1 값과, obj1과 obj2의 필드 a 값을 출력한다.

정답   k1=-1, obj1.a=20, obj2.a=10

009 다음 JAVA 프로그램의 출력 결과를 쓰시오.

```java
class Ref {
    int a;
    Ref(int x) {
        a = x;
    }
    int update(Ref obj) {
        obj.a += this.a;
        this.a = obj.a - this.a;
        return obj.a;
    }
}
public class Main {
    public static void main(String args[]) {
        Ref obj1 = new Ref(2);
        Ref obj2 = new Ref(3);

        int result1 = obj1.update(obj2);
        int result2 = obj2.update(obj1);

        System.out.print("r1=" + result1 + ", ");
        System.out.print("r2=" + result2 + ", ");
        System.out.print("obj1.a=" + obj1.a + ", ");
        System.out.print("obj2.a=" + obj2.a);
    }
}
```

해설

obj1은 a=2로, obj2는 a=3으로 초기화한다.
• 첫 번째 호출
obj2.a = obj2.a + obj1.a = 3 + 2 = 5
obj1.a = obj2.a - obj1.a = 5 - 2 = 3
반환은 obj2.a인 5를 반환한다.
• 두 번째 호출
obj1.a = obj1.a + obj2.a = 3 + 5 = 8
obj2.a = obj1.a - obj2.a = 8 - 5 = 3
반환은 obj1.a인 8을 반환한다.
obj1과 obj2의 값들을 참조해서 변경했기 때문에, 최종 저장된 값을 출력하게 된다.

정답   r1=5, r2=8, obj1.a=8, obj2.a=3

010 다음 JAVA 프로그램의 출력 결과를 쓰시오.

```java
class Ref {
    int a;
    Ref(int x) {
        a = x;
    }
    Ref update(Ref obj) {
        obj.a += this.a;
        this.a = obj.a - this.a;
        Ref newObj = new Ref(obj.a * this.a);
        return newObj;
    }
}
public class Main {
    public static void main(String args[]) {
        Ref obj1 = new Ref(2); // obj1.a = 2
        Ref obj2 = new Ref(3); // obj2.a = 3

        Ref newObj1 = obj1.update(obj2);
        Ref newObj2 = obj2.update(obj1);

        System.out.print("new1.a=" + newObj1.a + ", ");
        System.out.print("new2.a=" + newObj2.a + ", ");
        System.out.print("obj1.a=" + obj1.a + ", ");
        System.out.print("obj2.a=" + obj2.a);
    }
}
```

해설

obj1.update(obj2): obj2.a = 5, obj1.a = 3, 새로운 객체 생성(newObj1.a = 15)
obj2.update(obj1): obj1.a = 8, obj2.a = 3, 새로운 객체 생성(newObj2.a = 24)

정답 new1.a=15, new2.a=24, obj1.a=8, obj2.a=3

011 다음 JAVA 프로그램의 출력 결과를 쓰시오.

```java
class Car {
    String model;
    Car() {
        this.model = "My Car";
    }
    Car(String model) {
        this.model = model;
    }
    void getModel() {
        System.out.println(this.model);
    }
}
class Test {
    public static void main(String args[]) {
        Car aCar = new Car("제네시스");
        Car bCar = new Car ();
        aCar.getModel();
        bCar.getModel();
    }
}
```

해설

aCar 인스턴스를 생성하면서, 매개변수가 하나 있는 생성자를 호출한다.
bCar 인스턴스를 생성하면서, 매개변수가 없는 기본 생성자를 호출한다.
aCar의 model은 제네시스로 초기화, bCar의 model은 My Car로 초기화된다.
최종 출력은 제네시스와 My Car이다.

정답 제네시스
My Car

012 다음 JAVA 프로그램의 출력 결과를 쓰시오.

```java
class Vehicle {
    String type;
    String brand;
    Vehicle() {
        this("Unknown", "Unknown");
    }
    Vehicle(String type, String brand) {
        this.type = type;
        this.brand = brand;
    }
    void showDetails() {
        System.out.println(type + ", " + brand);
    }
}

public class Main {
    public static void main(String[] args) {
        Vehicle v1 = new Vehicle();
        Vehicle v2 = new Vehicle("SUV", "Hyundai");

        v1.showDetails();
        v2.showDetails();
    }
}
```

> **해설**
> v1 인스턴스는 기본 생성자를 호출하고, 기본 생성자에서는 인자 있는 생성자를 명시적으로 호출하며, Unknown을 전달한다.
> v1의 필드는, type = "Unknown", brand = "Unknown" 다음과 같이 만들어지게 된다.
> v2 인스턴스는 매개변수가 있는 생성자를 호출하고, 전달된 인자를 필드에 대입한다.
> v2의 필드는, type = "SUV", brand = "Hyundai" 다음과 같이 만들어지게 된다.

정답 Unknown, Unknown
　　　　SUV, Hyundai

013 다음 자바 코드를 컴파일할 때, 문법 오류가 발생하는 부분의 기호를 쓰시오.

```
class Person {
    private String name;
    public int age;
    public void setAge(int age) {
        this.age = age;
    }
    public String toString() {
        return("name: " + this.name + ", age : " + this.age);
    }
}
class PersonTest {
    public static void main(String[] args) {
        Person a = new Person();    // ㉠
        a.setAge(27);               // ㉡
        a.name = "Gildong";         // ㉢
        System.out.println(a);      // ㉣
    }
}
```

해설

name 필드는 private로 선언되어, 클래스 외부에서 직접 접근할 수 없다.
㉠: Person 클래스의 기본 생성자를 통해 객체 a를 생성한다.
㉡: setAge 메서드를 호출하여 age 필드 값을 27로 설정한다.
㉢: name 필드는 private로 선언되어, 클래스 외부에서 직접 접근할 수 없다.
㉣: toString() 메서드가 호출되어 name과 age 정보를 출력한다. ㉢에서 오류가 발생하여 실행되지 않지만, 문법 자체에는 오류가 없다.

정답   ㉢

014 다음 프로그램의 A3 클래스에서 직접 참조할 수 있는 객체 변수들로 옳은 것만을 모두 쓰시오.

```
class A1 {
    public int x;
    private int y;
    protected int z;
    ...
}
class A2 extends A1 {
    protected int a;
    private int b;
    ...
}
class A3 extends A2 {
    private int q;
    ...
}
```

해설

A1 클래스에서 x는 어디서든, y는 같은 클래스 내에서, z는 상속 관계에서 사용이 가능하다.
A2 클래스에서 a는 상속 관계, b는 같은 클래스 내에서 사용이 가능하다.
A3 클래스에서 q는 같은 클래스 내에서 사용이 가능하다.
A3 클래스는 A1, A2를 모두 상속받았기 때문에 A1 클래스의 x, z, A2 클래스의 a, A3 클래스의 q가 사용 가능하다.

정답 x, z, a, q

015 다음 프로그램에서 오류가 발생하는 부분을 찾아 기호를 쓰고, 이유를 설명하시오.

```
package mypackage;
public class Animal {
    public String name;
    protected int age;
    String type;
    private double weight;

    public void setWeight(double weight) {
        this.weight = weight;
    }

    public double getWeight() {
        return this.weight;
    }
}

package anotherpackage;
import mypackage.Animal;
public class Dog extends Animal {
    public void display() {
        System.out.println("Name: " + name);          // ㉠
        System.out.println("Age: " + age);            // ㉡
        System.out.println("Type: " + type);          // ㉢
        System.out.println("Weight: " + getWeight()); // ㉣
    }
}
```

해설

A1 클래스에서 x는 어디서든, y는 같은 클래스 내에서, z는 상속 관계에서 사용이 가능하다.
A2 클래스에서 a는 상속관계, b는 같은 클래스 내에서 사용이 가능하다.
A3 클래스에서 q는 같은 클래스 내에서 사용이 가능하다.
A3 클래스는 A1, A2를 모두 상속받았기 때문에 A1 클래스의 x, z, A2 클래스의 a, A3 클래스의 q가 사용 가능하다.

정답 ㉢, type은 default 접근 지정자를 가지며, 다른 패키지의 클래스에서는 접근을 할 수 없다. type 필드는 mypackage 내에서만 접근이 가능하다.

CHAPTER 02 상속과 생성자

1. 상속(Inheritance)

(1) 상속의 개념
- 기존 클래스(부모 클래스)의 멤버(필드, 메서드)를 새로운 클래스(자식 클래스)가 물려받아 재사용하고 확장하는 기능이다.
- 코드의 재사용성을 높이고, 계층 구조를 통해 객체 지향 프로그래밍의 주요 개념인 다형성(Polymorphism)을 구현할 수 있다.

(2) 상속의 특징
- 부모 클래스의 필드와 메서드를 자식 클래스가 물려받아 사용할 수 있다.
- 자식 클래스에서 부모 클래스의 기능을 확장하거나 수정하여 사용할 수 있다.
- 부모 클래스의 참조를 통해 자식 클래스의 객체를 사용할 수 있어, 동일한 메서드 호출이 다양한 결과를 가져올 수 있다.
- 부모 클래스의 Protected 또는 Public 멤버에만 자식 클래스가 접근할 수 있다.
- 부모 클래스의 형태로는 객체를 생성할 수 있지만, 자식 클래스의 형태로는 부모 클래스의 객체를 생성할 수 없다.

(3) 상속 관련 키워드

1) extends
- 자식 클래스가 부모 클래스를 상속받을 때 사용하는 키워드이다.
- 예: class Child extends Parent

2) super
- 부모 클래스의 멤버(필드, 메서드, 생성자)를 참조할 때 사용하는 키워드이다.
- 예제

```
class Parent {
    String name = "Parent";
    void display() {
        System.out.println("Parent display()");
    }
}
```

```java
class Child extends Parent {
    String name = "Child";
    void show() {
        System.out.println("Name: " + name);        // 자식 클래스의 필드
        System.out.println("Name: " + super.name);  // 부모 클래스의 필드
        super.display();                            // 부모 클래스의 메서드 호출
    }
}
```

3) final

- 더 이상 상속이 불가능하게 만든다.
- 예제

```java
// 더 이상 상속이 불가능한 클래스
final class Parent {
    void display() {
        System.out.println("Parent display()");
    }
}

// 자식 클래스에서 오버라이딩 할 수 없는 메서드
class Parent {
    final void display() {
        System.out.println("Parent display()");
    }
}
```

(4) 상속 예제

```java
class Parent {
    // 부모 클래스의 필드와 메서드
    String name;

    void showName() {
        System.out.println("Name: " + name);
    }
}

class Child extends Parent { // Child 클래스가 Parent 클래스를 상속
    int age;

    void showAge() {
        System.out.println("Age: " + age);
    }
}
public class Main {
    public static void main(String[] args) {
        Child child = new Child();
        child.name = "Alice";   // 부모 클래스의 필드 사용
        child.age = 25;         // 자식 클래스의 필드 사용
        child.showName();       // 부모 클래스의 메서드 사용
        child.showAge();        // 자식 클래스의 메서드 사용
    }
}
```

[실행 결과]
Name: Alice
Age: 25

2. 상속과 생성자 관계

(1) 상속과 생성자의 기본 개념

- 상속은 부모 클래스의 멤버(필드와 메서드)를 자식 클래스가 물려받지만, 생성자는 상속되지 않는다.
- 자식 클래스의 생성자가 호출될 때, 반드시 부모 클래스의 생성자가 먼저 호출된다.
- 자식 클래스에서 부모 클래스의 생성자를 호출할 때, super() 키워드를 사용한다.
- 자식 클래스에서 부모 클래스의 생성자를 명시적으로 호출하지 않으면, 자동으로 부모의 기본 생성자를 호출한다. (생성자가 있을 경우)
- 부모 클래스에 기본 생성자가 없고, 매개변수 생성자만 존재하면, 자식은 super(매개변수)를 명시적으로 호출해야 한다.

(2) super()와 this()의 관계

1) super()

- 부모 클래스의 생성자를 호출한다.
- 반드시 자식 생성자의 첫 줄에 위치해야 한다.

2) this()

- 같은 클래스 내의 다른 생성자를 호출한다.
- this()와 super()는 함께 사용할 수 없다.
- this()를 이용해 같은 클래스의 다른 생성자를 호출하면 부모 생성자 호출 권한도 같이 넘어간다.

(3) 생성자 예제

1) 부모의 생성자를 명시하지 않은 경우

```java
class Parent {
    Parent() {
        System.out.println("Parent");
    }
    Parent(String name){
        System.out.println("Parent:"+name);
    }
}
class Child extends Parent {
    Child() {
        System.out.println("Child");
    }
}
```

```
public class Main {
    public static void main(String[] args) {
        Child child = new Child();
    }
}
```

[실행 결과]
Parent
Child

2) 부모의 생성자를 명시한 경우

```
class Parent {
    Parent() {
        System.out.println("Parent");
    }
    Parent(String name){
        System.out.println("Parent:"+name);
    }
}
class Child extends Parent {
    Child() {
        super("PP");
        System.out.println("Child");
    }
}
public class Main {
    public static void main(String[] args) {
        Child child = new Child();
    }
}
```

[실행 결과]
Parent:PP
Child

3) this() 사용

```java
class Parent {
    Parent() {
        System.out.println("Parent");
    }
    Parent(String name){
        System.out.println("Parent:"+name);
    }
}
class Child extends Parent {
    Child() {
        this("Lee");
        System.out.println("Child 1");
    }
    Child(String name) {
        super("PP");
        System.out.println("Child 2:"+name);
    }
}
public class Main {
    public static void main(String[] args) {
        Child child1 = new Child();
        Child child2 = new Child("Kim");
    }
}
```

[실행 결과]
Parent:PP
Child 2:Lee
Child 1
Parent:PP
Child 2:Kim

문제풀이

001 다음 JAVA 프로그램의 출력 결과를 쓰시오.

```java
class Subject1 {
    protected int a = 1000;
    public int fun1(){
        return a;
    }
}
class Subject2 extends Subject1 {
    private int b = 5;
    public int fun2(){
        return a/b;
    }
}
class Example{
    public static void main(String[] args){
        Subject2 sub = new Subject2();
        System.out.println( sub.fun1() );
        System.out.println( sub.fun2() );
    }
}
```

해설

Subject2는 Subject1을 상속받는다.
Subject2는 부모로부터 물려받은 멤버변수 a와 fun1 메서드를 사용할 수 있다.
sub 인스턴스를 Subject2의 형태로 생성한다.
sub.fun1(); 부모의 fun1을 호출하여 1000을 출력하게 된다.
sub.fun2(); 자식의 fun2를 호출하여 1000/5=200을 출력하게 된다.

정답 1000
200

002 다음 Java 프로그램은 오류가 발생한다. 오류가 발생하는 부분의 기호와 이유를 설명하시오.

```
class Parent {
    void parentMethod() {
        System.out.println("Parent 클래스의 parentMethod 호출");
    }
}
class Child extends Parent {
    void childMethod() {
        System.out.println("Child 클래스의 childMethod 호출");
    }
}
public class Main {
    public static void main(String[] args) {
        Parent obj = new Child(); // ㉠
        obj.parentMethod(); // ㉡
        obj.childMethod(); // ㉢
    }
}
```

정답   ㉢

Parent 타입 변수로 선언되었으므로, 부모 클래스에 정의된 메서드(parentMethod())만 호출할 수 있다. 자식 클래스에만 정의된 메서드(childMethod())는 부모 클래스 타입 변수에서 접근할 수 없으므로 컴파일 에러가 발생한다.

003 다음 Java 프로그램은 오류가 발생한다. 오류가 발생하는 부분의 기호와 이유를 설명하시오.

```
class C {}
class CS extends C {}
class CI extends C {}
class Example {
    static C c1 = new CI();    // ㉠
    static C c2 = new CS();    // ㉡
    static CS cs = new C();    // ㉢
    static CI ci = new CI();   // ㉣
}
```

정답 ⓒ
CS 타입 변수 cs에 부모 클래스인 C의 객체를 할당하려고 시도하고 있다.
이는 상속 관계에서 부모 클래스 객체를 자식 클래스 타입 변수에 직접 할당할 수 없기 때문에 컴파일 오류가 발생한다.

004 다음 JAVA 프로그램의 출력 결과를 쓰시오.

```java
class A {
    A() { System.out.printf("%d ", 10); }
}
class B extends A {
    B(int a) { System.out.printf("%d ", a); }
}
class C extends B {
    C(int a) {
        super(a/10);
        System.out.printf("%d ", a);
    }
}
class Test {
    public static void main(String args[]) {
        A b = new C(1000);
    }
}
```

해설

main 메서드에서 A 타입 변수 b에 C 클래스 객체를 생성한다.
객체 생성 시 C 클래스의 생성자가 호출된다.
new C(1000) 실행, C 클래스 생성자가 실행되며, 첫 줄에서 super(100)을 호출한다.
B 클래스 생성자가 실행되며, 첫 줄에서 super() 호출을 통해 A 클래스의 생성자가 호출된다. (부모의 생성자를 명시하지 않으면 부모의 기본 생성자가 호출된다.)
A 클래스 생성자가 실행되고 10을 출력한다.
B 클래스 생성자에서 100을 출력한다.
C 클래스 생성자에서 1000을 출력한다.

정답 10 100 1000

005 다음 JAVA 프로그램의 출력 결과를 쓰시오.

```java
class X {
    X() {
        System.out.printf("%d ", 5);
    }
}
class Y extends X {
    Y() {
        System.out.printf("%d ", 15);
    }
    Y(int a) {
        this();
        System.out.printf("%d ", a);
    }
}
class Z extends Y {
    Z() {
        super(25);
        System.out.printf("%d ", 35);
    }
}
class Test {
    public static void main(String[] args) {
        X obj1 = new Y();
        System.out.println();
        X obj2 = new Z();
        System.out.println();
        Z obj3 = new Z();
    }
}
```

해설

main 메서드에서 X 타입 변수 obj1에 Y 클래스 객체를 생성한다.
객체 생성 시 Y 클래스의 생성자가 호출된다.
new Y() 실행, 첫 줄에서 부모 클래스인 X의 생성자가 호출된다.
X 생성자가 실행되며 5가 출력된다.
Y() 생성자에서 15가 출력된다.

X 타입 변수 obj2에 Z 클래스 객체를 생성한다.
객체 생성 시 Z 클래스의 생성자가 호출된다.
new Z() 실행, 첫 줄에서 super(25)를 호출하므로 Y(int a) 생성자가 실행된다.
Y(int a) 실행, Y(int a) 생성자의 첫 줄에서 this() 호출이 있어, Y 클래스의 기본 생성자를 호출한다.
Y() 실행, 첫 줄에서 부모 클래스인 X의 생성자가 호출된다.
X 생성자가 실행되며 5가 출력된다.
Y() 생성자에서 15가 출력된다.
Y(int a) 생성자에서 25가 출력된다.
Z 생성자에서 35가 출력된다.

obj3도 obj2와 동일하게 생성자를 호출하게 된다.
앞에 있는 변수 타입은 생성자 호출과는 관련이 없고, 어떤 형태로 객체를 생성했는지를 확인해서 호출해 준다.

정답   5 15
        5 15 25 35
        5 15 25 35

006 다음 JAVA 프로그램의 출력 결과를 쓰시오.

```java
class A{
    int a;
    A(int a){
        this.a = a;
    }
    void display(){
        System.out.println("a="+a);
    }
}
class B extends A{
    B(int a){
        super(a);
        super.display();
    }
}
class Main{
    public static void main(String[] args){
        B obj = new B(10);
    }
}
```

해설

B 클래스는 A 클래스를 상속받고, 생성자에서 부모 클래스의 생성자를 호출한다.
부모 클래스의 생성자를 호출한 후, 부모 클래스의 메서드를 실행한다.
super 키워드를 사용하여 부모 클래스의 생성자와 메서드를 명시적으로 호출하였다.
출력 결과는 부모 클래스의 display() 메서드에 의해 생성된다.

정답   a=10

007 다음 JAVA 프로그램의 출력 결과를 쓰시오.

```java
class Super {
    Super() {
        System.out.print('A');
    }
    Super(char x) {
        System.out.print(x);
    }
}
class Sub extends Super {
    Sub() {
    super();
        System.out.print('B');
    }
    Sub(char x) {
        this();
        System.out.print(x);
    }
}
class Test {
    public static void main(String[] args) {
        Super s1 = new Super('C');
        Super s2 = new Sub('D');
    }
}
```

해설

첫 번째 객체 생성: Super s1 = new Super('C');
Super(char x) 생성자가 호출된다.
매개변수 x에 전달된 'C'가 출력된다.
두 번째 객체 생성: Super s2 = new Sub('D');
Sub(char x) 생성자가 호출된다.
첫 줄에서 this()를 호출하여 같은 클래스의 기본 생성자 Sub()가 실행된다.
Sub()에서 첫 줄로 super() 호출하여 부모 클래스의 기본 생성자 Super()가 실행된다.
Super()에서 'A'가 출력된다.
이후, Sub()의 나머지 코드에서 'B'가 출력된다.
다시 Sub(char x)로 돌아와 매개변수 x 값 'D'를 출력한다.

정답　CABD

008 다음 JAVA 프로그램의 출력 결과를 쓰시오.

```java
class Animal {
    Animal() {
        System.out.println("A");
    }
    Animal(String name) {
        System.out.println("B");
    }
}

class Dog extends Animal {
    Dog() {
        System.out.println("C");
    }
    Dog(int age) {
        this();
        System.out.println("D");
    }
    Dog(String name, int age) {
        super("name");
        System.out.println("E");
    }
    public static void main(String[] args) {
        Animal a1 = new Animal();
        Animal a2 = new Animal("Tiger");
    }
}
```

> **해설**
>
> Animal a1 = new Animal(); Animal 클래스의 기본 생성자가 호출된다.
> Animal a2 = new Animal("Tiger"); Animal 클래스의 매개변수 있는 생성자 Animal(String name)이 호출된다.

정답   A
           B

009 다음 JAVA 프로그램의 출력 결과를 쓰시오.

```java
class Animal {
    Animal() {
        System.out.print("A");
    }
    Animal(String name) {
        System.out.print("B");
    }
}

class Dog extends Animal {
    Dog() {
        System.out.print("C");
    }
    Dog(int age) {
        this();
        System.out.print("D");
    }
    Dog(String name, int age) {
        super("name");
        System.out.print("E");
    }
    public static void main(String[] args) {
        Dog dog1 = new Dog();
        Dog dog2 = new Dog(3);
        Dog dog3 = new Dog("Buddy", 5);
    }
}
```

해설

- 첫 번째 객체 생성
Dog() 생성자가 호출된다.
super()가 암묵적으로 호출되어 Animal() 생성자가 실행된다.
이후 Dog()의 나머지 코드가 실행된다.
- 두 번째 객체 생성
Dog(int age) 생성자가 호출된다.
첫 줄에서 this()가 호출되어 같은 클래스의 기본 생성자 Dog()가 실행된다.
super()가 암묵적으로 호출되어 Animal() 생성자가 실행된다.
이후 Dog()의 나머지 코드가 실행된다.
다시 Dog(int age)로 돌아와 나머지 코드가 실행된다.
- 세 번째 객체 생성
Dog(String name, int age) 생성자가 호출된다.
첫 줄에서 super("name")이 호출되어 Animal(String name) 생성자가 실행된다.
이후 Dog(String name, int age)의 나머지 코드가 실행된다.

정답   ACACDBE

CHAPTER 03 메서드 오버로딩 / 메서드 오버라이딩 / 하이딩

1. 메서드 오버로딩

(1) 오버로딩 개념
- 같은 이름의 메서드를 인자만 다르게 하여 중복 정의하는 것을 의미한다.
- 메서드 호출 시 전달되는 매개변수의 수, 타입, 순서에 따라 서로 다른 메서드가 호출된다.

(2) 오버로딩의 특징
- 메서드 이름은 동일하지만, 매개변수의 개수, 타입, 순서가 다르다.
- 오버로딩은 매개변수의 시그니처로만 구분되며, 반환 타입이 다르더라도 오버로딩되지 않는다.
- 호출될 메서드는 컴파일 시점에 결정된다.

(3) 오버로딩 예제

```java
class Calculator {
    int add(int a, int b) {
        return a + b;
    }
    int add(int a, int b, int c) {
        return a + b + c;
    }
    double add(double a, double b) {
        return a + b;
    }
    double add(int a, double b) {
        return a + b;
    }
}
public class Main {
    public static void main(String[] args) {
        Calculator calc = new Calculator();
        System.out.println(calc.add(10, 20));           // int, int → 30
        System.out.println(calc.add(10, 20, 30));       // int, int, int → 60
        System.out.println(calc.add(10.5, 20.5));       // double, double → 31.0
```

```
            System.out.println(calc.add(10, 20.5));        // int, double → 30.5
    }
}
```

[실행 결과]
30
60
31.0
30.5

2. 메서드 오버라이딩

(1) 오버라이딩 개념

- 상속 관계에서 부모 클래스에서 정의된 메서드를 자식 클래스에서 다시 재정의하는 것을 의미한다.
- 부모 클래스의 메서드를 그대로 사용하는 대신, 자식 클래스에서 필요에 따라 동작을 변경할 수 있다.

(2) 오버라이딩의 특징

- 부모 클래스의 메서드를 자식 클래스에서 재정의하는 경우에만 사용된다.
- 메서드 이름, 매개변수 타입 및 개수, 반환 타입이 부모 클래스와 동일해야 한다.
- @Override 어노테이션을 사용하여 오버라이딩을 명시적으로 표시하는 것이 좋다.

(3) 오버라이딩 예제

```
class Animal {
    void sound() {
        System.out.println("Animal");
    }
}
class Dog extends Animal {
    @Override
    void sound() {
        System.out.println("Dog");
    }
}
public class Main {
```

```
        public static void main(String[] args) {
            Animal animal = new Animal();
            animal.sound(); // 부모 클래스 메서드 호출
            Animal dog = new Dog();
            dog.sound(); // 자식 클래스에서 오버라이딩된 메서드 호출
        }
    }
```

[실행 결과]
Animal
Dog

3. 하이딩

(1) 하이딩 개념

- 상위 클래스의 static 메서드를 하위 클래스에서 같은 이름과 시그니처로 다시 선언하는 것을 의미한다.
- 상속 관계에서 static 메서드는 클래스 소속으로 동작하므로, 런타임 다형성이 적용되지 않는다.
- 하이딩된 메서드는 참조 변수의 타입에 따라 호출된다.

(2) 하이딩의 특징

- 메서드 이름과 매개변수의 시그니처가 상위 클래스의 static 메서드와 동일해야 한다.
- 하이딩은 static 메서드에서만 발생하며, 인스턴스 메서드에는 적용되지 않는다.
- 하이딩된 메서드는 객체의 실제 타입과 상관없이 참조 변수의 타입에 따라 호출된다.
- 하이딩은 부모 클래스의 static 메서드를 대체하거나 오버라이딩하지 않는다.

(3) 하이딩 예제

```java
class Parent {
    static void display() {
        System.out.println("Parent");
    }
}
class Child extends Parent {
    static void display() { // 부모 클래스의 static 메서드를 하이딩
        System.out.println("Child");
    }
}
public class Main {
    public static void main(String[] args) {
        Parent p = new Parent();
        Parent c1 = new Child();
        Child c2 = new Child();
        p.display();
        c1.display();
        c2.display();
    }
}
```

[실행 결과]
Parent
Parent
Child

문제풀이

001 다음 JAVA 프로그램의 출력 결과를 쓰시오.

```java
class Person {
    String name;
    int age;
    int height;
    public void set_data(String p_name){
        name = p_name;
    }
    public void set_data(String p_name, int p_age){
        name = p_name;
        age = p_age;
    }
    public void print(){
        System.out.println(name + " : "+age+", "+height);
    }
    public static void main(String[] args){
        Person p1 = new Person();
        p1.set_data("홍길동");
        p1.print();
        Person p2 = new Person();
        p2.set_data("김길동", 40);
        p2.print();
    }
}
```

해설

p1 객체가 생성되고, 모든 필드는 기본값(name=null, age=0, height=0)으로 초기화된다.
set_data(String p_name) 메서드가 호출되어 name이 "홍길동"으로 설정된다.
age와 height는 변경되지 않아 기본값(0)을 유지한다.
p2 객체가 생성되고, 모든 필드는 기본값(name=null, age=0, height=0)으로 초기화된다.
set_data(String p_name, int p_age) 메서드가 호출되어 name이 "김길동"으로, age가 40으로 설정된다.
height는 변경되지 않아 기본값(0)을 유지한다.

정답 홍길동 : 0, 0
　　　　김길동 : 40, 0

002 다음 JAVA 프로그램의 출력 결과를 쓰시오.

```
class A {
    void f() { System.out.println("0"); }
    void f(int i) { System.out.println(i); }
    void f(int i, int j) { System.out.println(i+j); }
    public static void main(String args[]) {
        A a = new A();
        a.f();
        a.f(25, 25);
    }
}
```

해설

A 클래스의 객체 a가 생성된다.
a.f(); 매개변수가 없는 형태의 f() 메서드가 호출된다.
System.out.println("0"); 실행되어 "0"이 출력된다.
a.f(25, 25); 두 개의 매개변수를 가진 f(int i, int j) 메서드가 호출된다.
매개변수 i=25와 j=25가 전달되며, 두 값의 합(50)이 출력된다.

정답 0
50

003 다음 JAVA 프로그램의 출력 결과를 쓰시오.

```java
class A {
    public int init( int a, int b ){
        return a + b;
    }
    public int init( int a) {
        return init( a, 10 );
    }
}
class Main {
    public static void main(String args[]) {
        A a = new A();
        System.out.println(a.init(100));
    }
}
```

해설

A a = new A();: 클래스 A의 객체 a가 생성된다.
a.init(100) 호출, init(int a) 메서드 내부에서 init(a, 10)이 호출된다.
init(a, 10) 호출, a는 100, b는 10으로 전달된다.
두 값의 합(100 + 10)인 110이 반환된다.

정답   110

004 다음 JAVA 프로그램의 출력 결과를 쓰시오.

```java
class Calculate {
    public int cal(int a, int b) {
        return a - b;
    }
    public float cal(float a, float b) {
        return a - b;
    }
    public double cal(double a, double b) {
        return a + b;
    }
    public int cal(int a, int b, int c) {
        return a + b + c;
    }
}

class Example {
    public static void main(String[] args) {
        Calculate a = new Calculate();
        System.out.print( a.cal(31, 69, 25) + ", " );
        System.out.println( a.cal(24.8, 5.1) );
    }
}
```

해설

Calculate 클래스의 객체 a가 생성된다.
• 첫 번째 메서드 호출
cal(int a, int b, int c) 메서드가 호출된다.
전달된 값(a = 31, b = 69, c = 25)을 계산하여 125를 반환하고 출력한다.
• 두 번째 메서드 호출
cal(double a, double b) 메서드가 호출된다.
전달된 값(a = 24.8, b = 5.1)을 계산하여 29.9를 반환하고 출력한다.
자바에서 실수 리터럴(예: 24.8 또는 5.1)은 기본적으로 double 타입으로 간주된다.
실수 리터럴 값을 float로 명시적으로 지정해야 한다.
System.out.println(a.cal(24.8f, 5.1f)); // 명시적으로 float 지정

정답 125, 29.9

005 다음 JAVA 프로그램의 출력 결과를 쓰시오.

```java
class A {
    public int add(int a, int b) { return a+b;}
    public int add(double a, double b) { return (int)(a*b); }
    public int add(float a, float b) { return (int)(a-b); }
}

class Main {
    public static void main(String args[]) {
        A a = new A();
        System.out.println(a.add(100, 200));
        System.out.println(a.add((float)5.7, (float)9.8));
        System.out.println(a.add(5.7, 9.8));
    }
}
```

해설

클래스 A의 객체 a가 생성된다.
- 첫 번째 메서드 호출
매개변수가 두 개의 int 값이므로, add(int a, int b) 메서드가 호출된다.
전달된 값(a=100, b=200)을 계산하여 300을 반환하고 출력한다.
- 두 번째 메서드 호출
매개변수가 두 개의 float 값이므로, add(float a, float b) 메서드가 호출된다.
전달된 값(a=5.7, b=9.8)을 계산하여 -4를 반환하고 출력한다.
- 세 번째 메서드 호출
매개변수가 두 개의 double 값이므로, add(double a, double b) 메서드가 호출된다.
전달된 값(a=5.7, b=9.8)을 계산하여 55.86이 나오고, int형으로 형변환하여 55를 반환하고 출력한다.

정답 300
         -4
         55

006 다음 JAVA 프로그램의 출력 결과를 쓰시오.

```java
class Test {
    public static void main(String[] args){
        int x=1, y=2;
        double m=3.4, n=5.6;
        int[] p={10, 20, 30, 40};

        System.out.print(sum(m, n) + " ");
        System.out.print(sum(x, y) + " ");
        System.out.print(sum(p));
    }
    public static int sum(int a, int b){
        return a + b;
    }
    public static double sum(double a, double b){
        return a + b;
    }
    public static int sum(int a[]){
        int total=0;

        for (int i=0; i< a.length; i++)
            total += a[i];

        return total;
    }
}
```

해설

int x=1, y=2;:: 두 개의 정수 변수 x와 y를 선언하고 각각 1, 2로 초기화한다.
double m=3.4, n=5.6;:: 두 개의 실수 변수 m과 n을 선언하고 각각 3.4, 5.6으로 초기화한다.
int[] p={10, 20, 30, 40};:: 정수 배열 p를 선언하고 초기화한다.
• 첫 번째 sum 호출
매개변수가 두 개의 double 값이므로, sum(double a, double b) 메서드가 호출된다.
전달된 값(a=3.4, b=5.6)을 계산하여 9.0을 반환하고 출력한다.
• 두 번째 sum 호출
매개변수가 두 개의 int 값이므로, sum(int a, int b) 메서드가 호출된다.
전달된 값(a=1, b=2)을 계산하여 3을 반환하고 출력한다.
• 세 번째 sum 호출
매개변수가 int 배열이므로, sum(int a[]) 메서드가 호출된다.
전달된 값(배열 p={10, 20, 30, 40})을 계산하여 100을 반환하고 출력한다.

정답 9.0 3 100

007 다음 JAVA 프로그램의 출력 결과를 쓰시오.

```java
class Adder {
    public int add(int a, int b) { return a+b;}
    public double add(double a, double b) { return a+b; }
}
class Computer extends Adder {
    private int x;
    public int calc(int a, int b, int c) {
        if (a == 1) return add(b, c);
        else
            return x;
    }
}

class Main {
    public static void main(String args[]) {
        Computer c = new Computer();
        System.out.println("100 + 200 = " + c.calc(1, 100, 200));
        System.out.println("5.7 + 9.8 = " + c.add(5.7, 9.8));
    }
}
```

해설

Computer 클래스의 객체 c가 생성된다.
- 첫 번째 출력
calc 메서드가 호출되며, 매개변수 a=1, b=100, c=200이 전달된다.
조건문에서 a == 1이 참이므로, add(b, c)가 호출된다.
add(100, 200) 실행하여 300을 반환하고 출력한다.
- 두 번째 출력
add 메서드가 호출되며, 매개변수 5.7과 9.8이 전달된다.
매개변수가 double 타입이므로, add(double a, double b) 메서드가 호출된다.
반환값 15.5를 출력한다.

정답
100 + 200 = 300
5.7 + 9.8 = 15.5

008 다음 자바 코드를 컴파일할 때, 문법 오류가 발생하는 부분의 기호를 쓰시오.

```java
class A {
    public int add(int a, int b) { return a+b;} // ㉠
    public int add(double a, double b) { return (int)(a*b); } // ㉡
    public int add(float a, float b) { return (int)(a-b); } // ㉢
}
class B extends A {
    public int add(int a, int b, int c){ return a+b+c; } // ㉣
}
class Main {
    public static void main(String args[]) {
        A a = new B();
        System.out.println(a.add(100, 200, 300)); // ㉤
    }
}
```

해설

A 타입의 참조 변수 a가 클래스 B의 객체를 참조하고 있다.
a.add(100, 200, 300) 호출 시, 컴파일러는 참조 변수의 타입(A)에 따라 호출 가능한 메서드를 확인한다.
클래스 A에는 add(int, int, int) 메서드가 정의되어 있지 않으므로, 컴파일 오류가 발생한다.

정답   ㉤

009 다음 JAVA 프로그램의 출력 결과를 쓰시오.

```java
class Parent {
    public void set_name(String param_n){
        System.out.print("A");
    }
    public void set_age(int param_i){
        System.out.print("B");
    }
}

class Child extends Parent{
    public void set_name(String param_n){
        System.out.print("C");
    }
    public void set_height(int param_h){
        System.out.print("D");
    }
    public static void main(String[] args){
        Child c = new Child();
        c.set_name("홍길동");
        c.set_age(40);
        c.set_height(170);
    }
}
```

해설

Child 클래스의 객체 c가 생성된다.
첫 번째 메서드 호출, 자식 클래스에서 오버라이딩된 메서드 set_name(String param_n)이 호출된다.
두 번째 메서드 호출, 부모 클래스에서 정의된 메서드 set_age(int param_i)가 호출된다.
세 번째 메서드 호출, 자식 클래스에서 새로 추가된 메서드 set_height(int param_h)가 호출된다.

정답   CBD

010 다음 JAVA 프로그램의 출력 결과를 쓰시오.

```java
class Food {
    public void serveFood() {
        System.out.println("food");
    }
}
class Pizza extends Food {
    public void serveFood() {
        System.out.println("Pizza");
    }
}
class Burger extends Food {
    public void serveFood() {
        System.out.println("Burger");
    }
}
class Restaurant {
    public static void main(String[] args) {
        Food pizza = new Pizza();
        Food burger = new Burger();
        pizza.serveFood();
        burger.serveFood();
    }
}
```

해설

부모 클래스 Food 타입 참조 변수 pizza가 자식 클래스 Pizza 객체를 참조한다.
부모 클래스 Food 타입 참조 변수 burger가 자식 클래스 Burger 객체를 참조한다.
pizza.serveFood(), 부모 클래스의 serveFood() 메서드가 아닌, 자식 클래스 Pizza의 serveFood() 메서드가 호출된다.
burger.serveFood(), 부모 클래스의 serveFood() 메서드가 아닌, 자식 클래스 Burger의 serveFood() 메서드가 호출된다.

정답 Pizza
Burger

011 다음 JAVA 프로그램의 출력 결과를 쓰시오.

```java
class ovr1 {
    public static void main(String[] args){
        ovr1 a1 = new ovr1();
        ovr2 a2 = new ovr2();
        System.out.println( a1.sum(3, 2) + a2.sum(3, 2) );
    }
    int sum( int x, int y ){
        return x + y;
    }
}
class ovr2 extends ovr1 {
    int sum( int x, int y ){
        return x - y + super.sum(x, y);
    }
}
```

해설

ovr1과 ovr2의 객체를 각각 생성하고, 각 객체의 sum 메서드를 호출하여 결과를 합산한다.
a1.sum(3, 2), ovr1 클래스의 sum(int x, int y) 메서드가 호출된다.
전달된 값(x=3, y=2)을 계산하여 5를 반환한다.
a2.sum(3, 2), ovr2 클래스에서 오버라이딩된 sum(int x, int y) 메서드가 호출된다.
전달된 값(x=3, y=2)을 계산(3-2+5)하여 6을 반환한다.
반환된 두 값을 더해서 출력한다.

정답 11

012 다음 JAVA 프로그램의 출력 결과를 쓰시오.

```
class Person {
    String name;
    public Person(String n) {   name = n;   }
    public void whoRU() {
        System.out.println(name);
    }
}
class Student extends Person {
    String school;
    public Student(String n, String s) {
        super(n);
        school = s;
    }
    public void whoRU() {
        System.out.println(school+", "+name);
    }
}
class People {
    public static void main(String args[]) {
        Person obj = new Student("Lee", "Suil");
        obj.whoRU();
    }
}
```

해설

Person obj = new Student("Lee", "Suil"),
Student 클래스의 생성자가 실행된다.
super(n)을 호출하여 부모 클래스 Person의 생성자가 실행되고, name = "Lee"로 초기화된다.
school = "Suil"로 초기화된다.
obj.whoRU(),
참조 변수 obj의 타입은 Person이지만, 실제 객체는 Student이다.
다형성에 의해 Student 클래스의 whoRU() 메서드가 호출된다.

정답   Suil, Lee

013 다음 JAVA 프로그램의 출력 결과를 쓰시오.

```java
class Person {
    String name;
    public Person(){ name = "Lee"; };
    public Person(String n) { name = n; }
    public void whoRU() {
        System.out.println(name);
    }
}
class Student extends Person {
    String school;
    public Student() {
        school = "Suil";
    }
    public Student(String n, String s) {
        super(n);
        school = s;
    }
    public void whoRU() {
        System.out.println(school+","+name);
    }
}
class People {
    public static void main(String args[]) {
        Person obj1 = new Person();
        obj1.whoRU();
        Person obj2 = new Student();
        obj2.whoRU();
    }
}
```

해설

Person obj1 = new Person(),
Person 클래스의 기본 생성자가 호출되어 name이 "Lee"로 초기화된다.
whoRU() 호출 시 "Lee"가 출력된다.
Person obj2 = new Student(),
Student 클래스의 기본 생성자가 호출된다.
부모 클래스 Person의 기본 생성자가 호출되어 name이 "Lee"로 초기화된다.
school이 "Suil"로 초기화된다.
whoRU() 호출 시 다형성에 의해 Student 클래스의 whoRU() 메서드가 호출되어 "Suil,Lee"가 출력된다.

정답   Lee
        Suil,Lee

014 다음 JAVA 프로그램의 출력 결과를 쓰시오.

```java
class Shape{
    void draw() {
        System.out.println("Shape");
    }
}
class Circle extends Shape {
    void draw() {
        System.out.println("Circle");
    }
}
class Square extends Shape {
    void draw() {
        System.out.println("Square");
    }
}
class Shapes {
    public static void main(String[] args) {
        Shape s1 = new Shape();
        Circle s2 = new Circle();
        Square s3 = new Square();
        Shape s;
        s = s1; s.draw();
        s = s2; s.draw();
        s = s3; s.draw();
    }
}
```

해설

Shape s1 = new Shape(); Shape 객체 생성
Circle s2 = new Circle(); Circle 객체 생성
Square s3 = new Square(); Square 객체 생성
s = s1; s.draw(), 참조 변수 s가 Shape 객체를 가리키므로, Shape 클래스의 draw() 메서드가 호출된다.
s = s2; s.draw(), 참조 변수 s가 Circle 객체를 가리키므로, 다형성에 의해 Circle 클래스의 draw() 메서드가 호출된다.
s = s3; s.draw(), 참조 변수 s가 Square 객체를 가리키므로, 다형성에 의해 Square 클래스의 draw() 메서드가 호출된다.

정답
Shape
Circle
Square

015 다음 JAVA 프로그램의 출력 결과를 쓰시오.

```
class ClassP{
    int func1(int a, int b){
        return (a+b);
    }
    int func2(int a, int b){
        return (a-b);
    }
    int func3(int a, int b){
        return (a*b);
    }
}
class ClassA extends ClassP{
    int func1(int a, int b){
        return (a%b);
    }
    double func2(double a, double b){
        return (a*b);
    }
    int func3(int a, int b){
        return (a/b);
    }
    public static void main(String[] args){
        ClassP p = new ClassA();
        System.out.println(p.func1(5, 2) + "," + p.func2(5, 2) + "," + p.func3(5, 2));
    }
}
```

해설

부모 클래스 타입 참조 변수 p가 자식 클래스 ClassA 객체를 참조한다.
첫 번째 메서드 호출, 참조 변수 p의 타입은 ClassP지만, 객체의 실제 타입은 ClassA이므로 ClassA의 func1(int a, int b) 메서드가 호출된다.
두 번째 메서드 호출, 참조 변수 p의 타입이 ClassP이므로, ClassP의 func2(int a, int b) 메서드가 호출된다.
세 번째 메서드 호출, 참조 변수 p의 타입은 ClassP지만, 객체의 실제 타입은 ClassA이므로 ClassA의 func3(int a, int b) 메서드가 호출된다.

정답 1,3,2

016 다음 JAVA 프로그램의 출력 결과를 쓰시오.

```java
class Shape {
    public double area() {
        return 0;
    }
}
class Circle extends Shape {
    private double radius;
    public Circle(double radius) {
        this.radius = radius;
    }
    public double area() {
        return radius * radius;
    }
}
class Rectangle extends Shape {
    private double length;
    private double width;
    public Rectangle(double length, double width) {
        this.length = length;
        this.width = width;
    }
    public double area() {
        return length * width;
    }
}
class Main {
    public static void main(String[] args) {
        Shape circle = new Circle(5);
        Shape rectangle = new Rectangle(4, 5);
        System.out.println("Circle : " + (int)circle.area());
        System.out.println("Rectangle : " + (int)rectangle.area());
    }
}
```

해설

Shape circle = new Circle(5), 부모 클래스 타입 참조 변수를 사용하여 Circle 객체를 참조한다.
Shape rectangle = new Rectangle(4, 5), 부모 클래스 타입 참조 변수를 사용하여 Rectangle 객체를 참조한다.
circle.area(), 다형성에 의해 Circle 클래스의 area() 메서드가 호출된다.
rectangle.area(), 다형성에 의해 Rectangle 클래스의 area() 메서드가 호출된다.

정답   Circle : 25
Rectangle : 20

017 다음 JAVA 프로그램의 출력 결과를 쓰시오.

```java
class Parent {
    public void pMethod() {
        System.out.print("A");
        hMethod();
    }
    public void hMethod() {
        System.out.print("B");
    }
}
class Child extends Parent {
    public void hMethod() {
        System.out.print("C");
    }
}
class Test {
    public static void main(String[] args) {
        Parent obj = new Child();
        obj.pMethod();
    }
}
```

해설

부모 클래스 타입의 참조 변수 obj가 자식 클래스 Child의 객체를 참조한다.
obj.pMethod()는 참조 변수 obj를 통해 Parent 클래스의 pMethod()가 호출된다.
hMethod()는 런타임 시점에 객체의 실제 타입에 따라 호출되므로, Child 클래스의 hMethod()가 호출된다.

정답   AC

018 다음 JAVA 프로그램의 출력 결과를 쓰시오.

```java
class Parent {
    public void pMethod() {
        System.out.print("A");
        hMethod();
    }
    public void hMethod() {
        System.out.print("B");
    }
}
class Child extends Parent {
    public void pMethod() {
        System.out.print("C");
        super.pMethod();
    }
    public void hMethod() {
        System.out.print("D");
        super.hMethod();
    }
}
class Test {
    public static void main(String[] args) {
        Parent obj = new Child();
        obj.pMethod();
    }
}
```

해설

자식 클래스 Child 객체가 생성되고 부모 클래스의 참조 변수 obj가 이를 참조한다.
obj.pMethod(), Child 클래스의 pMethod()를 호출하여 C를 출력하고, 부모의 pMethod()를 호출한다.
super.pMethod(), Parent 클래스의 pMethod()를 호출하여, A를 출력하고, 자식의 hMethod()를 호출한다.
child.hMethod(), Child 클래스의 hMethod()를 호출하여, D를 출력하고, 부모의 hMethod()를 호출한다.
super.hMethod(), Parent 클래스의 hMethod()를 호출하여, B를 출력한다.

정답   CADB

019 다음 JAVA 프로그램의 출력 결과를 쓰시오.

```java
class Parent {
    public void methodA() {
        System.out.println("PA");
        methodB();
    }
    public void methodB() {
        System.out.println("PB");
    }
}
class Child extends Parent {
    public void methodA() {
        System.out.println("CA");
        super.methodA();
    }
    public void methodB() {
        System.out.println("CB");
    }
}
class Test {
    public static void main(String[] args) {
        Child obj = new Child();
        obj.methodA();
    }
}
```

해설

자식 클래스 Child 객체가 생성된다.
obj.methodA(), Child 클래스에서 오버라이딩된 methodA()가 호출된다.
CA 출력 후, super.methodA()를 호출한다.
부모 클래스 Parent의 methodA()가 실행된다.
PA 출력 후, methodB()를 호출한다.
런타임 시점에 객체의 실제 타입이 Child이므로, 부모 클래스의 methodA() 내부에서 호출되는 methodB()는 자식 클래스의 methodB()가 실행된다.
super를 사용하여 부모 메서드를 명시적으로 호출할 수 있다.

정답
CA
PA
CB

020 다음 JAVA 프로그램의 출력 결과를 쓰시오.

```java
class A {
    public void display() {
        System.out.print("A");
    }
}
class B extends A {
    public void display() {
        System.out.print("B");
        super.display();
        System.out.print("C");
    }
}
class C extends B {
    public void display(int a) {
        System.out.print("D");
    }
}
class Test {
    public static void main(String[] args) {
        A obj = new C();
        obj.display();
    }
}
```

> **해설**
> A 타입의 참조 변수 obj가 C 객체를 참조한다.
> display()는 런타임 다형성에 의해 호출된다.
> 객체의 실제 타입은 C이지만, C 클래스에서 display() 메서드를 오버라이딩하지 않았다.
> 상속 체계에 따라 가장 가까운 display() 메서드인 B 클래스의 display()가 호출된다.
> B 클래스의 display(), B 출력 후 부모 클래스 A의 display() 실행한다.
> A 클래스의 display(), A 출력 후 B 클래스의 display()로 돌아가 C를 출력한다.

정답   BAC

021 다음 JAVA 프로그램의 출력 결과를 쓰시오.

```java
class Parent {
    public Parent() {
        System.out.println("A");
        hMethod();
    }
    public void hMethod() {
        System.out.println("B");
    }
}
class Child extends Parent {
    private String message = "C";
    public void hMethod() {
        System.out.println(message);
    }
}
class Test {
    public static void main(String[] args) {
        Parent obj = new Child();
    }
}
```

해설

Parent obj = new Child(), 부모 생성자가 호출되며, 부모 생성자에서 hMethod()를 호출한다.
이때, 객체의 실제 타입은 Child이므로, 오버라이딩된 Child의 hMethod()가 호출된다.
하지만 이 시점에서는 Child 클래스의 필드 message가 아직 초기화되지 않았기 때문에 기본값인 null이 출력된다.
자바에서 객체 생성 시 부모 생성자가 먼저 실행되고, 그 이후에 자식 클래스의 필드 초기화가 이루어진다.

정답 A
null

022 다음 JAVA 프로그램의 출력 결과를 쓰시오.

```java
class Parent {
    public Parent() {
        System.out.println("A");
        init();
    }
    public void init() {
        System.out.println("B");
    }
}
class Child extends Parent {
    public String message;
    public Child() {
        message = "message";
        System.out.println("C");
    }
    public void init() {
        System.out.println(message);
    }
}
class Test {
    public static void main(String[] args) {
        Parent obj = new Child();
    }
}
```

해설

Child 객체가 생성되며 부모 클래스의 생성자가 먼저 호출된다.
Parent(), A 출력 후, init() 메서드를 호출한다.
런타임 시점에 객체의 실제 타입이 Child이므로, 자식 클래스의 init() 메서드가 실행된다.
이 시점에서 message는 아직 초기화되지 않았으므로 기본값 null이 출력된다.
Child(), message를 message로 초기화하고, C를 출력한다.

정답
A
null
C

023 다음 JAVA 프로그램의 출력 결과를 쓰시오.

```java
class A {
    public static void display() {
        System.out.print("A");
    }
}
class B extends A {
    public static void display() {
        System.out.print("B");
    }
}
class C extends B {
    public static void display() {
        System.out.print("C");
    }
}
class Test {
    public static void main(String[] args) {
        A obj1 = new A();
        A obj2 = new B();
        A obj3 = new C();
        obj1.display();
        obj2.display();
        obj3.display();
    }
}
```

해설

A 타입의 참조 변수 obj1이 A 객체를 참조한다.
A 타입의 참조 변수 obj2이 B 객체를 참조한다.
A 타입의 참조 변수 obj3이 C 객체를 참조한다.
obj1.display(), display() 호출 시, 참조 변수의 타입에 따라 결정되므로, A.display()가 호출된다.
obj2.display(), display() 호출 시, 참조 변수의 타입에 따라 결정되므로, A.display()가 호출된다.
obj3.display(), display() 호출 시, 참조 변수의 타입에 따라 결정되므로, A.display()가 호출된다.

정답   AAA

024 다음 JAVA 프로그램의 출력 결과를 쓰시오.

```java
class A {
    static void f() { System.out.print("1 "); }
    void g() { System.out.print("2 "); }
}
class B extends A {
    static void f() { System.out.print("3 "); }
    void g() { System.out.print("4 "); }
}
class C {
    public static void main(String args[]) {
        A a = new B();
        a.f();
        a.g();
    }
}
```

해설

A 타입의 참조 변수 a가 B 객체를 참조한다.
a.f(), 정적 메서드 f()는 참조 변수의 타입(A)에 따라 호출되므로, 부모 클래스 A의 f()가 호출된다.
a.g(), 인스턴스 메서드 g()는 런타임 시점의 객체 타입(B)에 따라 호출되므로, 자식 클래스 B의 g()가 호출된다.

정답 1 4

025 다음 JAVA 프로그램의 출력 결과를 쓰시오.

```
class A {
    public void f() { System.out.print("1 "); }
    public static void g() { System.out.print("2 "); }
}
class B extends A {
    public void f() { System.out.print("3 "); }
}
class C extends B {
    public static void g() { System.out.print("4 "); }
}
class D {
    public static void main(String args[]) {
        A obj = new C();
        obj.f();
        obj.g();
    }
}
```

해설

부모 클래스 A 타입의 참조 변수 obj가 자식 클래스 C 객체를 참조한다.
obj.f(), 클래스 C는 f()를 오버라이딩하지 않았으므로, 상위 클래스 B의 f()가 호출되어 3이 출력된다.
obj.g(), 메서드 호출은 참조 변수의 타입(A)에 따라 결정되므로, 부모 클래스 A의 g()가 호출되어 2를 출력한다.

정답   3 2

026 다음 JAVA 프로그램의 출력 결과를 쓰시오.

```
class A {
    public void f() { System.out.print("1 "); }
    public static void g() { System.out.print("2 "); }
}
class B extends A {
    public void f() { System.out.print("3 "); }
    public static void g() { System.out.print("4 "); }
}
class C extends B {
    public void f() { System.out.print("5 "); }
    public static void g() { System.out.print("6 "); }
}
class D {
    public static void main(String args[]) {
        A obj = new C();
        obj.f();
        obj.g();
        System.out.println();
        B obj1 = new C();
        obj1.f();
        obj1.g();
    }
}
```

해설

부모 클래스 A 타입의 참조 변수 obj가 자식 클래스 C 객체를 참조한다.
obj.f(), f()는 인스턴스 메서드로 런타임 다형성을 지원한다.
객체의 실제 타입은 C이므로 C 클래스의 f() 메서드가 호출되어 5를 출력한다.
obj.g(), g()는 정적 메서드로 런타임 다형성을 지원하지 않는다.
참조 변수의 타입이 A이므로, A 클래스의 g() 메서드가 호출되어 2를 출력한다.

부모 클래스 B 타입의 참조 변수 obj가 자식 클래스 C 객체를 참조한다.
obj1.f(), f()는 인스턴스 메서드로 런타임 다형성을 지원한다.
객체의 실제 타입은 C이므로 C 클래스의 f() 메서드가 호출되어 5를 출력한다.
obj1.g(), g()는 정적 메서드로 런타임 다형성을 지원하지 않는다.
참조 변수의 타입이 B이므로, B 클래스의 g() 메서드가 호출되어 4를 출력한다.

정답 5 2
5 4

027 다음 JAVA 프로그램의 출력 결과를 쓰시오.

```java
class Parent {
    public static void display() {
        System.out.print("A");
    }
    public void display(String msg) {
        System.out.print("B");
    }
}
class Child extends Parent {
    public static void display() {
        System.out.print("C");
    }
    public void display(String msg) {
        System.out.print("D");
    }
}
class Test {
    public static void main(String[] args) {
        Parent obj = new Child();
        obj.display();
        obj.display("Hello");
    }
}
```

해설

Parent 타입의 참조 변수 obj가 Child 객체를 참조한다.
obj.display(), 정적 메서드는 런타임 다형성을 지원하지 않으며, 참조 변수의 타입에 따라 호출된다.
참조 변수 obj의 타입은 Parent이므로 Parent.display()가 호출된다.
obj.display("Hello"), 인스턴스 메서드는 런타임 시 객체의 실제 타입에 따라 호출된다.
객체의 실제 타입은 Child이므로, Child 클래스에서 오버라이딩된 메서드가 호출된다.

정답   AD

028 다음 JAVA 프로그램의 출력 결과를 쓰시오.

```java
class Parent {
    public static void display() {
        System.out.print("A");
    }
}
class Child extends Parent {
    public static void display() {
        System.out.print("B");
    }
    public void callDisplay() {
        super.display();
    }
}
class Test {
    public static void main(String[] args) {
        Child obj = new Child();
        obj.display();
        obj.callDisplay();
    }
}
```

해설

obj.display(), 정적 메서드는 참조 변수의 타입에 따라 호출되지 않고, 객체의 클래스 타입에 따라 호출된다. obj는 Child 클래스의 객체이므로, Child.display()가 호출된다.
obj.callDisplay(), callDisplay()는 인스턴스 메서드이며, super.display()를 통해 부모 클래스의 정적 메서드 display()를 명시적으로 호출한다.

정답　BA

029 다음 JAVA 프로그램의 출력 결과를 쓰시오.

```
class Parent {
    public static void display() {
        System.out.print("A");
    }
}
class Child extends Parent {
    public static void display() {
        System.out.print("B");
    }
}
class Test {
    public static void printDisplay(Parent obj) {
        obj.display();
    }
    public static void main(String[] args) {
        Parent obj1 = new Parent();
        Parent obj2 = new Child();
        Child obj3 = new Child();
        printDisplay(obj1);
        printDisplay(obj2);
        printDisplay(obj3);
    }
}
```

해설

printDisplay(obj1), obj1은 Parent 타입의 참조 변수이며, Parent 객체를 참조한다.
obj.display() 호출 시, 정적 메서드는 참조 변수의 타입에 따라 호출되므로 Parent.display()가 호출된다.
printDisplay(obj2), obj2는 Parent 타입의 참조 변수이며, Child 객체를 참조한다.
정적 메서드는 런타임 다형성을 지원하지 않으므로, 참조 변수의 타입(Parent)에 따라 Parent.display()가 호출된다.
printDisplay(obj3), obj3은 Child 타입의 참조 변수이며, Child 객체를 참조한다
하지만 printDisplay 메서드는 Parent 타입의 매개변수를 받으므로, 호출 시 참조 변수의 타입은 Parent로 간주된다.
따라서 Parent.display()가 호출된다.

정답   AAA

CHAPTER 04 변수의 유효범위

1. 변수의 유효범위

(1) 지역변수(Local Variables)
- 메서드나 블록 내부에서 선언된 변수로, 해당 블록이 실행되는 동안에만 유효하다.
- 메서드 호출이 끝나면 메모리에서 소멸된다.
- 초기화하지 않으면 사용할 수 없다.
- 예제

```java
public class Example {
    public void printNumber() {
        int num = 10; // 지역변수
        int num2; // 컴파일 오류 발생
        System.out.println(num);
        System.out.println(num2);
    }
}
```

(2) 인스턴스 변수(Instance Variables)
- 클래스 내부에 선언되며, 객체가 생성될 때마다 각 객체마다 별도의 복사본을 가진다.
- 객체가 생성된 동안 유효하며, 객체가 소멸되면 함께 소멸된다.
- 초기화하지 않으면 기본값으로 초기화된다.
- 예제

```java
public class Example {
    int num; // 인스턴스 변수
    public void printNumber() {
        System.out.println(num); // 기본값인 0 출력
    }
}
```

(3) 클래스 변수(Class Variables)

- static 키워드로 선언된 변수로, 클래스 로드 시 메모리에 적재되며 모든 객체가 공유한다.
- 프로그램 종료 시까지 유효하다.
- 클래스 이름으로 접근 가능하다.
- 초기화하지 않으면 기본값으로 초기화된다.
- 예제

```
public class Example {
    static int num = 20; // 클래스 변수
    public void printNumber() {
        System.out.println(num);
    }
}
```

2. 상속 관계에서 변수의 유효범위

(1) 변수 은닉(Shadowing)

- 부모 클래스와 자식 클래스에 같은 이름의 변수가 있을 때, 자식 클래스의 변수는 부모 클래스의 변수를 가린다.
- 부모 클래스의 변수는 super 키워드를 사용하여 접근할 수 있다.
- 참조 변수의 타입에 따라 변수에 접근한다.
- 예제

```
class Parent {
    int num = 10; // 부모 클래스 변수
}
class Child extends Parent {
    int num = 20; // 자식 클래스 변수 (은닉)
    public void printNumbers() {
        System.out.println("Child num: " + num); // 자식 클래스 변수
        System.out.println("Parent num: " + super.num); // 부모 클래스 변수
    }
}
public class Test {
    public static void main(String[] args) {
```

```
            Child child = new Child();
            child.printNumbers();
    }
}
```

[실행 결과]
Child num: 20
Parent num: 10

(2) 변수 접근

- 참조 변수의 타입에 따라 접근할 수 있는 변수를 결정한다.
- 예제

```
class Parent {
    int num = 10;
}
class Child extends Parent {
    int num = 20;
}
public class Test {
    public static void main(String[] args) {
        Parent obj = new Child();
        System.out.println("Variable: " + obj.num); // Parent의 변수
    }
}
```

[실행 결과]
Variable: 10

(3) 메서드에서의 변수 접근

- 변수에 접근할 때는 참조 변수의 타입에 따라 결정된다.
- 예제

```java
class Parent {
    int num = 10; // 부모 클래스 변수
    public void print() {
        System.out.println("num: " + num); // 부모 클래스의 num
    }
}
class Child extends Parent {
    int num = 20; // 자식 클래스 변수 (부모의 num 은닉)
    public void print() {
        System.out.println("num: " + num); // 자식 클래스의 num
    }
}
class Test {
    public static void main(String[] args) {
        Parent obj1 = new Parent();
        Parent obj2 = new Child();
        Child obj3 = new Child();
        obj1.print(); // Parent의 print() 호출 → Parent의 num 출력
        obj2.print(); // Child의 print() 호출 → Child의 num 출력
        obj3.print(); // Child의 print() 호출 → Child의 num 출력
    }
}
```

[실행 결과]
num: 10
num: 20
num: 20

문제풀이

001 다음 JAVA 프로그램의 출력 결과를 쓰시오.

```java
class Employee {
    protected int salary;
    public Employee(int salary) {
        this.salary = salary;
    }
    public int getSalary() {
        return salary;
    }
}
class Manager extends Employee {
    private int bonus;
    public Manager(int salary, int bonus) {
        super(salary);
        this.bonus = bonus;
    }
    public int getSalary() {
        return salary + bonus;
    }
}
class Company {
    public static void main(String[] args) {
        Employee e = new Manager(5000, 1000);
        System.out.println(e.getSalary());
    }
}
```

해설

Employee e = new Manager(5000, 1000),
부모 클래스 Employee의 생성자를 호출하여 salary=5000으로 초기화, Manager 생성자가 bonus=1000으로 초기화된다.
e.getSalary(), 참조 변수 e의 타입은 Employee이지만 실제 객체는 Manager이기 때문에 Manager 클래스의 getSalary()가 호출된다.
반환값은 6000이 된다.

정답   6000

002 다음 JAVA 프로그램의 출력 결과를 쓰시오.

```java
class Grand{
    int a = 10;
}
class Parents extends Grand {
    int a = 20;
}
class Child extends Parents {
    int a = 30;
}
class Main {
    public static void main(String[] args) {
        Grand a1 = new Grand();
        System.out.print(a1.a + ",");

        Parents a2 = new Parents();
        System.out.print(a2.a + ",");

        Child a3 = new Child();
        System.out.println(a3.a);
    }
}
```

해설

참조 변수 a1의 타입은 Grand이며, 객체도 Grand 타입이다.
a1.a는 Grand 클래스의 a를 참조한다.
참조 변수 a2의 타입은 Parents이며, 객체도 Parents 타입이다.
a2.a는 Parents 클래스의 a를 참조한다.
참조 변수 a3의 타입은 Child이며, 객체도 Child 타입이다.
a3.a는 Child 클래스의 a를 참조한다.

정답 10,20,30

003 다음 JAVA 프로그램의 출력 결과를 쓰시오.

```java
class Grand{
    int a = 10;
}
class Parents extends Grand {
    int a = 20;
}
class Child extends Parents {
    int a = 30;
}
class Main {
    public static void main(String[] args) {
        Grand a1 = new Grand();
        System.out.print(a1.a + ",");

        Grand a2 = new Parents();
        System.out.print(a2.a + ",");

        Grand a3 = new Child();
        System.out.println(a3.a);
    }
}
```

해설

참조 변수 a1의 타입은 Grand이며, 객체도 Grand 타입이다.
a1.a는 Grand 클래스의 a를 참조한다.
참조 변수 a2의 타입은 Grand이며, 객체는 Parents 타입이다.
a2.a는 Grand 클래스의 a를 참조한다.
참조 변수 a3의 타입은 Grand이며, 객체는 Child 타입이다.
a3.a는 Grand 클래스의 a를 참조한다.

정답   10,10,10

004 다음 JAVA 프로그램의 출력 결과를 쓰시오.

```java
class Book {
    String title;
    public Book(String title) {
        this.title = title;
    }
    public void printTitle() {
        System.out.println("Book : " + title);
    }
}
class Ebook extends Book {
    String title;
    public Ebook(String bTitle, String eTitle) {
        super(bTitle);
        this.title = eTitle;
    }
    public void printTitles() {
        System.out.println("Book : " + super.title);
        System.out.println("Ebook : " + title);
    }
}
class Main {
    public static void main(String[] args) {
        Ebook ebook = new Ebook("Java Basic", "Advanced Java");
        ebook.printTitle();
        ebook.printTitles();
    }
}
```

해설

Ebook ebook = new Ebook("Java Basic", "Advanced Java"),
부모 클래스 Book의 생성자가 호출되어 super.title이 "Java Basic"으로 초기화된다.
자식 클래스의 title은 "Advanced Java"로 초기화된다.
ebook.printTitle(), 부모 클래스의 printTitle() 호출, 부모 클래스의 title을 출력한다.
ebook.printTitles(), 자식 클래스의 printTitles() 호출, super.title과 title을 이용해서, 부모와 자식의 title을 모두 출력한다.

정답

Book : Java Basic
Book : Java Basic
Ebook : Advanced Java

005 다음 JAVA 프로그램의 출력 결과를 쓰시오.

```
class Parent {
    int x = 3;
    int getX() {
        return x * 2;
    }
}
class Child extends Parent {
    int x = 7;
    int getX() {
        return x * 3;
    }
}
class Main {
    public static void main(String[] args) {
        Parent b1 = new Child();
        Child b2 = new Child();
        System.out.print(b1.getX() + b1.x + b2.getX() + b2.x);
    }
}
```

해설

Parent b1 = new Child(), 부모 클래스 Parent 타입의 참조 변수로, 자식 클래스 Child의 객체를 참조한다.
Child b2 = new Child(), 자식 클래스 Child 타입의 참조 변수로, 자식 클래스 Child의 객체를 참조한다.
b1.getX(), b1의 실제 객체는 Child이므로, Child의 getX()가 호출된다.
b1.x, 필드는 참조 변수의 선언된 타입에 따라 접근한다.
b2.getX(), b2는 Child 타입의 참조 변수이므로, Child의 getX()가 호출된다.
b2.x, b2는 Child 타입의 참조 변수이므로, Child의 x를 참조한다.

정답   52

006 다음 JAVA 프로그램의 출력 결과를 쓰시오.

```java
class Parent {
    int num = 10;
    public void print() {
        System.out.println("P num: " + num);
    }
}
class Child extends Parent {
    int num = 20;
    public void print() {
        System.out.println("C num: " + num);
    }
}
public class Test {
    public static void main(String[] args) {
        Parent obj1 = new Parent();
        Parent obj2 = new Child();
        obj1.print();
        obj2.print();
    }
}
```

해설

Parent 타입의 참조 변수 obj1이 Parent 객체를 참조한다.
Parent 타입의 참조 변수 obj2가 Child 객체를 참조한다.
obj1.print(), Parent 클래스의 print() 메서드가 호출되며, 10을 출력한다.
obj2.print(), 메서드 오버라이딩으로 Child 클래스의 print() 메서드가 호출되고, 20을 출력한다.

정답
P num: 10
C num: 20

007 다음 JAVA 프로그램의 출력 결과를 쓰시오.

```java
class Parent {
    int num = 10;
    public void display() {
        System.out.println("P num: " + num);
    }
}
class Child extends Parent {
    int num = 20;
    public void display() {
        System.out.println("C num: " + num);
    }
}
class Test {
    public static void main(String[] args) {
        Parent obj = new Child();
        obj.display();
        System.out.println("M num: " + obj.num);
    }
}
```

해설

부모 클래스 타입의 참조 변수 obj가 자식 클래스 객체 Child를 참조한다.
obj.display(), display() 메서드는 런타임 다형성에 따라 호출되며, 객체의 실제 타입인 Child 클래스의 display()가 호출된다.
System.out.println("Main num: " + obj.num), 변수 num은 참조 변수의 타입에 따라 접근된다.
참조 변수 obj의 타입은 Parent이므로, 부모 클래스의 num 값(10)을 참조한다.

정답   C num: 20
M num: 10

008 다음 JAVA 프로그램의 출력 결과를 쓰시오.

```java
class A {
    int value = 10;
    public void printValue() {
        System.out.println("A value: " + value);
    }
}
class B extends A {
    int value = 20;
    public void printValue() {
        System.out.println("B value: " + value);
    }
}
class C extends B {
    int value = 30;
    public void printValue() {
        System.out.println("C value: " + value);
    }
}
class Test {
    public static void main(String[] args) {
        B obj = new C();
        obj.printValue();
        System.out.println("M value: " + obj.value);
    }
}
```

해설

부모 클래스 타입 B의 참조 변수 obj가 자식 클래스 객체 C를 참조한다.
obj.printValue(), 런타임 다형성에 의해 C 클래스의 printValue() 메서드가 호출된다.
System.out.println("M value: " + obj.value), 변수 value는 참조 변수의 타입에 따라 접근된다.
obj의 참조 변수 타입은 B이므로, B 클래스의 value 값을 참조한다.

정답   C value: 30
M value: 20

009 다음 JAVA 프로그램의 출력 결과를 쓰시오.

```java
class Parent {
    int value = 10;
    Parent() {
        value = 15;
    }
}
class Child extends Parent {
    int value = 20;
    Child() {
        super();
        value = 25;
    }
    public void printValues() {
        System.out.println("C value: " + value);
        System.out.println("P value: " + super.value);
    }
}
class Test {
    public static void main(String[] args) {
        Child obj = new Child();
        obj.printValues();
    }
}
```

해설

Child 객체 생성 시, 부모 클래스와 자식 클래스의 생성자가 호출된다.
부모 클래스의 생성자 Parent()가 먼저 실행되고, 부모 클래스의 value가 15로 초기화된다.
자식 클래스의 생성자 Child()가 실행되고, 자식 클래스의 value가 25로 초기화된다.
obj.printValues(), 자식과 부모의 value 값을 출력하게 된다.

정답 C value: 25
P value: 15

010 다음 JAVA 프로그램의 출력 결과를 쓰시오.

```java
class A {
    int num = 10;
}
class B extends A {
    int num = 20;
}
class C extends B {
    int num = 30;
    public void printNums() {
        System.out.println("C num: " + num);
        System.out.println("B num: " + super.num);
        System.out.println("A num: " + ((A) this).num);
    }
}
class Test {
    public static void main(String[] args) {
        C child = new C();
        child.printNums();
    }
}
```

해설

System.out.println("C num: " + num), num은 현재 클래스(C)의 필드를 참조한다.
System.out.println("B num: " + super.num), super.num은 부모 클래스(B)의 필드를 참조한다.
System.out.println("A num: " + ((A) this).num), (A) this는 현재 객체를 A 타입으로 캐스팅한다.
참조 변수의 타입에 따라 변수 접근이 결정되므로, A 클래스의 num 필드를 참조한다.

정답 C num: 30
B num: 20
A num: 10

011 다음 JAVA 프로그램의 출력 결과를 쓰시오.

```java
class X {
    int i ;
    X(){ i = 10; }
    void print() { System.out.print(i+","); }
}

class Y extends X {
    int i = 15;
    int j = 10;
    Y(){ j = 20; }
    void print() { System.out.print(j+","); }
    void superprint() {super.print();}
}

class Z extends Y {
    int k ;
    Z(){
        super();
        k = 30;
    }
    void print() {System.out.print(k+",");}
    void test(){
        print();
        super.superprint();
        System.out.print(super.j+",");
        System.out.println(i);
    }

    public static void main(String args[]) {
        Z z = new Z();
        z.test();
    }
}
```

해설

Z 객체를 생성한다.
Z의 생성자가 호출되어 super()를 통해 Y의 생성자가 호출된다.
Y의 생성자가 호출되어 super()를 통해 X의 생성자가 호출된다.
생성자는 X → Y → Z의 순서로 호출된다.
필드 초기화,
X.i는 10으로 초기화
Y.j는 20으로 초기화
Z.k는 30으로 초기화
Y.i는 15로 설정되어 부모 클래스의 i를 은닉
print(), Z.print() 호출 → k=30 출력
super.superprint(), X.print() 호출 → X.i=10 출력
super.j 출력, Y.j=20 출력
i 출력, Y.i=15 출력 (부모 클래스의 i 은닉된 값)

정답　　30,10,20,15

012 다음 JAVA 프로그램의 출력 결과를 쓰시오.

```java
class A {
    int i;
    public A(int i) { this.i = i; }
    int get() { return i; }
}
class B extends A {
    int i;
    public B(int i) { super(2*i); this.i = i; }
    int get() { return i; }
}
class MAIN {
    public static void main(String args[]) {
        A ab = new B(7);
        System.out.println(ab.i + ", " + ab.get());
    }
}
```

해설

A 타입의 참조 변수 ab가 B 객체를 참조한다.
생성자 호출 과정,
B의 생성자 B(7) 호출한다.
super(2 * i) 실행하여 부모 클래스 A의 생성자가 호출되며, A.i를 14로 초기화한다.
B.i는 7로 초기화한다.
System.out.println(ab.i + ", " + ab.get()),
ab.i 변수는 참조 변수의 타입에 따라 접근되므로, ab.i는 부모 클래스 A의 i를 참조한다.
ab.get() 메서드는 객체의 실제 타입에 따라 호출되므로, B 클래스의 get() 메서드가 호출된다.

정답 14, 7

013 다음 JAVA 프로그램의 출력 결과를 쓰시오.

```java
class Foo {
    public int a = 3;
    public void addValue(int i) {
        a = a + i;
        System.out.println("Foo : "+ a + " " );
    }
    public void addFive() {
        a += 5;
        System.out.println("Foo : "+ a + " " );
    }
}
class Bar extends Foo {
    public int a = 8;
    public void addValue(double i) {
        a = a + (int)i;
        System.out.println("Bar : "+ a + " " );
    }
    public void addFive() {
        a += 5;
        System.out.println("Bar : "+ a + " " );
    }
}
class Test {
    public static void main(String [] args) {
        Foo f = new Bar();
        f.addValue(1);
        f.addFive();
    }
}
```

해설

부모 클래스 타입 Foo의 참조 변수 f가 자식 클래스 객체 Bar를 참조한다.
f.addValue(1), 호출되는 메서드는 Foo.addValue(int)이므로, 부모 클래스의 a 값을 수정한다.
a는 Foo의 값(3)이므로, 3+1의 결과 4를 출력한다.
f.addFive(), 오버라이딩된 메서드이며, 객체의 실제 타입(Bar)에 따라 호출한다.
호출되는 메서드는 Bar.addFive()이고, Bar 클래스의 a 값을 수정한다.
a는 Bar의 값(8)이므로, 8+5의 결과 13을 출력한다.

정답
Foo : 4
Bar : 13

014 다음 JAVA 프로그램의 출력 결과를 쓰시오.

```java
class AA {
    int d1;
    int s;
    AA(int s1){
        s = s1;
        d1 = s * s;
    }
}
class BB extends AA {
    int d2;
    int t;
    BB(int s1, int t1){
        super(s1);
        t = t1;
        d2 = t * t;
    }
}
class Test{
    public static void main(String args[]){
        BB myTest = new BB(10, 20);
        System.out.println("Result1 : " + myTest.d1);
        System.out.println("Result2 : " + myTest.d2);
    }
}
```

해설

자식 클래스 BB의 생성자가 호출된다.
BB(int s1, int t1)에서 super(s1) 호출해서, AA(int s1) 실행한다.
AA(int s1), s = 10으로 초기화 후, d1 = s * s = 10 * 10 = 100으로 초기화한다.
BB 생성자로 돌아와서, t = 20으로 초기화 후, d2 = t * t = 20 * 20 = 400으로 초기화한다.
System.out.println("Result1 : " + myTest.d1), myTest.d1은 부모 클래스 AA에서 초기화된 값이다.
System.out.println("Result2 : " + myTest.d2), myTest.d2는 자식 클래스 BB에서 초기화된 값이다.

정답   Result1 : 100
Result2 : 400

015 다음 JAVA 프로그램의 출력 결과를 쓰시오.

```java
class A{
    int a = 10;
    public A(){
        System.out.print("가");
    }
    public A(int x){
        System.out.print("나");
    }
    public static void main(String[] args){
        B b1 = new B();
        A b2 = new B(1);
        System.out.print(b1.a + b2.a);
    }
}
class B extends A{
    int a = 20;
    public B(){
        System.out.print("다");
    }
    public B(int x){
        System.out.print("라");
    }
}
```

해설

B b1 = new B(), B 클래스의 기본 생성자가 호출된다.
부모 클래스 A의 기본 생성자 A() 호출하여 "가"를 출력한다.
자식 클래스 B의 기본 생성자 실행하여 "다"를 출력한다.
A b2 = new B(1), B 클래스의 매개변수 생성자가 호출된다.
부모 클래스 A의 기본 생성자 A() 호출하여 "가"를 출력한다.
자식 클래스 B의 매개변수 생성자 실행하여 "라"를 출력한다.
System.out.print(b1.a + b2.a),
b1.a, b1의 타입은 B이고, 참조 변수의 타입에 따라 B 클래스의 a를 참조한다.
b2.a, b2의 타입은 A이고, 참조 변수의 타입에 따라 A 클래스의 a를 참조한다.

정답 가다가라30

016 다음 JAVA 프로그램의 출력 결과를 쓰시오.

```java
class Parent {
    int x = 100;
    Parent() {
        this(500);
    }
    Parent(int x) {
        this.x = x;
    }
    int getX() {
        return x;
    }
}

class Child extends Parent {
    int x = 2000;
    Child() {
        this(5000);
    }
    Child(int x) {
        this.x = x;
    }
    public static void main(String[] args){
        Child obj = new Child();
        System.out.println(obj.getX());
    }
}
```

해설

Child obj = new Child(), 자식 클래스 Child의 기본 생성자가 호출된다.
생성자 호출 순서는 Child() → Child(int x) → Parent() → Parent(int x)
getX()는 부모 클래스 Parent에서 정의된 메서드이고, Parent 클래스의 필드 x 값(500)을 반환한다.

정답 500

CHAPTER 05 static 변수와 메서드

1. static 변수

(1) static 변수 개념
- static 변수는 클래스에 속하는 변수로, 클래스의 모든 인스턴스가 공유하여 사용한다.
- 클래스가 메모리에 로드될 때 초기화되며, 프로그램이 종료될 때까지 메모리에 유지된다.

(2) static 변수의 특징
- 클래스의 모든 인스턴스에서 동일한 값을 공유한다.
- 하나의 인스턴스에서 값을 변경하면 다른 모든 인스턴스에 반영된다.
- 인스턴스가 아니라 클래스 자체에 소속된다.
- 따라서 클래스 이름으로 직접 접근이 가능하다.
- static 변수는 클래스가 메모리에 로드될 때 한 번만 할당된다.
- 인스턴스를 생성하지 않아도 사용할 수 있다.
- 인스턴스 변수와 달리 클래스의 인스턴스 없이도 접근 가능하다.
- 모든 인스턴스에 공유되어야 하는 데이터나 상수에 적합하다.

(3) static 변수 사용 예제

```java
class Example {
    static int sharedValue = 0; // static 변수
    void inValue() {
        sharedValue++;
    }
}
public class Main {
    public static void main(String[] args) {
        Example obj1 = new Example();
        Example obj2 = new Example();

        obj1.inValue();
        System.out.println(Example.sharedValue); // 출력: 1
        obj2.inValue();
        System.out.println(Example.sharedValue); // 출력: 2
```

```
                // 클래스 이름으로 접근
                Example.sharedValue = 5;
                System.out.println(Example.sharedValue); // 출력: 5
        }
}
```

[실행 결과]
1
2
5

2. static 메서드

(1) static 메서드 개념

- static 키워드가 붙은 메서드는 클래스에 속하며, 클래스의 인스턴스를 생성하지 않고도 호출할 수 있다.
- 클래스 수준에서 동작하는 메서드로, 일반적으로 인스턴스 변수나 메서드에 의존하지 않는다.

(2) static 메서드의 특징

- 클래스에 속하며, 클래스 이름으로 직접 호출 가능하다.
- 인스턴스 변수나 인스턴스 메서드에 접근할 수 없다.
- 객체 생성 없이 클래스 이름만으로 호출 가능하다.
- 특정 인스턴스에 의존하지 않고, 공통적인 작업(예: 수학 연산, 문자열 처리 등)을 수행하는 메서드로 자주 사용된다.

(3) static 메서드 사용 예제

```
class Utility {
    static int add(int a, int b) {
        return a + b;
    }
    static int subtract(int a, int b) {
        return a - b;
    }
}
public class Main {
```

```java
    public static void main(String[] args) {
        // static 메서드는 클래스 이름으로 호출
        int sum = Utility.add(5, 3);
        int difference = Utility.subtract(10, 4);

        System.out.println("Sum: " + sum);          // 출력: Sum: 8
        System.out.println("Diff: " + difference); // 출력: Difference: 6
    }
}
```

[실행 결과]
Sum: 8
Diff: 6

문제풀이

001 다음 JAVA 프로그램의 출력 결과를 쓰시오.

```java
class Student {
    int id;
    char name;
    static int count=0;
    Student() {
        count++;
    }
}
class Studenttest {
    public static void main(String[] args) {
        Student man1 = new Student();
        Student man2 = new Student();
        Student man3 = new Student();
        Student man4 = new Student();
        System.out.println(Student.count);
    }
}
```

> **해설**
> Student 클래스가 메모리에 로드되며, static int count가 0으로 초기화된다.
> 첫 번째 객체(man1) 생성 → count가 1로 증가
> 두 번째 객체(man2) 생성 → count가 2로 증가
> 세 번째 객체(man3) 생성 → count가 3으로 증가
> 네 번째 객체(man4) 생성 → count가 4로 증가
> System.out.println(Student.count);를 통해 최종 count 값(4)을 출력한다.

정답   4

002 다음 JAVA 프로그램의 출력 결과를 쓰시오.

```java
class TestClass{
    public int a = 20;
    static int b = 0;
}
class Main {
    public static void main(String[] args) {
        int a;
        a = 10;
        TestClass.b = a;
        TestClass tc = new TestClass();
        System.out.println(TestClass.b++);
        System.out.println(tc.b);
        System.out.println(a);
        System.out.print(tc.a);
    }
}
```

해설

지역변수 a 선언, 이 변수는 main 메서드 내에서만 사용 가능하다.
지역변수 a에 10 할당한다.
TestClass의 static 변수 b에 지역변수 a의 값(10)을 할당한다.
TestClass 클래스의 객체 tc 생성한다.
객체 생성 시, 인스턴스 변수 a가 기본값 20으로 초기화된다.
TestClass.b 값을 출력한 후 1 증가(후위 연산자)하고, TestClass.b는 11이 된다.
tc.b는 static 변수 b를 참조하므로, b 값인 11 출력한다.
지역변수 a의 값(10) 출력한다.
객체 tc의 인스턴스 변수 a 값(20) 출력한다.

정답
10
11
10
20

003 다음 JAVA 프로그램의 출력 결과를 쓰시오.

```java
class TestClass{
    public int a = 20;
    static int b = 0;
}
class Main {
    public static void main(String[] args) {
        TestClass ta = new TestClass();
        TestClass tb = new TestClass();
        TestClass tc = new TestClass();
        System.out.print(++ta.b + "," );
        System.out.print(++tb.b + ",");
        System.out.print(tc.b + ",");
        System.out.print(++ta.a + ",");
        System.out.print(++tb.a + ",");
        System.out.print(tc.a);
    }
}
```

해설

ta, tb, tc 객체가 각각 생성된다.
각 객체의 인스턴스 변수 a는 독립적이며 초기값 20을 가진다.
b의 값을 1 증가시킨 후 출력한다.
b는 static 변수이므로, ta.b는 TestClass.b를 참조한다.
b의 값을 1 증가시킨 후 출력한다.
tb.b 역시 TestClass.b를 참조하며, 이전 값(1)에서 1 증가한다.
tc.b는 증가하지 않고 현재 b 값을 그대로 출력한다.
ta 객체의 인스턴스 변수 a를 1 증가시킨 후 출력한다.
ta.a는 독립적으로 관리되므로 다른 객체의 a 값에는 영향을 주지 않는다.
tb 객체의 인스턴스 변수 a를 1 증가시킨 후 출력한다.
tb.a 역시 독립적으로 관리되며, 이전 값(20)에서 1 증가한다.
tc 객체의 인스턴스 변수 a를 출력한다.
tc.a는 초기값 20을 유지한다.

정답 1,2,2,21,21,20

004 다음 JAVA 프로그램의 출력 결과를 쓰시오.

```java
class Student {
    String id;
    String name;
    static int count=0;
    Student( String id, String name ) {
        this.id = id;
        this.name = name;
        this.count++;
    }
    public void print(){
        System.out.println(this.id + " : " + this.name + " : " + count );
    }
}

class Studenttest {
    public static void main(String[] args) {
        Student st1 = new Student("001", "Lee");
        Student st2 = new Student("002", "Kim");
        st1.print();
        st2.print();
    }
}
```

해설

static 변수 count가 초기화되어 0이 된다.
st1 객체 생성, id = "001", name = "Lee"로 초기화되고, count++ 실행하여 count는 1이 된다.
st2 객체 생성, id = "002", name = "Kim"로 초기화되고, count++ 실행하여 count는 2가 된다.
st1.print() 호출하여, id = "001", name = "Lee", count = 2를 출력한다.
st2.print() 호출하여, id = "002", name = "Kim", count = 2를 출력한다.

정답 001 : Lee : 2
      002 : Kim : 2

005 다음 JAVA 프로그램의 출력 결과를 쓰시오.

```java
class Counter {
    static int count = 0;
    int id;

    Counter() {
        id = ++count;
    }

    void printId() {
        System.out.println("ID: " + id + ", Count: " + count);
    }
}
public class Main {
    public static void main(String[] args) {
        Counter c1 = new Counter();
        Counter c2 = new Counter();
        c1.printId();
        c2.printId();
        Counter c3 = new Counter();
        c3.printId();
        c1.printId();
    }
}
```

해설

Counter 클래스가 로드되면서, static 변수 count가 0으로 초기화된다.
c1 객체 생성, 생성자를 호출하여, count를 1 증가시켜 count=1이 된다.
c2 객체 생성, 생성자를 호출하여, count를 1 증가시켜 count=2가 된다.
c1.printId(), ID:1, Count:2가 출력된다.
c2.printId(), ID:2, Count:2가 출력된다.
c3 객체 생성, 생성자를 호출하여, count를 1 증가시켜 count=2가 된다.
c3.printId(), ID:3, Count:3이 출력된다.
c1.printId(), c1의 id는 여전히 1이고, count는 현재 3이 출력된다.

정답
ID: 1, Count: 2
ID: 2, Count: 2
ID: 3, Count: 3
ID: 1, Count: 3

006 다음 JAVA 프로그램의 출력 결과를 쓰시오.

```java
class Test {
    static int x = 0;
    int y = 0;
    Test() {
        x++;
        y++;
    }
    static void printStatic() {
        System.out.println("x: " + x);
    }
    void printInstance() {
        System.out.println("y: " + y);
    }
}
public class Main {
    public static void main(String[] args) {
        Test t1 = new Test();
        Test t2 = new Test();
        t1.printInstance();
        t2.printInstance();
        t1.printStatic();
        t2.printStatic();
    }
}
```

해설

Test 클래스가 로드되면서, static 변수 x가 0으로 초기화된다.
t1 객체 생성, 생성자를 호출하여, x는 1이 되고, y도 1이 된다.
t2 객체 생성, 생성자를 호출하여, x는 2가 되고, y는 1이 된다.
t1.printInstance(), t1의 인스턴스 변수 y 값인 1을 출력한다.
t2.printInstance(), t2의 인스턴스 변수 y 값인 1을 출력한다.
t1.printStatic(), static 변수 x 값인 2를 출력한다.
t2.printStatic(), static 변수 x 값인 2를 출력한다.

정답　y: 1
　　　　y: 1
　　　　x: 2
　　　　x: 2

007 다음 JAVA 프로그램의 출력 결과를 쓰시오.

```java
class Example {
    static int shared = 5;
    void modify() {
        shared++;
    }
    static void reset() {
        shared = 0;
    }
}
public class Main {
    public static void main(String[] args) {
        Example ex1 = new Example();
        Example ex2 = new Example();
        ex1.modify();
        System.out.print(Example.shared);
        ex2.modify();
        System.out.print(Example.shared);
        Example.reset();
        System.out.print(Example.shared);
        ex1.modify();
        System.out.print(ex2.shared);
    }
}
```

해설

Example 클래스가 로드되면서, shared가 5로 초기화된다.
ex1 객체 생성, 객체 생성 시 static 변수에는 영향을 미치지 않는다.
ex2 객체 생성, 객체 생성 시 static 변수에는 영향을 미치지 않는다.
ex1.modify() 호출, static 변수 shared 값을 1 증가한다.
System.out.println(Example.shared), 6을 출력한다.
ex2.modify() 호출, static 변수 shared 값을 1 증가한다.
System.out.println(Example.shared), 7을 출력한다.
Example.reset() 호출, static 변수 shared 값을 0으로 초기화한다.
System.out.println(Example.shared), 0을 출력한다.
ex1.modify(), static 변수 shared 값을 1 증가한다.
System.out.println(ex2.shared), static 변수 shared를 참조하여 1을 출력한다.

정답 6701

008 다음 JAVA 프로그램의 출력 결과를 쓰시오.

```java
class Data {
    static int shared = 10;
    int personal = 20;
    void modifyPersonal() {
        personal++;
    }
    static void modifyShared() {
        shared += 5;
    }
}
public class Main {
    public static void main(String[] args) {
        Data d1 = new Data();
        Data d2 = new Data();
        d1.modifyPersonal();
        d2.modifyPersonal();
        Data.modifyShared();
        System.out.print(d1.personal+",");
        System.out.print(d2.personal+",");
        System.out.print(Data.shared);
    }
}
```

해설

Data 클래스가 로드되면서, static 변수 shared가 10으로 초기화된다.
d1 객체 생성, personal 값이 20으로 초기화된다.
d2 객체 생성, 별도의 personal 값을 가지며, 역시 20으로 초기화된다.
d1.modifyPersonal() 호출, d1의 personal 값을 1 증가한다.
d2.modifyPersonal() 호출, d2의 personal 값을 1 증가한다.
Data.modifyShared() 호출, shared 값을 5 증가한다.

정답   21,21,15

009 다음 JAVA 프로그램의 출력 결과를 쓰시오.

```java
class InitOrder {
    static int shared = 10;
    int personal = 20;
    InitOrder() {
        shared++;
        personal++;
    }
}
public class Main {
    public static void main(String[] args) {
        System.out.print(InitOrder.shared+",");
        InitOrder obj1 = new InitOrder();
        InitOrder obj2 = new InitOrder();
        System.out.print(InitOrder.shared+",");
        System.out.print(obj1.personal+",");
        System.out.print(obj2.personal);
    }
}
```

해설

InitOrder 클래스가 로드되면서, static 변수 shared가 10으로 초기화된다.
클래스 로드 후 shared 값을 출력한다.
obj1 객체 생성, 생성자가 호출되면서, shared와 personal을 1 증가한다.
obj2 객체 생성, 생성자가 호출되면서, shared와 personal을 1 증가한다.
shared 값(12)을 출력한다.
obj1 객체의 personal 값(21)을 출력한다.
obj2 객체의 personal 값(21)을 출력한다.

정답   10,12,21,21

010 다음 JAVA 프로그램이 실행될 때, ㉠에 들어갈 내용을 쓰시오.

```
class Test{
    public static void main(String[] args){
        System.out.print( check(1) );
    }
    ( ㉠ ) String check(int num) {
        return (num >= 0 ) ? "positive" : "negative";
    }
}
```

해설

main 메서드는 static 메서드이므로, 같은 클래스 내에서 호출하려면 check 메서드도 static으로 선언되어야 한다. static 메서드는 인스턴스를 생성하지 않고 클래스 수준에서 호출되기 때문이다.

정답 static

011 다음 JAVA 프로그램의 출력 결과를 쓰시오.

```
class Example {
    static {
        System.out.println("Static Block");
    }

    static void staticMethod() {
        System.out.println("Static Method");
    }

    Example() {
        System.out.println("Constructor");
    }
}

public class Main {
    public static void main(String[] args) {
        Example.staticMethod();
        Example ex = new Example();
        Example.staticMethod();
    }
}
```

> **해설**
>
> Example.staticMethod(), Example 클래스의 static 메서드를 호출한다.
> 클래스가 처음 사용되므로, static 블록이 먼저 실행되고 나서 staticMethod()가 실행된다.
> new Example(), Example 클래스의 인스턴스를 생성한다.
> Example.staticMethod() 호출, 이미 클래스가 메모리에 로드되어 있으므로, static 블록은 실행되지 않고 staticMethod()만 실행된다.

정답
Static Block
Static Method
Constructor
Static Method

012 다음 JAVA 프로그램의 출력 결과를 쓰시오.

```java
class Counter {
    static int count = 0;

    static void increment() {
        count++;
    }

    void showCount() {
        System.out.println("Count: " + count);
    }
}
public class Main {
    public static void main(String[] args) {
        Counter.increment();
        Counter.increment();
        Counter c1 = new Counter();
        c1.showCount();
        Counter c2 = new Counter();
        c2.increment();
        c1.showCount();
    }
}
```

> **해설**
>
> Counter.increment(), 정적 메서드를 호출한다.
> count의 값을 1씩 증가시킨다.
> 객체 c1 생성, 새로운 Counter 객체를 생성한다.
> c1.showCount(), showCount 메서드는 count의 값을 출력한다.
> 또 다른 Counter 객체 c2 생성, c2도 동일한 클래스 변수 count를 공유한다.
> c2.increment(), increment 메서드는 정적 메서드이므로 클래스 변수 count를 증가시킨다.
> c1.showCount(), count는 클래스 변수이므로 모든 인스턴스에서 동일한 값을 공유한다.

정답   Count: 2
       Count: 3

013 다음 JAVA 프로그램의 출력 결과를 쓰시오.

```java
class Connection {
    private static Connection _inst = null;
    private int count = 0;
    static public Connection get() {
        if(_inst == null) {
            _inst = new Connection();
            return _inst;
        }
    return _inst;
    }
    public void count() { count++; };
    public int getCount() { return count; }
}
public class Main {
    public static void main(String[] args) {
        Connection conn1 = Connection.get();
        conn1.count();
        Connection conn2 = Connection.get();
        conn2.count();
        Connection conn3 = Connection.get();
        conn3.count();
        conn1.count();
        System.out.print(conn1.getCount());
    }
}
```

해설

이 코드는 싱글톤(Singleton) 패턴을 구현하여 객체를 하나만 생성하고, 그 객체를 공유해서 사용하도록 설계된 프로그램이다.
싱글톤 패턴 구현, 클래스 내부에 정적(private static) 변수 _inst를 선언하여, 객체의 유일한 인스턴스를 저장한다.
Connection.get(), 객체가 생성되지 않았을 경우(_inst == null), 새로운 Connection 객체를 생성하여 _inst에 저장하고 반환한다.
이미 생성된 경우, 기존 _inst를 반환한다.
Main 클래스,
conn1, conn2, conn3는 모두 동일한 Connection 객체를 참조하게 된다.
실행 순서,
Connection.get() 호출 → conn1이 새로운 Connection 객체를 생성하고 반환
conn1.count() 호출 → count 값 1 증가
Connection.get() 호출 → conn2가 기존의 Connection 객체를 반환받음
conn2.count() 호출 → 같은 count 값 1 증가(현재 count = 2)
Connection.get() 호출 → conn3가 기존의 Connection 객체를 반환받음
conn3.count() 호출 → 같은 count 값 1 증가(현재 count = 3)
conn1.count() 호출 → 같은 count 값 1 증가(현재 count = 4)
System.out.print(conn1.getCount()) → conn1의 count 값을 출력(현재 count = 4)

정답   4

CHAPTER 06 예외처리

1. 예외처리

(1) 예외처리의 개념

- 예외(Exception): 프로그램 실행 중에 발생할 수 있는 오류 상황을 의미한다.
- 예외처리(Exception Handling): 프로그램 실행 중 발생할 수 있는 예외를 대비하여, 프로그램의 비정상 종료를 방지하고 안정적으로 실행되도록 처리하는 기술이다.

(2) 예외처리 구조

- 자바에서는 try-catch-finally를 사용하여 예외를 처리한다.
- 블록 설명

블록	설명
try	- 예외가 발생할 가능성이 있는 코드를 작성하는 블록이다.
catch	- 예외가 발생했을 때 실행되는 블록이다. - 발생한 예외 객체를 매개변수로 받아 처리한다.
finally	- 예외 발생 여부와 관계없이 항상 실행되는 블록이다. - 자원 정리(예: 파일 닫기, 네트워크 연결 해제) 등에 사용한다.

(3) 예외처리 예제

```java
public class ExceptionExample {
    public static void main(String[] args) {
        try {
            int result = 10 / 0; // ArithmeticException 발생
            System.out.println("결과: " + result);
        } catch (ArithmeticException e) {
            System.out.println("예외 발생: " + e.getMessage());
        } finally {
            System.out.println("프로그램 종료");
        }
    }
}
```

> [실행 결과]
> 예외 발생: / by zero
> 프로그램 종료

(4) 예외의 전파

- 메서드에서 예외를 처리하지 않고 호출한 메서드로 전달할 수 있다.
- throws 키워드를 사용하여 선언한다.
- 예제

```java
public void divide(int a, int b) throws ArithmeticException {
    if (b == 0) {
        throw new ArithmeticException("0으로 나눌 수 없습니다.");
    }
    System.out.println(a / b);
}
```

(5) 자바의 주요 예외 클래스

1) IOException
- 입출력 작업 중 발생하는 예외
- 예: 파일 읽기/쓰기 오류

2) SQLException
- 데이터베이스 작업 중 발생하는 예외

3) NullPointerException
- 객체가 null인데 메서드 호출이나 필드 접근을 시도할 때 발생

4) ArrayIndexOutOfBoundsException
- 배열의 유효 범위를 벗어난 인덱스에 접근할 때 발생

5) ArithmeticException
- 잘못된 산술 연산(예: 0으로 나누기) 시 발생

문제풀이

001 다음 JAVA 프로그램의 출력 결과를 쓰시오.

```java
class ExceptionExample {
    public static void main(String[] args) {
        try {
            int result = 10 / 0;
            System.out.println("Result: " + result);
        } catch (ArithmeticException e) {
            System.out.println("예외 발생");
        } finally {
            System.out.println("finally 블록 실행");
        }
    }
}
```

해설

try 블록 실행, int result = 10 / 0;에서 ArithmeticException 발생한다.
"Result: " + result;는 실행되지 않는다.
catch 블록 실행, 발생한 예외가 ArithmeticException이므로 해당 블록이 실행된다.
finally 블록 실행, 예외 발생 여부와 관계없이 항상 실행된다.

정답   예외 발생
finally 블록 실행

002 다음 JAVA 프로그램의 출력 결과를 쓰시오.

```java
class MultiCatchExample {
    public static void main(String[] args) {
        try {
            String str = null;
            System.out.println(str.length());
        } catch (ArithmeticException e) {
            System.out.println("산술 예외 발생");
        } catch (NullPointerException e) {
            System.out.println("널 포인터 예외 발생");
        } catch (Exception e) {
            System.out.println("기타 예외 발생");
        }
    }
}
```

해설

str 변수는 null로 초기화된다.
str.length() 호출 시 NullPointerException이 발생한다.
NullPointerException에 해당하는 catch 블록이 실행된다.

정답   널 포인터 예외 발생

003 다음 JAVA 프로그램의 출력 결과를 쓰시오.

```java
class FinallyExample {
    public static int testFinally() {
        try {
            return 10;
        } catch (Exception e) {
            return 20;
        } finally {
            return 30;
        }
    }
    public static void main(String[] args) {
        System.out.println(testFinally());
    }
}
```

해설

testFinally 메서드가 호출된다.
try 블록 실행, return 10;이 준비되지만, finally 블록 실행 후 반환값이 결정된다.
catch 블록, 예외가 없으므로 실행되지 않는다.
finally 블록 실행, return 30;이 실행되고, 이 값이 최종적으로 반환된다.

정답 30

004 다음 JAVA 프로그램의 출력 결과를 쓰시오.

```java
class TestException {
    public static void main(String[] args) {
        try {
            int avg = 10 / 0;
            System.out.println("avg : " + avg);
        }catch( NumberFormatException  e) {
            System.out.println("숫자변환 예외발생");
        }catch( ArithmeticException   e) {
            System.out.println("산술연산 예외발생");
        }catch( Exception e) {
            System.out.println("예외발생");
        }finally {
            System.out.println("예외처리 완료");
        }
    }
}
```

해설

try 블록, int avg = 10 / 0;에서 ArithmeticException이 발생한다.
"avg : " + avg는 실행되지 않는다.
catch 블록, 예외가 ArithmeticException과 일치하므로 해당 블록이 실행되어, 산술연산 예외발생이 출력된다.
finally 블록, 항상 실행되며 예외처리 완료가 출력된다.

정답 산술연산 예외발생
          예외처리 완료

005 다음 JAVA 프로그램의 출력 결과를 쓰시오.

```java
class Test {
    public static void main(String[] args) {
        int ar[] = {10, 20, 30, 40, 50};
        int sum = 0, a = 100, b = 0;
        try {
            for(int i = 0; i < ar.length; i++) {
                sum += ar[i];
            }
            System.out.println(sum);
        } catch (ArrayIndexOutOfBoundsException e) {
            System.out.println("Array Index Out Of Bounds Exception");
        }
        try {
            float z = a / b;
            System.out.println(z);
        } catch (ArithmeticException e) {
            System.out.println("Arithmetic Exception");
        }
    }
}
```

해설

배열 합계 계산, ar 배열의 모든 요소를 순회하며 합계를 계산한다.
예외가 발생하지 않으므로 try 블록 내에서 150을 출력한다.
a / b 실행 중 ArithmeticException이 발생한다.
catch 블록에서 Arithmetic Exception을 출력한다.

정답 150
Arithmetic Exception

006 다음 JAVA 프로그램의 출력 결과를 쓰시오.

```java
class Divistion{
    public static void main(String[] args){
        int a, b, result;
        a = 3;
        b = 0;
        try{
            result = a / b;
            System.out.print("A");
        }
        catch(ArithmeticException e){
            System.out.print("B");
        }
        finally{
            System.out.print("C");
        }
        System.out.print("D");
    }
}
```

해설

변수 초기화, a=3, b=0으로 초기화한다.
try 블록, result = a / b;에서 ArithmeticException이 발생한다.
System.out.print("A");는 실행되지 않는다.
catch 블록, 발생한 예외(ArithmeticException)를 처리한다.
B를 출력한다.
finally 블록, 항상 실행되므로 C를 출력한다.
try-catch-finally 이후, D를 출력한다.

정답   BCD

007 다음 JAVA 프로그램의 출력 결과를 쓰시오.

```java
class NullClass{
    public String str = "";
}
class Test{
    public static void main(String[] args){
        try{
            NullClass nCls = new NullClass();
            nCls = null;
            nCls.str = "Test";
            System.out.print( "A" );
        }
        catch(NullPointerException e){
            System.out.print("B");
        }
        finally{
            System.out.print("C");
        }
    }
}
```

해설

try 블록 시작, nCls 객체 생성(nCls는 NullClass 객체를 참조)한다.
nCls = null;로 참조를 null로 설정한다.
nCls.str = "Test";에서 NullPointerException이 발생한다.
catch 블록 실행, NullPointerException 예외를 처리하고, B가 출력된다.
finally 블록 실행, 항상 실행되므로 C를 출력한다.

정답 BC

008 다음 JAVA 프로그램의 출력 결과를 쓰시오.

```java
class ExceptionTest
{
    ExceptionTest() {
        try {
            method();
            System.out.print(" A ");
        }
        catch(Exception e ) {
            System.out.print(" B");
        }
        finally {
            System.out.print(" C ");
        }
        System.out.println(" D");
    }
    void method() {}
    public static void main(String[] args) {
        ExceptionTest t = new ExceptionTest();
    }
}
```

해설

method() 호출, method() 메서드는 현재 비어 있으므로 아무 예외도 발생하지 않는다.
try 블록, 예외가 없으므로 System.out.print(" A ");를 실행한다.
catch 블록, 예외가 발생하지 않았으므로 실행되지 않는다.
finally 블록, 항상 실행되므로 System.out.print(" C ");를 실행된다.
try-catch-finally 블록 이후에 System.out.println(" D");를 실행한다.

정답   A C D

009 다음 JAVA 프로그램의 출력 결과를 쓰시오.

```java
class ExceptionTest
{
    ExceptionTest() {
        try {
            method();
            System.out.print("A");
        }
        catch(Exception e ) {
            System.out.print("B");
        }
        finally {
            System.out.print("C");
        }
        System.out.println("D");
    }
    void method() throws Exception{
        throw new Exception();
    }
    public static void main(String[] args) {
        ExceptionTest t = new ExceptionTest();
    }
}
```

해설

method() 호출, method() 메서드는 throw new Exception();을 실행하여 Exception을 발생시킨다.
예외가 발생하므로 try 블록의 나머지 코드는 실행되지 않는다.
catch 블록 실행, 발생한 예외(Exception)를 처리하기 위해 적합한 catch 블록이 실행된다.
finally 블록 실행, finally 블록은 예외 발생 여부와 관계없이 항상 실행된다.
try-catch-finally 이후, try-catch-finally 블록이 종료된 후, D가 출력된다.

정답   BCD

010 다음 JAVA 프로그램의 출력 결과를 쓰시오.

```java
class TestException {
    public static void main(String[] args) {
        try {
            System.out.print("A");
            foo();
            System.out.print("B");
        }catch( Exception e) {
            System.out.print("C");
        }
        System.out.print("D");
    }
    public static void foo() throws Exception {
        try {
            System.out.print("E");
            throw new Exception();
        }catch (Exception e) {
            System.out.print("F");
            throw e;
        }finally {
            System.out.print("G");
        }
    }
}
```

해설

main 메서드의 try 블록, A 출력 후 foo() 메서드를 호출한다.
foo 메서드, E 출력 후 예외를 발생시킨다.
catch 블록이 실행되며 F가 출력되고, throw e;로 예외를 main 메서드로 전파한다.
finally 블록 실행하여 G를 출력한다.
main 메서드의 catch 블록, foo()에서 전파된 예외를 처리하여 C를 출력한다.
main 메서드 이후 코드 D를 출력한다.

정답　　AEFGCD

011 다음 JAVA 프로그램의 출력 결과를 쓰시오.

```java
class TestException {
    public static void main(String[] args) {
        try {
            System.out.print("A");
            foo();
            System.out.print("B");
        } catch (RuntimeException e) {
            System.out.print("C");
        } catch (Exception e) {
            System.out.print("D");
        } finally {
            System.out.print("E");
        }
        System.out.print("F");
    }
    public static void foo() throws Exception {
        try {
            System.out.print("G");
            throw new RuntimeException("런타임 예외 발생");
        } catch (RuntimeException e) {
            System.out.print("H");
            throw new Exception("일반 예외 발생");
        } finally {
            System.out.print("I");
        }
    }
}
```

해설

main 메서드의 try 블록, A출력 후 foo() 메서드를 호출한다.
foo() 메서드, G를 출력하고 RuntimeException을 발생시켜 catch 블록으로 이동한다.
H를 출력 후, throw new Exception("일반 예외 발생");으로 새로운 예외가 발생한다.
finally 블록 실행: I를 출력한다.
새로운 예외가 main 메서드로 전파된다.
foo()에서 전파된 예외가 Exception이므로 두 번째 catch 블록이 실행된다.
D를 출력한다.
main 메서드의 finally 블록, E를 출력한다.
try-catch-finally 이후, F를 출력한다.

정답   AGHIDEF

012 다음 JAVA 프로그램의 출력 결과를 쓰시오.

```java
class TestException {
    public static void main(String[] args) {
        try {
            System.out.print("A");
            foo();
            System.out.print("B");
        }catch( Exception e ) {
            System.out.print("C");
        }
        System.out.print("D");
    }
    public static void foo() {
        try {
            System.out.print("E");
            throw new Exception();
        }catch (Exception e) {
            System.out.print("F");
        }finally {
            System.out.print("G");
        }
    }
}
```

해설

main 메서드의 try 블록, A를 출력하고, foo() 메서드를 호출한다.
foo 메서드, E 출력 후 예외가 발생한다.
catch 블록의 F를 출력한다.
finally 블록을 실행하여, G를 출력한다.
예외가 처리되었으므로 foo() 메서드가 정상적으로 종료된다.
main 메서드의 try 블록 이후, B를 출력한다.
main 메서드 이후, D를 출력한다.

정답　AEFGBD

013 다음 JAVA 프로그램의 출력 결과를 쓰시오.

```java
class TestException {
    public static void main(String[] args) {
        try {
            System.out.print("A");
            foo();
        } catch (Exception e) {
            System.out.print("B");
        }
        System.out.print("C");
    }
    public static void foo() throws Exception {
        try {
            System.out.print("D");
            bar();
            System.out.print("E");
        } catch (Exception e) {
            System.out.print("F");
            throw e;
        } finally {
            System.out.print("G");
        }
    }
    public static void bar() throws Exception {
        throw new Exception("예외 발생");
    }
}
```

해설

main 메서드의 try 블록, A를 출력하고, foo() 메서드를 호출한다.
foo 메서드, D 출력 후 bar() 메서드를 호출한다.
bar() 메서드에서 예외가 발생하고, E는 실행되지 않는다.
foo 메서드의 catch 블록, bar()에서 발생한 예외를 처리하여 F를 출력한다.
throw e;로 예외를 다시 main 메서드로 전파한다.
foo 메서드의 finally 블록, 항상 실행되며 G를 출력한다.
main 메서드의 catch 블록, foo()에서 전파된 예외를 처리하여 B를 출력한다.
main 메서드의 try-catch 이후 C를 출력한다.

정답   ADFGBC

CHAPTER 07 추상 클래스 / Interface

1. 추상 클래스(Abstract Class)

(1) 추상 클래스 개념
- 하나 이상의 추상 메서드를 포함하는 클래스를 말하며, abstract 키워드를 사용하여 정의한다.
- 추상 메서드는 구현부가 없는 메서드로, 선언만 되어 있고 반드시 하위 클래스에서 구현해야 한다.

(2) 추상 클래스의 특징
- 추상 클래스는 객체를 직접 생성할 수 없으며, 이를 상속받은 하위 클래스에서만 객체를 생성할 수 있다.
- 추상 클래스에 정의된 추상 메서드는 하위 클래스에서 반드시 구현하도록 강제할 수 있다.
- 추상 메서드가 없는 클래스라도 abstract 키워드를 붙여 추상 클래스로 선언할 수 있다. 객체 생성을 막기 위한 용도로 사용된다.
- 추상 클래스는 필드, 생성자, 일반 메서드, 추상 메서드를 모두 포함할 수 있다.

(3) 추상 클래스 예제

```java
abstract class Animal {
    abstract void sound();
    void eat() {
        System.out.println("음식");
    }
}
class Cat extends Animal {
    void sound() {
        System.out.println("야옹");
    }
}
public class Main {
    public static void main(String[] args) {
        Animal cat = new Cat();
        cat.sound();
        cat.eat();
```

```
        }
}
```

[실행 결과]
야옹
음식

2. Interface

(1) Interface 개념

- 모든 메서드가 구현되지 않은 추상 클래스의 극단적인 형태로, interface 키워드를 사용하여 정의한다.
- 인터페이스에 선언된 모든 메서드는 이를 구현하는 클래스에서 반드시 구현해야 한다.

(2) 인터페이스의 특징

- 인터페이스는 추상 클래스와 마찬가지로 직접 객체를 생성할 수 없다.
- 클래스는 여러 개의 인터페이스를 구현할 수 있다.
- 인터페이스를 통해 개발자는 특정 클래스가 반드시 구현해야 할 메서드의 틀을 설계할 수 있다.

(3) 인터페이스 예제

```java
interface Animal {
    void sound();
    default void eat() {
        System.out.println("음식");
    }
}
class Cat implements Animal {
    public void sound() {
        System.out.println("야옹");
    }
}
public class Main {
    public static void main(String[] args) {
        Animal cat = new Cat();
```

```
            cat.sound();
            cat.eat();
        }
    }
```

[실행 결과]
야옹
음식

문제풀이

001 다음 자바 프로그램이 오류 없이 실행되기 위해 밑줄 친 부분에 필요한 프로그램 코드를 쓰시오.

```
abstract class Test {
    int data = 100;
    public abstract void printData();
}class Inner {
    Test test = new Test() {
        public void printData() {
            System.out.println(data);
        }
    };
}
public class Main {
    public static void main(String[] args) {
        Inner inner = new Inner();
        _____printData();
    }
}
```

해설
Inner 클래스에는 익명 클래스의 객체가 test라는 이름으로 선언되어 있다.
빈칸에 inner.test.printData();를 작성하면 익명 클래스 객체의 printData 메서드를 호출할 수 있다.

정답 inner.test.

002 다음 자바 프로그램이 오류 없이 실행되기 위해 밑줄 친 부분에 필요한 프로그램 코드를 쓰시오.

```
_____ class CAR {
    int model = 100;
    int year = 2022;
    public abstract void print();
}
```

> **해설**
> 하나 이상의 추상 메서드가 포함된 클래스는 반드시 abstract 키워드를 사용해야 한다.
> 추상 메서드는 구현부가 없으며, 선언만 존재한다.

정답   abstract

003 다음 자바 코드를 컴파일할 때, 문법 오류가 발생하는 부분의 기호를 쓰시오.

```
abstract class Person {
    public int age;
    abstract public void setAge(int age);
    public String toString() {
        return("age : " + this.age);
    }
}
class Student extends Person {
    public void setAge(int age) {
        this.age = age;
    }
}
class PersonTest {
    public static void main(String[] args) {
        Person a = new Person();   // ㉠
        Person b = new Student();  // ㉡
        b.setAge(27);              // ㉢
        System.out.println(b);     // ㉣
    }
}
```

> **해설**
> 추상 클래스는 직접적으로 객체를 생성할 수 없다.
> 추상 클래스는 상속받은 하위 클래스에서만 객체를 생성할 수 있으며, 이를 통해 추상 메서드를 구현하고 사용할 수 있다.

정답   ㉠

004 다음 추상 클래스를 정의할 때, 문법 오류가 발생하는 부분을 모두 고르시오.

```
abstract class Person{
    private int age;   // ㉠
    public String name;   // ㉡
    abstract public void setAge(int age);   // ㉢
    abstract public void setName(String name){};   // ㉣
    private int getAge(){   // ㉤
        return this.age;
    }
    abstract private String getName();   // ㉥
}
```

> **해설**
> ㉣, 추상 메서드는 구현부를 가질 수 없다. 즉, 중괄호 {}가 있으면 안 된다.
> ㉥, 추상 메서드는 private 접근 제어자를 가질 수 없다.
> 이유는 추상 메서드는 하위 클래스에서 반드시 구현되어야 하기 때문에, 외부에서 접근 가능한 접근 제어자(public, protected, 또는 기본 패키지 접근 수준)만 사용할 수 있다.
> private는 상속 관계에서도 접근이 불가능하므로, 추상 메서드에 사용할 수 없다.

정답   ㉣, ㉥

005 다음 인터페이스를 정의할 때, 문법 오류가 발생하는 부분을 모두 고르시오.

```
interface InterfaceA {
    int val1=0;   // ㉠
    private int val2 = 0;   // ㉡
    public void up();   // ㉢
    public void down();   // ㉣
    private void left();   // ㉤
    public void right(){};   // ㉥
}
```

> **해설**
> ㉡: 인터페이스의 필드는 private 접근 제어자를 사용할 수 없다.
> ㉤: 인터페이스의 메서드는 기본적으로 public abstract이며, 접근 제어자를 private로 설정할 수 없다.
> ㉥: 추상 메서드는 구현부를 가질 수 없다.
> 인터페이스에서 구현부를 가지는 메서드를 정의하려면 디폴트 메서드(Java 8 이상)로 선언해야 한다.

정답   ㉡, ㉤, ㉥

006 다음 자바 코드는 컴파일 오류가 발생한다. 원인에 대해서 약술하시오.

```java
interface InterfaceA {
    public void up();
    public void down();
    public void left();
}
class AB implements InterfaceA {
    int value = 0;
    public void up() {
        value++;
    }
    public void down() {
        value--;
    }
    public static void main(String[] args) {
        AB ab = new AB();
        ab.up();
        ab.down();
    }
}
```

정답   InterfaceA는 세 개의 추상 메서드를 선언하고 있으며, 이를 구현하는 AB 클래스는 up과 down 메서드만 구현하고 left 메서드는 구현하지 않았다.
인터페이스를 구현하는 클래스는 인터페이스의 모든 추상 메서드를 반드시 구현해야 하므로, left 메서드를 구현하지 않은 것은 컴파일 오류의 원인이 된다.

007 다음 JAVA 프로그램의 출력 결과를 쓰시오.

```java
interface A {
    int a = 2;
}
class B implements A {
    int b;
    B(int i) { b = i * a; }
    int getb() { return b; }
}
class Test {
    public static void main(String args[]) {
        int a = 3;
        B b1 = new B(1);
        System.out.println( b1.getb() );
    }
}
```

해설

지역변수 a는 메서드 내부에서만 유효하며, 인터페이스 A의 상수 a와는 다른 변수이다.
인터페이스 상수 a는 여전히 2로 유지된다.
클래스 B의 객체 b1을 생성한다.
생성자 B(int i)에서 b를 계산한다.
메서드 getb()를 호출하여 필드 b의 값을 반환하고 출력한다.

정답   2

CHAPTER 08 문자열 메서드

1. 문자열 조작 메서드

메서드	설명
length()	문자열의 길이를 반환한다.
charAt(index)	특정 인덱스에 있는 문자를 반환한다.
substring(begin, end)	지정된 범위의 문자열 반환한다. (begin 포함, end 제외)
replace(old, new)	특정 문자 또는 문자열을 다른 값으로 대체한다.
toUpperCase()	문자열을 대문자로 변환한다.
toLowerCase()	문자열을 소문자로 변환한다.
trim()	문자열 양 끝의 공백을 제거한다.

2. 문자열 검색 메서드

메서드	설명
indexOf(str)	문자열 내에서 특정 문자열의 첫 번째 인덱스를 반환한다.
lastIndexOf(str)	문자열 내에서 특정 문자열의 마지막 인덱스를 반환한다.
contains(str)	문자열 내에 특정 문자열이 포함되어 있는지 확인한다.
replace(old, new)	특정 문자 또는 문자열을 다른 값으로 대체한다.
startsWith(str)	문자열이 특정 문자열로 시작하는지 확인한다.
endsWith(str)	문자열이 특정 문자열로 끝나는지 확인한다.

3. 문자열 비교 메서드

메서드	설명
equals(str)	두 문자열이 같은지 비교한다.
equalsIgnoreCase(str)	대소문자를 무시하고 두 문자열 비교한다.
compareTo(str)	문자열을 사전 순서로 비교한다. (음수, 0, 양수 반환)

4. 기타 문자열 메서드

메서드	설명
split(regex)	지정된 정규식을 기준으로 문자열을 분리하여 배열 반환한다.
concat(str)	문자열을 이어 붙인다.
isEmpty()	문자열이 비어 있는지 확인한다.
join(delimiter, elements)	여러 문자열을 특정 구분자로 연결한다.

문제풀이

001 다음 JAVA 프로그램의 출력 결과를 쓰시오.

```java
public class Main {
    public static void main(String[] args) {
        String str = "   Java Programming   ";
        System.out.println(str.trim().toUpperCase());
        System.out.println(str.trim().replace("Java", "Python"));
    }
}
```

해설

trim(), 문자열 양쪽 끝의 공백을 제거한다.
toUpperCase(), 문자열을 대문자로 변환한다.
replace("Java", "Python"), 문자열 내에서 "Java"를 "Python"으로 대체한다.

정답
JAVA PROGRAMMING
Python Programming

002 다음 JAVA 프로그램의 출력 결과를 쓰시오.

```java
public class Main {
    public static void main(String[] args) {
        String str = "Hello World";
        System.out.println(str.indexOf("World"));
        System.out.println(str.startsWith("Hello"));
        System.out.println(str.contains("Java"));
    }
}
```

해설

indexOf("World"), 문자열 str에서 "World"라는 문자열이 처음 나타나는 시작 인덱스를 반환한다.
startsWith("Hello"), 문자열 str이 "Hello"로 시작하는지를 확인한다.
contains("Java"), 문자열 str에 "Java"라는 문자열이 포함되어 있는지를 확인한다.

정답
6
true
false

003 다음 JAVA 프로그램의 출력 결과를 쓰시오.

```java
class Main {
    public static void main(String[] args) {
        String str = "apple,banana,orange";
        String[] fruits = str.split(",");
        System.out.println(fruits[0]);
        System.out.println(fruits[1]);
        System.out.println(fruits[2]);
    }
}
```

> **해설**
>
> split(","), split 메서드는 문자열을 특정 구분자(여기서는 쉼표 ,)를 기준으로 분리하여 배열(String[])로 반환한다.
> 문자열 "apple,banana,orange"는 쉼표를 기준으로 세 부분으로 분리된다.

정답
apple
banana
orange

---

004 다음 JAVA 프로그램의 출력 결과를 쓰시오.

```java
class Main {
    public static void main(String[] args) {
        String str1 = "Java";
        String str2 = "java";
        System.out.println(str1.equals(str2));
        System.out.println(str1.equalsIgnoreCase(str2));
        System.out.println(str1.compareTo(str2));
    }
}
```

> **해설**
>
> equals, 두 문자열의 내용이 대/소문자까지 정확히 일치하는지 확인한다.
> equalsIgnoreCase, 대소문자를 무시하고, 내용이 일치하는지 확인한다.
> compareTo, 대소문자를 구분하며, 각 문자의 유니코드 값을 기준으로 비교한다.

정답
false
true
-32

005 다음 JAVA 프로그램의 출력 결과를 쓰시오.

```java
class Main {
    public static void main (String[] args) {
        String str = "JAVAISFUN";
        String[] result = str.split("A");
        for( int i = 0; i < result.length; i++ ) {
            System.out.println(result[i]);
        }
    }
}
```

해설

문자열을 "A"를 기준으로 분리하여 배열로 반환한다.
result[0] = "J"
result[1] = "V"
result[2] = "ISFUN"
위 형태로 분리가 된다.

정답
J
V
ISFUN

006 다음 JAVA 프로그램의 출력 결과를 쓰시오.

```java
class Main {
    public static void main (String[] args) {
        String str = "Hello, World!";
        String result = str.substring(7, 12);
        System.out.println(result);
    }
}
```

해설

substring(int beginIndex, int endIndex) 메서드는 문자열에서 특정 범위를 추출하여 부분 문자열을 반환한다.
beginIndex: 부분 문자열이 시작되는 포함되는 위치이다.
endIndex: 부분 문자열이 끝나는 제외되는 위치이다.

정답 World

007 다음 JAVA 프로그램의 출력 결과를 쓰시오.

```
class Main {
    public static void main (String[] args) {
        String str = "Programming in Java is fun!";
        String subStr = str.substring(0, str.indexOf("in"));
        System.out.println(str.indexOf("in"));
        System.out.println(subStr);
    }
}
```

해설

indexOf(String str), 문자열에서 특정 단어 또는 문자의 첫 번째 등장 위치(인덱스)를 반환한다. 해당 문자가 발견된 경우, 해당 위치의 양수값을, 없는 경우 -1을 반환한다.
System.out.println(str.indexOf("in")), 첫 번째 in의 위치를 반환한다.
str.substring(0, str.indexOf("in")), 문자열의 0번째 인덱스부터 indexOf("in") 직전까지의 부분 문자열을 추출한다.

정답
8
Programm

008 다음 JAVA 프로그램의 출력 결과를 쓰시오.

```
class Main {
    public static void main (String[] args) {
        String str = "I love Programming. Programming is fun.";
        int index = str.lastIndexOf("Programming");
        String result = str.substring(index);
        System.out.println(index);
        System.out.println(result);
    }
}
```

해설

lastIndexOf("Programming"), 문자열에서 단어 "Programming"이 마지막으로 등장하는 위치의 시작 인덱스를 반환한다.
substring(index), 문자열의 index부터 끝까지의 부분 문자열을 반환한다.

정답
20
Programming is fun.

009 다음 JAVA 프로그램의 출력 결과를 쓰시오.

```java
class Main {
    public static void main (String[] args) {
        String str1 = "Hello";
        String str2 = "World";
        String str3 = str1.concat(str2);

        System.out.println("A: " + str3);
        System.out.println("B: " + str3.length());
        System.out.println("C: " + str3.indexOf('o'));
        System.out.println("D: " + str3.lastIndexOf('o'));
    }
}
```

해설

concat(String str), 문자열을 연결하여 새로운 문자열을 반환한다.
length(), 문자열의 길이를 반환한다.
indexOf(char ch), 문자열에서 특정 문자가 처음 나타나는 위치의 인덱스를 반환한다. 문자가 없으면 -1을 반환한다.
lastIndexOf(char ch), 문자열에서 특정 문자가 마지막으로 나타나는 위치의 인덱스를 반환한다. 문자가 없으면 -1을 반환한다.

정답
A: HelloWorld
B: 10
C: 4
D: 6

010 다음 JAVA 프로그램의 출력 결과를 쓰시오.

```
class Test{
    public static void main(String[] args){
        String A1 = "23242";
        String A2 = "Hello!!";
        String B1 = A2.concat(A1);
        String B2 = A1.substring(4);
        String B3 = Integer.toString(B1.indexOf("3"));
        System.out.println("B1:" + B1);
        System.out.println("B2:" + B2);
        System.out.println("B3:" + B3);
    }
}
```

해설

concat(String str), 문자열을 결합하여 새로운 문자열을 반환한다.
substring(int beginIndex), 문자열에서 beginIndex부터 끝까지의 부분 문자열을 반환한다.
indexOf(String str), 문자열에서 특정 문자열이 처음 나타나는 위치의 인덱스를 반환한다.
Integer.toString(int i), 정수값을 문자열로 변환한다.

정답　B1:Hello!!23242
　　　B2:2
　　　B3:8

011 다음 JAVA 프로그램의 출력 결과를 쓰시오.

```java
class Test{
    public static void main(String[] args){
        String str1 = "Programming";
        String str2 = "is fun";
        String str3 = str1.concat(" ").concat(str2);
        String str4 = str3.replace("fun", "awesome");
        System.out.println("str3: " + str3);
        System.out.println("str4: " + str4);
    }
}
```

해설

concat(String str), 문자열을 이어 붙여 새로운 문자열을 생성한다.
"Programming"과 " "(공백)을 결합하고, "fun"을 결합한다.
replace(String target, String replacement), 문자열에서 target 부분을 찾아 replacement로 변경한다.
"Programming is fun"에서 "fun"을 "awesome"으로 대체한다.

정답   str3: Programming is fun
str4: Programming is awesome

CHAPTER 09 기타 문법 문제

001 다음 JAVA 프로그램의 출력 결과를 쓰시오.

```
System.out.println("5 + 2 = " + 3 + 4);
System.out.println("5 + 2 = " + (3 + 4));
```

해설
JAVA에서 출력문은 문자열을 계속 붙여서 출력해 주게 된다.
첫 번째 출력에서 5 + 2 = 을 출력한 후 3 + 4 연산을 수행하지 않고, 하나씩 출력하여 5 + 2 = 34가 출력된다.
두 번째 출력에서 5 + 2 =을 출력한 후 3 + 4를 먼저 연산하기 때문에 5 + 2 = 7이 출력된다.

정답
5 + 2 = 34
5 + 2 = 7

002 다음 JAVA 프로그램의 출력 결과를 쓰시오.

```
System.out.println(3 + 4 + 5);
System.out.println("3" + 4 + 5);
System.out.println(3 + 4 + "5");
System.out.println(3 + 4 + "5" + 6 + 7);
```

정답
12
345
75
7567

003 다음 JAVA 프로그램의 출력 결과를 쓰시오.

```java
class Main {
    public static void main (String[] args) {
        int a = 5;
        System.out.println("a="+a);
        System.out.println(1+2+3+4+a);
        System.out.println(1+2+"3"+4+a);
        System.out.println("1"+2+3+4+a);
    }
}
```

해설

문자열 "a="와 정수 a가 + 연산자로 결합된다.
1+2+3+4는 모두 숫자이므로, 정수 덧셈이 수행된다.
결과 10과 a(값 5)를 더한다.
1+2는 숫자이므로 덧셈 연산, 문자열 "3"을 결합, 그 이후에 문자열로 인식하여 문자열 결합을 하게 된다.
"1"은 문자열이므로, 이후의 모든 + 연산은 문자열 결합으로 처리된다.

정답
a=5
15
3345
12345

---

004 다음 JAVA 프로그램의 출력 결과를 쓰시오.

```java
import java.util.*;
class Main {
    public static void main (String[] args) {
        Vector v1 = new Vector();
        Vector v2 = new Vector();
        v1.addElement("java_book");
        v2.addElement("java_book");
        System.out.println(v1.equals(v2));
        System.out.println(v1==v2);
    }
}
```

> **해설**
>
> equals()는 객체의 내용을 비교하지만, ==는 객체의 참조를 비교한다.
> 두 객체의 내용이 같아도 참조가 다르면 ==는 false를 반환한다.

정답 true
   false

005 다음 JAVA 프로그램의 출력 결과를 쓰시오.

```java
import java.util.*;
class Main {
    public static void main (String[] args) {
        String str1 = "Programming";
        String str2 = "Programming";
        String str3 = new String("Programming");

        System.out.println(str1==str2);
        System.out.println(str1==str3);
        System.out.println(str1.equals(str3));
        System.out.println(str2.equals(str3));
    }
}
```

> **해설**
>
> System.out.println(str1 == str2), str1과 str2는 동일한 문자열 리터럴 "Programming"을 참조하므로, 같은 객체를 가리킨다.
> System.out.println(str1 == str3), str1은 문자열 상수 풀의 객체를 참조하지만, str3은 힙 메모리에 생성된 새로운 객체를 참조한다.
> System.out.println(str1.equals(str3)), 문자열의 내용(값)을 비교한다. str1과 str3의 값은 "Programming"으로 동일하므로, 결과는 true이다.
> System.out.println(str2.equals(str3)), str2와 str3의 값은 "Programming"으로 동일하므로, 결과는 true이다.

정답 true
   false
   true
   true

006 다음 JAVA 프로그램의 출력 결과를 쓰시오.

```java
class Person {
    String name;
    int age;

    public Person(String name, int age) {
        this.name = name;
        this.age = age;
    }
}
class EqualsTest {
    public static void main(String[] args) {
        Person p1 = new Person("John", 25);
        Person p2 = new Person("John", 25);

        if (p1.equals(p2)) {
            System.out.println("True");
        } else {
            System.out.println("False");
        }
    }
}
```

해설

equals() 메서드는 기본적으로 Object 클래스에서 제공되며, 참조(메모리 주소)를 비교한다.
같은 객체를 참조하는 경우에만 true를 반환한다.
값을 비교하려면 equals() 메서드를 재정의해야 한다.

정답 False

007 다음 JAVA 프로그램의 출력 결과를 쓰시오.

```java
public class Main {
    static void func(String[] m, int n) {
        for(int i=1; i<n; i++){
            if(m[i-1] == m[i]) {
                System.out.print("O");
            }
            else {
                System.out.print("N");
            }
        }
        for(String mo : m) {
            System.out.print(mo);
        }
    }
    public static void main(String[] args) {
        String[] m = new String[4];
        m[0] = "A";
        m[1] = "A";
        m[2] = new String("A");
        m[3] = "B";
        func(m, 4);
    }
}
```

해설

배열 m 선언하고 초기화한다.
배열을 순회하면서,
m[0] ("A")와 m[1] ("A"), 참조가 동일 → 출력 O
m[1] ("A")와 m[2] (new String("A")), 참조가 다름 → 출력 N
m[2] (new String("A"))와 m[3] ("B"), 참조가 다름 → 출력 N

정답 ONNAAAB

008 다음 JAVA 프로그램의 출력 결과를 쓰시오.

```java
import java.util.*;
class Test {
    public static void main(String[] args) {
        int[] arr1 = {1, 2, 3 };
        int[] arr2 = {1, 2, 3 };
        if (arr1 == arr2) {
            System.out.println("True");
        } else {
            System.out.println("False");
        }
        if (arr1.equals(arr2)) {
            System.out.println("True");
        } else {
            System.out.println("False");
        }
        if (Arrays.equals(arr1, arr2)) {
            System.out.println("True");
        }else {
            System.out.println("False");
        }
    }
}
```

해설

== 연산자, arr1과 arr2는 각각 별도의 배열 객체를 참조하므로, 참조가 다르다.
equals() 메서드, 배열 클래스에서는 equals() 메서드가 재정의되지 않았으므로, 참조 비교를 수행한다.
Arrays.equals() 메서드, 배열의 요소를 순차적으로 비교하여, 모든 요소가 동일한 경우 true를 반환한다.

정답   False
False
True

009 다음 JAVA 프로그램의 출력 결과를 쓰시오.

```
import java.util.*;
class List {
    public static void main(String[] args) {
        LinkedList<Integer> ds = new LinkedList<Integer>();
        ds.addLast(new Integer(10));
        ds.addLast(new Integer(30));
        ds.addLast(new Integer(20));
        while (!ds.isEmpty())
            System.out.print(ds.removeLast()+" ");
        System.out.println();
    }
}
```

해설

LinkedList<Integer>, 링크드 리스트 객체를 만드는데, 안에 있는 요소는 정수가 들어간다는 의미이다.
ds.addLast(10); 10을 ds 인스턴스 가장 마지막에 대입한다.
ds.addLast(30); 30을 ds 인스턴스 가장 마지막에 대입한다.
ds.addLast(20); 20을 ds 인스턴스 가장 마지막에 대입한다.
ds에는 아래와 같은 형태로 데이터가 대입되어 있다.

10	30	20

ds에 있는 데이터들이 모두 빌 때까지 반복문을 수행하면서 removeLast() 마지막에 있는 데이터부터 하나씩 빼주게 된다.
현재 가장 마지막에 있는 것은 20이기 때문에 20부터 순차적으로 출력해 주게 된다.

정답   20 30 10

010 다음 JAVA 프로그램의 출력 결과를 쓰시오.

```
import java.util.*;
class ListTest {
    public static void main(String args[]) {
        LinkedList<Integer> myLL = new LinkedList<Integer>();
        myLL.addFirst(new Integer(10));
        myLL.addFirst(new Integer(20));
        myLL.addFirst(new Integer(30));
        while (!myLL.isEmpty()) {
           Integer num = myLL.removeFirst();
           System.out.printf("%d ", num);
        }
    }
}
```

해설

myLL.addFirst(10); 10을 myLL 인스턴스 가장 첫 번째에 대입한다.
myLL.addFirst(20); 20을 myLL 인스턴스 가장 첫 번째에 대입한다.
myLL.addFirst(30); 30을 myLL 인스턴스 가장 첫 번째에 대입한다.
가장 앞에 배치를 하기 때문에 다른 요소들은 하나씩 뒤로 밀리게 된다.
myLL에는 아래와 같은 형태로 데이터가 대입되어 있다.

| 30 | 20 | 10 |

myLL에 있는 데이터들이 모두 빌 때까지 반복문을 수행하면서 removeFirst() 처음에 있는 데이터부터 하나씩 빼주게 된다.
현재 가장 처음에 있는 것은 30이기 때문에 30부터 순차적으로 출력해 주게 된다.

정답   30 20 10

011 다음 JAVA 프로그램의 출력 결과를 쓰시오.

```java
import java.util.*;
class StackTest {
    public static void main(String args[]) {
        Stack<Integer> s = new Stack<Integer>();
        s.push(1);
        s.push(2);
        s.pop();
        s.push(3);
        s.push(4);
        s.pop();
        s.push(5);
        while(!s.empty())
        {
            System.out.print(s.pop() + " ");
        }
    }
}
```

해설

push(E element), 스택의 맨 위에 데이터를 추가한다.
pop(), 스택의 맨 위 데이터를 제거하고 반환한다.
s.push(1), 스택: [1]
s.push(2), 스택: [1, 2]
s.pop(), 스택: [1] (맨 위의 2가 제거됨)
s.push(3), 스택: [1, 3]
s.push(4), 스택: [1, 3, 4]
s.pop(), 스택: [1, 3] (맨 위의 4가 제거됨)
s.push(5), 스택: [1, 3, 5]
스택 연산이 종료된 후, 스택이 비어 있을 때까지 pop()을 호출하여 데이터를 제거하며 출력한다.

정답   5 3 1

012 다음 JAVA 프로그램의 출력 결과를 쓰시오.

```java
class Test {
    public static void main(String[ ] args) {
        int a = 101;
        System.out.println((a>>2) << 3);
    }
}
```

해설

\>\>: 오른쪽 시프트. 비트를 오른쪽으로 이동하며, 이동한 자리는 부호 비트로 채운다.
<<: 왼쪽 시프트. 비트를 왼쪽으로 이동하며, 이동한 자리는 항상 0으로 채운다.
계산흐름,
a = 101 → 1100101 (2진수)
a >> 2 → 0011001 → 25 (10진수)
(a >> 2) << 3 → 11001000 → 200 (10진수)

정답 200

013 다음 JAVA 프로그램의 출력 결과를 쓰시오.

```java
class Test {
    public static void main(String[] args){
        int a = 3, b = 4, c = 3, d = 5;

        if((a == 2 | a == c) & !(c > d) & (1 == b ^ c != d))
        {
            a = b + c;
            if(7 == b ^ c != a) {
                System.out.println(a);
            } else {
                System.out.println(b);
            }
        }
        else
        {
            a = c + d;
            if( 7 == c ^ d != a ) {
```

```
                System.out.println(a);
            } else {
                System.out.println(d);
            }
        }
    }
}
```

> **해설**
>
> | (OR 연산자), 두 조건 중 하나라도 true이면 true. 항상 두 조건을 평가한다.
> & (AND 연산자), 두 조건이 모두 true일 때만 true
> ! (NOT 연산자), 조건의 결과를 반전시킨다.
> ^ (XOR 연산자), 두 조건 중 하나만 true일 때 true. 둘 다 true 또는 둘 다 false이면 false

정답　7

014 다음 Java 프로그램은 3의 배수를 제외한 1부터 10까지 정수의 누적 합이 10을 초과하는 최초 시점에서의 합을 출력하는 프로그램이다. ㉠과 ㉡에 들어가는 코드를 쓰시오.

```
class Main{
    public static void main(String[] args){
        int i = 0, sum = 0;
        while( i < 10 ){
            i++;
            if( i % 3 == 0 )  _____㉠_____ ;
            if( sum > 10 )  _____㉡_____ ;
            sum += i;
        }
        System.out.println("sum="+sum);
    }
}
```

> **해설**
>
> 3의 배수를 구할 때, 해당 수를 3으로 나누어 나머지 값이 0일 때이기 때문에 조건은 I % 3이 된다.
> 3의 배수를 제외해야 하기 때문에 3의 배수일 때 반복의 처음으로 올라가는 continue 문을 사용한다.
> 10이 초과되면 합을 출력해야 하기 때문에 반복을 빠져나와야 한다. break 문을 이용해 반복을 빠져나온다.

정답　㉠ continue
　　　㉡ break

015 다음 JAVA 프로그램의 출력 결과를 쓰시오.

```java
class array1 {
    public static void main(String[] args) {
        int cnt = 0;
        do {
            cnt++;
        } while (cnt < 0);
        if(cnt==1)
            cnt++;
        else
            cnt = cnt + 3;
        System.out.printf("%d",cnt);
    }
}
```

해설

do~while 문은 무조건 반복문 내용을 한번 수행한 후 비교를 수행하게 된다.
cnt++; 문장으로 cnt 값은 1이 되고, 비교를 수행했을 때 1은 0보다 크기 때문에 반복을 바로 빠져나오게 된다.
if 문에서 cnt 값이 1이기 때문에 1 증가시켜 2를 만들어준다.

정답   2

016 다음 JAVA 프로그램의 출력 결과를 쓰시오.

```java
class ovr {
    public static void main(String[] args)
    {
        int a=1, b=2, c=3, d=4;
        int mx, mn;
        mx=a < b ? b : a;
        if(mx==1) {
            mn=a>mx? b : a;
        }
        else {
            mn=b <mx? d : c;
        }
```

```
            System.out.println(mn);
        }
    }
```

> **해설**
>
> a=1, b=2, c=3, d=4, 두 개의 변수 mx와 mn을 선언한다.
> 조건 a < b가 참이면 b를 선택하고, 거짓이면 a를 선택한다.
> 첫 번째 조건: if(mx == 1), 현재 mx=2, 따라서 조건 mx == 1은 false이기 때문에 else 블록을 수행한다.

정답   3

017 다음 JAVA 프로그램의 출력 결과를 쓰시오.

```
class ArrayCloneTest {
    public static void main(String[] args) {
        int sum = 0;
        int[] mydream = new int[] {5, 4, 6, 9, 7, 9};
        int [] mytarget = (int[])mydream.clone();
        for(int i=0; i<mytarget.length; i++) {
            sum = sum + mytarget[i];
        }
        System.out.println(sum);
    }
}
```

> **해설**
>
> clone 메서드는 복제를 하는 명령어이다.
> mytarget에 mydream의 내용을 복제하여 배열의 내용들을 모두 더한 결과를 출력한다.

정답   40

018 다음 JAVA 프로그램의 출력 결과를 쓰시오.

```java
class Main{
    public static void main(String[] args){
        int a[][] = { {45, 50, 75}, {89} };
        System.out.print(a[0].length + " ");
        System.out.print(a[1].length + " ");
        System.out.print(a[0][0] + " ");
        System.out.print(a[0][1] + " ");
        System.out.print(a[1][0] + " ");
    }
}
```

해설

int a[][] = { {45, 50, 75}, {89} }, 2개의 1차원 배열로 구성된 배열이다.
배열의 크기,
a[0].length: 3 (첫 번째 행의 요소 개수)
a[1].length: 1 (두 번째 행의 요소 개수)

정답 3 1 45 50 89

---

019 다음 JAVA 프로그램의 출력 결과를 쓰시오.

```java
class Ape{
    static void rs(char a[]) {
        for(int i = 0; i < a.length; i++)
            if(a[i] == 'B')
                a[i] = 'C';
            else if(i == a.length - 1)
                a[i] = a[i-1];
    }

    static void pca(char a[]) {
        for(int i = 0; i < a.length; i++)
            System.out.print(a[i]);
        System.out.println();
    }
```

```java
    public static void main(String[] args) {
        char c[] = {'A', 'B', 'D', 'D', 'A', 'B', 'C'};
        rs(c);
        pca(c);
    }
}
```

해설

rs 메서드 실행 과정,
i = 0: 'A' (조건에 해당하지 않음)
i = 1: 'B' → 'C' (조건 1 적용)
i = 2: 'D' (조건에 해당하지 않음)
i = 3: 'D' (조건에 해당하지 않음)
i = 4: 'A' (조건에 해당하지 않음)
i = 5: 'B' → 'C' (조건 1 적용)
i = 6: 'C' → 'C' (조건 2 적용, 이전 값 C 사용)
pca 메서드를 이용해서, 각 요소들을 출력한다.

정답   ACDDACC

020 다음 JAVA 프로그램의 출력 결과를 쓰시오.

```java
class Rarr {
    static int[] marr() {
        int temp[] =new int[4];
        for(int i=0; i<temp.length; i++)
            temp[i]=i;
        return temp;
    }
    public static void main(String[] args)
    {
        int iarr[];
        iarr=marr();
        for(int i=0; i<iarr.length; i++)
            System.out.print(iarr[i]+" " );
    }
}
```

> **해설**
>
> 배열 iarr 선언하고, 메서드 marr()를 호출하여 반환된 배열 [0, 1, 2, 3]을 iarr에 저장한다.
> for 루프를 이용해서, 배열 iarr의 각 요소를 순서대로 출력한다.

정답   0 1 2 3

021 다음 JAVA 프로그램의 출력 결과를 쓰시오.

```java
class ParaPassing {
    public void change(int i, int[] j) {
        i = 20; j[3] = 400;
    }
    public void display(int i, int[] j) {
        System.out.println("i: "+i);
        System.out.print("j: ");
        for (int k = 0; k < j.length; k++)
            System.out.print(j[k]+" ");
        System.out.println();
    }
}
class ParaPassingTest {
    public static void main(String[] args) {
        ParaPassing pp = new ParaPassing();
        int i = 10, j[] = { 1, 2, 3, 4 };
        pp.change(i, j);
        pp.display(i, j);
    }
}
```

> **해설**
>
> 기본형 변수 i는 값만 복사되므로, 메서드 내부에서 변경된 값(20)은 호출자에 영향을 주지 않는다.
> 참조형 변수 j(배열)는 참조가 복사되므로, 메서드 내부에서 변경된 값(j[3] = 400)이 호출자에도 영향을 준다.

정답   i: 10
          j: 1 2 3 400

022 다음 JAVA 프로그램의 출력 결과를 쓰시오.

```java
class Test {
    public static void main(String[] args) {
        int[][][] arr = new int[2][2][3];

        for(int i = 0; i < 2; i++) {
            for(int j = 0; j < 2; j++) {
                for(int k = 0; k < 3; k++) {
                    arr[i][j][k] = i + j + k;
                }
            }
        }

        for(int i = 0; i < 2; i++) {
            for(int j = 0; j < 2; j++) {
                for(int k = 0; k < 3; k++) {
                    System.out.print( arr[i][j][k] + " ");
                }
                System.out.println();
            }
            System.out.println();
        }
    }
}
```

해설

arr 3차원 배열을 선언한다.
배열을 순회하며, 각 차원의 요소에 값을 대입하고, 해당 내용을 출력한다.

정답 0 1 2
1 2 3

1 2 3
2 3 4

023 다음 JAVA 프로그램의 출력 결과를 쓰시오.

```java
public class Test {
    public static void main(String[] args) {
        int numAry[] = new int[5];
        int result = 0;
        for( int i = 0; i < 5; i++ )
            numAry[i] = i + 1;
        for( int i:numAry )
            result += i;
        System.out.println(result);
    }
}
```

해설

for 루프를 돌면서, 배열의 요소 값을 설정한다.
i = 0: numAry[0] = 0 + 1 = 1
i = 1: numAry[1] = 1 + 1 = 2
i = 2: numAry[2] = 2 + 1 = 3
i = 3: numAry[3] = 3 + 1 = 4
i = 4: numAry[4] = 4 + 1 = 5
for-each 루프, 배열 numAry의 각 요소를 순회하며 변수 i에 저장한다.
배열의 각 요소를 누적하여 합계를 출력한다.

정답   15

024 다음 JAVA 프로그램의 출력 결과를 쓰시오.

```java
class Main {
    public static void main(String[] args) {
        int value = tri(10);
        System.out.println("결과 = " + value);
    }
    public static int tri(int n) {
        if (n == 1)
            return 1;
        else
            return (n + tri(n-1));
    }
}
```

> **해설**
>
> tri 메서드를 인자값 10을 가지고 호출한다.
> tri 메서드는 재귀함수이고, 한 개의 재귀함수만 있기 때문에 상수값 1이 리턴될 때까지 스택에 하나씩 쌓아서 처리해 주면 된다.
> 1~10까지 더해주는 재귀함수이고, 55를 출력한다.

정답   결과 = 55

025 다음 JAVA 프로그램의 출력 결과를 쓰시오.

```java
class Parent{
    int compute(int num){
        if( num <= 1 ) return num;
        return compute( num - 1 ) + compute( num - 2 );
    }
}
class Child extends Parent {
    int compute(int num) {
        if( num <= 1 ) return num;
        return compute( num - 1 ) + compute( num - 3 );
    }
}
class Test {
    public static void main(String[] args){
        Parent obj = new Child();
        System.out.print(obj.compute(4));
    }
}
```

> **해설**
>
> obj는 부모 클래스 Parent 타입으로 선언되었지만, 자식 클래스 Child의 객체를 참조한다.
> 오버라이딩된 메서드인 Child의 compute 메서드가 호출된다.

정답   1

026 다음은 정수를 저장할 수 있는 스택을 Java로 구현한 것이다. ㉠과 ㉡에 넣을 코드를 쓰시오.

```java
class StackInt {
    int size, top;
    int buf[];
    public StackInt(int s) {
        buf = new int[s];
        size = s;
        top = -1;
    }
    public void push(int x) {
        ㉠;
    }
    public int pop() {
        ㉡;
    }
}
```

해설

㉠은 push 연산이고, 스택에서 push는 먼저 top 포인터를 증가한 후, 그 공간에 값을 넣게 된다.
㉡은 pop 연산이고, top 포인터의 자료를 먼저 리턴한 후에 top 포인터를 감소하게 된다.

정답　　㉠ buf[++top] = x
　　　　　㉡ return buf[top--]

PART
03

파이썬

CHAPTER 01 Python 기본

1. Python

(1) Python이란?
- 네덜란드의 프로그래머 귀도 반 로섬(Guido van Rossum)이 1989년에 개발한 고급 프로그래밍 언어이다.
- 1991년에 처음 공개되었으며, 현재는 세계적으로 널리 사용되는 언어로 자리 잡았다.

(2) Python 장점
- 자연어와 유사한 간결하고 직관적인 문법을 제공하여 프로그래밍 초보자도 쉽게 배울 수 있다.
- 웹 개발, 데이터 분석, 인공지능, 과학 계산, 자동화 등 다양한 분야에서 활용 가능하다.
- 데이터 처리, 머신러닝, 그래픽스 등 다양한 목적에 맞는 방대한 표준 라이브러리와 외부 라이브러리를 제공한다.
- Windows, macOS, Linux 등 다양한 플랫폼에서 실행 가능하다.
- 코드를 한 줄씩 실행하며 디버깅과 개발 속도가 빠르다.
- 누구나 자유롭게 사용하고 기여할 수 있는 무료 소프트웨어이다.

(3) 주요 특징
- 동적 타이핑: 변수 선언 시 데이터 타입 지정이 필요 없다.
- 들여쓰기 기반: 코드 블록 구분을 중괄호 대신 들여쓰기로 표현한다.
- 풍부한 데이터 타입: 리스트, 딕셔너리, 집합, 튜플 등 다양한 내장 데이터 구조를 지원한다.

2. Python 연산자

(1) 산술 연산자

연산자	기능	예제	결과
+	더하기	3 + 2	5
-	빼기	3 - 1	71
*	곱하기	3 * 2	6
/	나누기	3 / 2	1.5
//	몫	3 // 2	1
%	나머지	3 % 2	1
**	거듭제곱	3 ** 2	9

(2) 비교 연산자

연산자	기능	예제	결과
==	같다	3 == 3	True
!=	같지 않다	3 != 2	True
>	크다	3 > 2	True
<	작다	3 < 2	False
>=	크거나 같다	3 >= 3	True
<=	작거나 같다	2 <= 3	True

(3) 논리 연산자

연산자	기능	예제	결과
and	두 조건이 모두 참	True and False	False
or	하나라도 참	True or False	True
not	조건의 부정	not True	False

(4) 비트 연산자

연산자	기능	예제	결과
&	AND	3 & 2	2
|	OR	3 | 2	3
^	XOR	3 ^ 2	1
~	NOT(비트 반전)	~3	-4
<<	왼쪽 시프트	3 << 1	6
>>	오른쪽 시프트	3 >> 1	1

CHAPTER 01. Python 기본

(5) 기타 연산자

연산자	기능	예제	결과
in	포함 여부 확인	'a' in 'apple'	True
not in	포함 여부 부정	'b' not in 'apple'	True
is	동일 객체 확인	x = [1, 2, 3] y = [1, 2, 3] z = x print(x is z) print(x is y) print(x == y)	True False True
is not	동일하지 않음 확인	a = 10 b = 10 print(a is not b)	False

3. 제어문 / 반복문

(1) if 문

- 조건에 따라 실행할 코드를 정의한다.
- 예제

```
x = 10
if x > 5:
    print("x는 5보다 크다.")
elif x == 5:
    print("x는 5이다.")
else:
    print("x는 5보다 작다.")
```

[실행 결과]
x는 5보다 크다.

(2) 삼항 연산자

- 한 줄로 조건문을 작성할 때 사용한다.
- 예제

```
x = 5
result = "크다" if x > 5 else "작다"
print(result)
```

```
[실행 결과]
작다
```

(3) match 문

- 여러 값을 조건으로 비교할 때 사용한다.
- 파이썬 3.10 이상에서 사용된다.
- 예제

```
x = 2
match x:
    case 1:
        print("x는 1이다.")
    case 2:
        print("x는 2이다.")
    case _:
        print("x는 1이나 2가 아니다.")
```

```
[실행 결과]
x는 2이다.
```

(4) for 문
- 시퀀스(리스트, 문자열 등)나 범위를 순회할 때 사용한다.
- 예제

```
for i in range(5):
    print(i)
```

[실행 결과]
```
0
1
2
3
4
```

(5) while 문
- 조건이 참인 동안 반복 실행한다.
- 예제

```
x = 0
while x < 5:
    print(x)
    x += 1
```

[실행 결과]
```
0
1
2
3
4
```

(6) 반복 제어문

1) break

- 반복문을 즉시 종료한다.
- 예제

```
for i in range(5):
    if i == 2:
        break
    print(i)
```

[실행 결과]
0
1

2) continue

- 현재 반복을 건너뛰고 다음 반복을 실행한다.
- 예제

```
for i in range(5):
    if i == 2:
        continue
    print(i)
```

[실행 결과]
0
1
3
4

문제풀이

001 다음 Python 프로그램의 실행 결과를 쓰시오.

```
x, y = 100, 200
print(x==y)
```

해설

x의 값과 y의 값은 다르기 때문에, False가 출력된다.

정답   False

002 다음 Python 프로그램의 실행 결과를 쓰시오.

```
a = 5
b = 3
print(a // b, a % b, "%.2f" % (a/b))
```

해설

5를 3으로 나눈 몫인 1과, 5를 3으로 나눈 나머지 2, 5를 3으로 나눈 결과 1.67이 출력된다.
실제 나누기 결과는 1.6666666666666667이지만, 소수점 2자리까지 출력하면 반올림된 결과가 반환된다.

정답   1 2 1.67

003 다음 Python 프로그램의 실행 결과를 쓰시오.

```
x = 20
if x == 10:
    print('10')
elif x == 20:
    print('20')
else:
    print('other')
```

해설

x == 10, 조건은 맞지 않아, x == 20의 조건까지 수행한다.
해당 조건에 맞기 때문에, 20을 출력하고, if 문을 종료하게 된다.

정답 20

004 다음 Python 프로그램의 실행 결과를 쓰시오.

```
x = 5
y = 10
if x > 0 and y < 20:
    print("A")
if x > 10 or y == 10:
    print("B")
if not (x > y):
    print("C")
```

해설

첫 번째 if 문, x > 0 → x는 5이므로 참(True), y < 20 → y는 10이므로 참(True), and 연산으로 두 조건이 모두 참이어야 하고, 두 개의 개별 조건식이 참이기 때문에 A를 출력한다.
두 번째 if 문, x > 10 → x는 5이므로 거짓(False), y == 10 → y는 10이므로 참(True), or 연산으로 두 조건 중 하나라도 참이면 참이고, B를 출력한다.
세 번째 if 문, x > y → x는 5, y는 10이므로 거짓(False), not 연산으로 반전을 시켰기 때문에, 결정포인트는 참이 되고, C를 출력한다.

정답
A
B
C

005 다음 Python 프로그램의 실행 결과를 쓰시오.

```
a = 5
b = 3
print(a & b, end=',')
print(a | b, end=',')
print(a ^ b)
```

해설

& (비트 AND), 각 비트가 모두 1일 때만 결과가 1이 된다.
| (비트 OR), 각 비트 중 하나라도 1이면 결과가 1이 된다.
^ (비트 XOR), 각 비트가 다르면 결과가 1이 된다.
end=','는 출력 뒤에 줄 바꿈 대신 쉼표(,)를 붙인다.

정답   1,7,6

006 다음 Python 프로그램의 실행 결과를 쓰시오.

```
num = 15
if num % 3 == 0 and num % 5 == 0:
    print("A")
elif num % 3 == 0:
    print("B")
elif num % 5 == 0:
    print("C")
else:
    print(num)
```

해설

num = 15이므로 첫 번째 조건 num % 3 == 0 and num % 5 == 0이 참이 되고, A 출력 후, 다른 조건문들은 실행되지 않는다.

정답   A

007 다음 Python 프로그램의 실행 결과를 쓰시오.

```
for i in range(10):
    if i == 5:
        break
    elif i % 2 == 0:
        continue
    print(i, end=",")
```

해설

range(10)은 0부터 9까지의 숫자를 생성한다.
변수 i는 0부터 9까지 반복하면서 각 값을 순회한다.
반복 과정,
i = 0: 조건 i % 2 == 0 참 → continue 실행 → 출력 없음
i = 1: 조건 i % 2 == 0 거짓 → print(i, end=",") 실행 → 출력: 1,
i = 2: 조건 i % 2 == 0 참 → continue 실행 → 출력 없음
i = 3: 조건 i % 2 == 0 거짓 → print(i, end=",") 실행 → 출력: 1,3,
i = 4: 조건 i % 2 == 0 참 → continue 실행 → 출력 없음
i = 5: 조건 i == 5 참 → break 실행 → 반복문 종료

정답   1,3,

008 다음 Python 프로그램의 실행 결과를 쓰시오.

```
x = 0
while x < 5:
    print(x, end=" ")
    x += 1
else:
    print("End")
```

해설

x가 5보다 작으면 반복을 수행한다.
print(x, end=" "), 현재의 x 값을 출력하고, end=" " 옵션으로 출력된 값 뒤에 공백이 추가되고 줄 바꿈이 발생하지 않는다.
x += 1, x 값을 1 증가시킨다.
else: while 조건이 거짓이 되어 반복문이 종료되면 실행된다.
break로 인해 반복문이 강제로 종료된 경우에는 실행되지 않는다.

정답   0 1 2 3 4 End

009 다음 Python 프로그램의 실행 결과를 쓰시오.

```python
x = 2
match x:
    case 1:
        print("A")
    case 2:
        print("B")
    case _:
        print("C")
```

해설

match는 if-elif-else와 유사하다.
if-elif-else 구조처럼 조건을 순차적으로 평가한다.
case _는 기본 블록으로, 어떤 조건과도 일치하지 않을 때 실행된다.

정답 B

010 다음 Python 프로그램의 실행 결과를 쓰시오.

```python
a = 10
b = 15

if a > b:
    result = "A"
elif a == b or b % a == 0:
    result = "B"
else:
    result = "C"

print(result)
```

해설

첫 번째 조건 (if a > b), a가 b보다 큰지 확인한다. 이 조건은 거짓이기 때문에 실행되지 않는다.
두 번째 조건 (elif a == b or b % a == 0), a == b: a와 b가 같은지 확인하고, b % a == 0: b를 a로 나누었을 때 나머지가 0인지 확인한다.
두 조건이 모두 거짓이기 때문에 실행하지 않는다.
기본 블록(else), 두 조건 모두 거짓이므로 else 블록이 실행되어 result = "C"가 설정된다.

정답 C

011 다음 Python 프로그램의 실행 결과를 쓰시오.

```
dec = 13
bin = ''
while(dec > 0):
    rmd = dec % 2
    dec = dec // 2
    bin = str(rmd) + bin
print (bin)
```

해설

dec 값이 0보다 클 때 반복문 실행한다.
rmd = dec % 2, 10진수 dec를 2로 나누었을 때 나머지를 계산하여 rmd에 담는다.
dec = dec // 2, dec 값을 2로 나눈 몫으로 업데이트한다.
bin = str(rmd) + bin, 현재 계산된 나머지(rmd)를 문자열로 변환하고, 기존의 2진수 문자열(bin) 앞에 추가한다.

정답 1101

---

012 다음 Python 프로그램의 실행 결과를 쓰시오.

```
for i in range(1, 5):
    for j in range(0, i):
        print('*', end='')
    print()
```

해설

배열을 반복하면서, *를 출력한다.
안쪽의 반복이 종료되면, 한 줄을 개행해 준다.

정답
```
*
**
***
****
```

013 다음은 파이썬으로 만들어진 반복문 코드이다. 이 코드가 수행되면 발생하는 결과를 약술하시오.

```
while(True) :
    print('A')
    print('B')
    print('C')
    continue
    print('D')
```

정답 while은 조건이 만족하는 동안 반복이 된다.
해당 조건에서는 종료 조건이 포함되지 않기 때문에 무한 반복을 하게 되고,
A
B
C를 계속 출력하게 된다.

014 다음 Python 프로그램의 실행 결과를 쓰시오.

```
a = 100
result = 0
for i in range(1, 3):
    result = a >> i
    result = result + 1
print(result)
```

해설

변수 a에 값 100을 저장한다.
변수 result를 초기화하여 0으로 설정한다.
첫 번째 반복 (i = 1),
a >> i, 숫자 100을 2진수로 표현하면 1100100이고, 오른쪽으로 1칸 이동하면 0110010(즉, 50)이 된다.
result에 50을 저장하고 1을 더해서, 51을 저장한다.
두 번째 반복 (i = 2),
a >> i, 숫자 100을 2진수로 표현하면 1100100이고, 오른쪽으로 2칸 이동하면 0011001(즉, 25)이 된다.
result에 25를 저장하고 1을 더해서, 26을 저장한다.

정답 26

파이썬 문자열 처리

1. 문자열 기본

(1) 문자열 생성

- 문자열은 작은따옴표(')나 큰따옴표(")로 생성한다.
- 예제

```
text1 = 'Hello'
text2 = "World"
```

(2) 여러 줄 문자열

- 삼중 따옴표(''' 또는 """)를 사용해 여러 줄 문자열을 작성할 수 있다.
- 예제

```
multiline_text = """이 문자열은
여러 줄에 걸쳐 작성된다."""
```

(3) 문자열 인덱싱과 슬라이싱

- 인덱싱: 문자열의 특정 위치 문자에 접근한다. (0부터 시작)
- 슬라이싱: 부분 문자열을 추출한다.
- 예제

```
text = "Python"
print(text[0])
print(text[-1])
print(text[0:3])
print(text[1:4])
print(text[:4])
print(text[2:])
print(text[-6:-3])
print(text[-4:])
print(text[:-3])
print(text[-5:-2])
```

```
print(text[::2])
print(text[1::2])
print(text[::-1])
print(text[::-2])
print(text[1:5:2])
print(text[-5:-1:2])
print(text[-1:-6:-1])
print(text[:])
print(text[100:])   # 범위를 벗어나도 에러 없이 빈 문자열 출력
print(text[-1:2])  # 잘못된 범위 설정 시 빈 문자열
```

[실행 결과]
P
n
Pyt
yth
Pyth
thon
Pyt
thon
Pyt
yth
Pto
yhn
nohtyP
nhy
yh
yh
nohty
Python

2. 문자열 메서드

(1) 문자열 변환 관련 메서드

- 종류

메서드	설명
lower()	문자열을 소문자로 변환한다.
upper()	문자열을 대문자로 변환한다.
capitalize()	지정된 범위의 문자열 반환한다. (begin 포함, end 제외)
title()	특정 문자 또는 문자열을 다른 값으로 대체한다.
strip()	문자열을 대문자로 변환한다.

- 예제

```
text = "  Python is Fun  "
print(":"+text.lower()+":")
print(":"+text.upper()+":")
print(":"+text.strip()+":")
```

```
[실행 결과]
:  python is fun  :
:  PYTHON IS FUN  :
:Python is Fun:
```

(2) 문자열 검색 및 확인

메서드	설명
find(sub)	특정 부분 문자열이 처음 나타나는 위치 반환한다. (-1이면 없음)
index(sub)	특정 부분 문자열의 위치 반환한다. (찾을 수 없으면 오류 발생)
startswith(prefix)	문자열이 특정 문자열로 시작하는지 확인한다.
endswith(suffix)	문자열이 특정 문자열로 끝나는지 확인한다.
count(sub)	특정 문자열이 몇 번 나타나는지 확인한다.

- 예제

```
text = "Python programming is fun"
print(text.find("programming"))
print(text.startswith("Python"))
print(text.count("n"))
```

[실행 결과]
7
True
3

(3) 문자열 대체 및 수정

메서드	설명
replace(old, new)	특정 문자열을 대체한다.
split(sep)	구분자를 기준으로 문자열 나눈다. (리스트 반환)
join(iterable)	iterable의 요소를 문자열로 합친다.

- 예제

```
text = "Python is great"
print(text.replace("great", "awesome"))

words = "apple,banana,cherry".split(",")
print(words)

joined_text = " ".join(words)
print(joined_text)
```

[실행 결과]
Python is awesome
['apple', 'banana', 'cherry']
apple banana cherry

(4) 문자열 검사

메서드	설명
isalnum()	알파벳 또는 숫자로만 구성되었는지 확인한다.
isalpha()	알파벳으로만 구성되었는지 확인한다.
isdigit()	숫자로만 구성되었는지 확인한다.
isspace()	공백 문자로만 구성되었는지 확인한다.

- 예제

```
text = "Python3"
print(text.isalnum())
print(text.isalpha())
print("12345".isdigit())
```

[실행 결과]
True
False
True

(5) 문자열 조작

메서드	설명
len()	문자열 길이를 반환한다.
[::-1]	문자열을 역순으로 뒤집는다.
in	특정 문자열 포함 여부를 확인한다.

- 예제

```
text = "Python3"
print(text.isalnum())
print(text.isalpha())
print("12345".isdigit())
```

[실행 결과]
True
False
True

문제풀이

001 다음 Python 프로그램의 실행 결과를 쓰시오.

```
text = "Python"
print(text[0], end='_')
print(text[-1], end='_')
print(text[3], end='_')
print(text[-4])
```

해설

text[0], 문자열의 첫 번째 문자 P를 가져온다.
text[-1], 문자열의 마지막 문자 n을 가져온다. (음수 인덱스는 끝에서부터 시작)
text[3], 문자열의 네 번째 문자 h를 가져온다. (0부터 시작하므로 3번 인덱스는 h)
text[-4], 문자열 끝에서 네 번째 문자 t를 가져온다.

정답 P_n_h_t

002 다음 Python 프로그램의 실행 결과를 쓰시오.

```
text = "Programming"
print(text[:5])
print(text[3:8])
print(text[-7:])
print(text[::2])
```

해설

text[:5], 종료 인덱스 5번 인덱스 직전까지(0, 1, 2, 3, 4번 문자) 포함한다.
text[3:8], 시작 인덱스 3부터 종료 인덱스 8 직전까지 (3, 4, 5, 6, 7번 문자) 포함한다.
text[-7:], 시작 인덱스 -7은 문자열의 끝에서 7번째 문자부터 시작한다.
text[::2], 시작과 종료 인덱스가 비어 있으면 문자열 전체를 대상으로 하고, 2칸씩 건너뛰며 문자를 추출한다.

정답 Progr
      gramm
      ramming
      Pormig

003 다음 Python 프로그램의 실행 결과를 쓰시오.

```
text = "Reverse"
print(text[::-1])
print(text[-1:-8:-2])
print(text[:3:-1])
```

> **해설**
> text[::-1], 시작/종료 인덱스가 비어 있으므로 문자열 전체를 대상으로, 역순으로 문자열을 가져온다.
> text[-1:-8:-2], 시작 인덱스 -1은 문자열의 마지막 문자(e)에서 시작, 종료 인덱스 -8은 문자열의 첫 문자 앞을 의미한다. 역순으로 2칸씩 건너뛰며 문자를 추출한다.
> text[:3:-1], 시작 인덱스가 비어 있으므로 문자열의 끝에서 시작하고, 종료 인덱스 3은 3번 인덱스 직전까지 역순으로 가져온다.

정답　esreveR
　　　　 ervR
　　　　 esr

004 다음 Python 프로그램의 실행 결과를 쓰시오.

```
text = "Hello World "
print(text.lower())
print(text.replace("World", "Python"))
print(len(text))
```

> **해설**
> text.lower(), 문자열의 모든 문자를 소문자로 변환한다.
> text.replace("World", "Python"), 문자열에서 old로 지정된 부분 문자열을 찾아 new로 대체한다.
> len(text), 문자열의 길이를 반환한다.

정답　hello world
　　　　 Hello Python
　　　　 12

005 다음 Python 프로그램의 실행 결과를 쓰시오.

```
text = "Python123"
print(text.isalpha())
print(text.isalnum())
print(text.isdigit())
print(" ".isspace())
```

해설

text.isalpha(), 문자열이 오직 알파벳 문자로만 이루어져 있는지 확인한다.
text.isalnum(), 문자열이 알파벳 문자 또는 숫자로만 이루어져 있는지 확인한다.
text.isdigit(), 문자열이 오직 숫자로만 이루어져 있는지 확인한다.
" ".isspace(), 문자열이 공백 문자(스페이스, 탭, 줄 바꿈 등)로만 이루어져 있는지 확인한다.

정답
False
True
False
True

006 다음 Python 프로그램의 실행 결과를 쓰시오.

```
text = "abc" * 3
print(text)
text = "123" + "456"
print(text)
```

해설

"abc" * 3, abc 문자열을 3번 반복하여 새로운 문자열을 생성한다.
text = "123" + "456", 문자열 123과 456을 이어 붙여 새로운 문자열을 생성한다.

정답
abcabcabc
123456

007 다음 Python 프로그램의 실행 결과를 쓰시오.

```
text = "ABCDEFGHIJ"
print(text[1:8:2])
print(text[-1:-6:-1])
print(text[5:1:-1])
```

해설

text[1:8:2], 시작 인덱스(1), 종료 인덱스(8), 스텝(2)
text[-1:-6:-1], 시작 인덱스(-1), 종료 인덱스(-6), 스텝(-1)
text[5:1:-1], 시작 인덱스(5), 종료 인덱스(1), 스텝(-1)

정답
BDFH
JIHGF
FEDC

008 다음 Python 프로그램의 실행 결과를 쓰시오.

```
text = "PythonIsFun"
print(text[::3])
print(len(text))
print(text.find("IS"))
```

해설

text[::3], 시작 인덱스와 종료 인덱스가 비어 있으므로 문자열 전체를 대상으로 3칸씩 건너뛰며 문자를 추출한다.
len(text), 문자열의 길이를 반환한다.
text.upper().find("IS"), 문자열의 모든 문자를 대문자로 변환하고, IS가 나타나는 첫 번째 위치의 인덱스를 반환한다.

정답
PhIu
11
-1

009 다음 Python 프로그램의 실행 결과를 쓰시오.

```
text = "banana is a fruit. Bananas are yellow."

find1 = text.lower().find("Banana")
find2 = text.lower().find("banana")
count = text.lower().count("banana")

print(find1, end=',')
print(find2, end=',')
print(count)
```

해설

text.lower().find("Banana"), text 문자열을 소문자로 변환하고, Banana가 처음 등장하는 인덱스를 반환한다. 소문자로 변환된 문자열에서 Banana는 없기 때문에, -1을 반환한다.
text.lower().find("banana"), 소문자로 변환된 문자열에서 banana의 첫 위치인 0을 반환한다.
text.lower().count("banana"), 소문자로 변환된 문자열에서 banana가 등장하는 횟수를 반환한다.

정답   -1,0,2

010 다음 Python 프로그램의 실행 결과를 쓰시오.

```
text = "hello, world!"

capitalized = text.capitalize()
upper_case = text.upper()
lower_case = text.lower()

result = f"C: {capitalized }, U: {upper_case}, L: {lower_case}"
print(result)
```

해설

capitalize는 문자열의 첫 글자를 대문자로 변환하고, 나머지는 소문자로 변환한다.
upper는 문자열의 모든 문자를 대문자로 변환한다.
lower는 문자열의 모든 문자를 소문자로 변환한다.

정답   C: Hello, world!, U: HELLO, WORLD!, L: hello, world!

011 다음은 사용자로부터 입력받은 문자열에서 처음과 끝의 3글자를 추출한 후 합쳐서 출력하는 파이썬 코드에서 ㉠에 들어갈 내용을 쓰시오.

```
string = input("7문자 이상 문자열을 입력하시오 :")
m = ( ㉠ )
print(m)

입력값: Hello World
최종 출력 : Helrld
```

해설

문자열의 처음 3글자 추출, string[:3]을 사용하여 처음부터 3번 인덱스 직전까지 추출한다.
혹은 string[0:3]을 이용할 수도 있다.
문자열의 끝 3글자 추출, string[-3:]을 사용하여 끝에서 3글자를 추출한다.

정답   string[0:3] + string[-3:]

012 다음 Python 프로그램의 실행 결과를 쓰시오.

```
a = "engineer information programming"
b = a[:3]
c = a[4:6]
d = a[29:]
e=b+c+d
print(e)
```

해설

변수 a에 문자열 "engineer information programming"을 저장한다.
b = a[:3], 시작 인덱스가 비어 있으므로 처음부터 시작해서, 3번 인덱스 직전까지 포함한다.
c = a[4:6], 시작 인덱스 4부터 종료 인덱스 6 직전까지 포함한다.
d = a[29:], 시작 인덱스 29부터 문자열의 끝까지 포함한다.

정답   engneing

013 다음 Python 프로그램의 실행 결과를 쓰시오.

```
text = "apple,banana,cherry,date"
result = text.split(',')
print(result)
```

해설

text.split(','), 문자열을 주어진 구분자(sep)를 기준으로 분리하여 리스트로 반환한다.

정답   ['apple', 'banana', 'cherry', 'date']

014 다음 Python 프로그램의 실행 결과를 쓰시오.

```
text = "Python is fun!"
result = text.replace("fun", "awesome")
print(result)

result = text.split(" ")
print(result)
```

해설

text.replace("fun", "awesome"), fun이라는 부분 문자열을 awesome으로 교체한다.
이 메서드는 새로운 문자열을 반환하며, 기존 문자열은 변경되지 않는다.
text.split(" "), 문자열을 특정 구분자(여기서는 공백 " ")를 기준으로 나누어, 리스트로 반환한다.

정답   Python is awesome!
       ['Python', 'is', 'fun!']

CHAPTER 03 파이썬 자료구조

1. 리스트(List)

- 순서가 있는 변경 가능한(Mutable) 자료구조로, 다양한 데이터를 저장할 수 있다.
- 순서가 있고(인덱싱 가능), 중복 데이터를 허용한다.
- 크기와 데이터 변경이 가능하다.
- 주요 메서드

메서드	설명
append(x)	리스트 끝에 항목을 추가한다.
insert(i, x)	특정 위치에 항목을 삽입한다.
pop([i])	특정 위치의 항목 제거한다. (인덱스 생략 시 마지막 항목 제거)
remove(x)	특정 값을 가진 첫 번째 항목을 제거한다.
sort()	리스트 항목을 정렬한다.
reverse()	리스트 항목 순서 뒤집는다.

- 예제

```
my_list = [5, 3, 1, 7]
my_list.append(7)
print(my_list)
my_list.insert(1, 2)
print(my_list)
my_list.remove(3)
print(my_list)
my_list.sort()
print(my_list)
```

[실행 결과]
[5, 3, 1, 7, 7]
[5, 2, 3, 1, 7, 7]
[5, 2, 1, 7, 7]
[1, 2, 5, 7, 7]

2. 딕셔너리(Dictionary)

- 키-값(key-value) 쌍으로 데이터를 저장하는 자료구조이다.
- 순서가 있고(Python 3.7+), 키는 중복 불가, 값은 중복 가능하다.
- 주요 메서드

메서드	설명
keys()	딕셔너리의 모든 키를 반환한다.
values()	딕셔너리의 모든 값을 반환한다.
items()	딕셔너리의 키-값 쌍 반환한다. (튜플 형태)
get(key, [default])	키에 해당하는 값 반환한다. (없으면 기본값 반환)
update(other_dict)	다른 딕셔너리와 병합한다.

- 예제

```
my_dict = {"name": "Lee", "age": 30}
print(my_dict["name"])
my_dict["age"] = 31
my_dict["city"] = "Wonju"
print(my_dict.keys())
print(my_dict.values())
```

[실행 결과]
```
Lee
dict_keys(['name', 'age', 'city'])
dict_values(['Lee', 31, 'Wonju'])
```

3. 셋(Set)

- 순서가 없고 중복을 허용하지 않는 자료구조이다.
- 순서가 없다. (인덱싱 불가능)
- 중복 데이터 제거는 자동으로 처리된다.
- 주요 메서드

메서드	설명
add(x)	항목을 추가한다.
remove(x)	특정 항목 제거한다. (항목이 없으면 KeyError 발생)
discard(x)	특정 항목 제거한다. (항목이 없어도 오류 없음)
union(set)	두 셋의 합집합을 반환한다.
intersection(set)	두 셋의 교집합을 반환한다.
difference(set)	두 셋의 차집합을 반환한다.

- 예제

```
set1 = {1, 2, 3}
set2 = {3, 4, 5}
print(set1.union(set2))
print(set1.intersection(set2))
print(set1.difference(set2))
```

[실행 결과]
{1, 2, 3, 4, 5}
{3}
{1, 2}

4. 튜플(Tuple)

- 순서가 있고 변경할 수 없는(Immutable) 자료구조이다.
- 순서가 있고(인덱싱 가능), 변경은 불가능하다.
- 중복 데이터를 허용한다.
- 주요 메서드

메서드	설명
count(x)	특정 값의 개수를 반환한다.
index(x)	특정 값의 첫 번째 인덱스를 반환한다.

- 예제

```
my_tuple = (1, 2, 3, 2)
print(my_tuple.count(2))
print(my_tuple.index(2))
```

[실행 결과]
2
1

문제풀이

001 다음 Python 프로그램의 실행 결과를 쓰시오.

```
my_list = [1, 2, 3]
my_list.append(4)
my_list.insert(1, 5)
del my_list[2]
print(my_list)
```

해설

리스트 my_list를 생성하고, [1, 2, 3]으로 초기화한다.
my_list.append(4), 리스트의 끝에 새로운 요소를 추가한다.
my_list.insert(1, 5), 지정된 인덱스에 새로운 요소를 삽입한다.
del my_list[2], 리스트에서 특정 인덱스의 요소를 삭제한다.

정답   [1, 5, 3, 4]

002 다음 Python 프로그램의 실행 결과를 쓰시오.

```
lst = [1, 2, 3, 4, 5]
lst.append(6)
lst.insert(2, 10)
lst.pop()
lst.remove(10)
print(lst)
```

해설

append(6), 리스트 끝에 6을 추가한다.
insert(2, 10), 인덱스 2에 10을 삽입한다.
pop(), 리스트의 마지막 요소 6을 제거한다.
remove(10), 값 10을 가진 첫 번째 요소를 제거한다.
최종적으로 [1, 2, 3, 4, 5]를 출력한다.

정답   [1, 2, 3, 4, 5]

003 다음 Python 프로그램의 실행 결과를 쓰시오.

```
a = ["대", "한", "민", "국"]
for i in a:
    print(i)
```

해설

리스트 a를 생성하고, "대", "한", "민", "국"의 문자열 요소를 포함한다.
for 반복문, 리스트 a는 4개의 요소를 가지므로 반복문은 4번 실행된다.
첫 번째 반복: i = "대"
두 번째 반복: i = "한"
세 번째 반복: i = "민"
네 번째 반복: i = "국"
각 반복에서 변수 i의 값을 출력한다.

정답 대
       한
       민
       국

004 다음 Python 프로그램의 실행 결과를 쓰시오.

```
a = ["대", "한", "민", "국"]
for i in a:
    print(i, end=" ")
```

해설

리스트 a를 생성하고, "대", "한", "민", "국"의 문자열 요소를 포함한다.
for 반복문, 리스트 a는 4개의 요소를 가지므로 반복문은 4번 실행된다.
첫 번째 반복: i = "대"
두 번째 반복: i = "한"
세 번째 반복: i = "민"
네 번째 반복: i = "국"
각 반복에서 변수 i의 값을 출력한다.
단, end를 이용해서 개행을 없애고 출력한다.

정답 대 한 민 국

005 다음 Python 프로그램의 실행 결과를 쓰시오.

```
list = [1, 2, 3, 4, 5, 6, 7, 8, 9]
print(list[0 : 1])
print(list[0 : 2])
print(list[0 : 5])
print(list[0 : 5 : 2])
print(list[0 : 5 : 3])
```

해설

list[0 : 1], 시작 인덱스 0부터, 종료 인덱스 1번 인덱스 직전까지 포함한다.
list[0 : 2], 시작 인덱스 0부터, 종료 인덱스 2번 인덱스 직전까지 포함한다.
list[0 : 5], 시작 인덱스 0부터, 종료 인덱스 5번 인덱스 직전까지 포함한다.
list[0 : 5 : 2], 시작 인덱스 0부터, 종료 인덱스 5번 인덱스 직전까지 2칸씩 건너뛰며 가져온다.
list[0 : 5 : 3], 시작 인덱스 0부터, 종료 인덱스 5번 인덱스 직전까지 3칸씩 건너뛰며 가져온다.

정답
[1]
[1, 2]
[1, 2, 3, 4, 5]
[1, 3, 5]
[1, 4]

006 다음 Python 프로그램의 실행 결과를 쓰시오.

```
a=[0,10,20,30,40,50,60,70,80,90]
print( a[:7:2] )
```

해설

리스트 a를 생성한다.
print(a[:7:2]), 시작 인덱스는 생략되었으므로 처음부터 시작해서, 7번 인덱스 직전까지 2칸씩 건너뛰며 요소들을 가져온다.

정답 [0, 20, 40, 60]

007 다음 Python 프로그램의 실행 결과를 쓰시오.

```
list = [1, 2, 3, 4, 5, 6]
print(list[-2:-4:-1])
```

해설

시작 인덱스 -2는 리스트의 끝에서 두 번째 요소(5)를 의미한다.
종료 인덱스 -4는 리스트의 끝에서 네 번째 요소 직전까지 포함한다. (즉, 3까지 가져온다.)
스텝 -1은 역순으로 슬라이싱을 진행한다.

정답　[5, 4]

008 다음 Python 프로그램의 실행 결과를 쓰시오.

```
list = [1, 2, 3, 4, 5, 6, 7, 8, 9]
print(list[-4 : -2])
print(list[-5 : -1])
print(list[-1 : -5])
print(list[-1 : -5 : -1])
print(list[-2 : -4 : -1])
```

해설

list[-4 : -2], 시작 인덱스 -4부터, 종료 인덱스 -2까지 포함한다.
list[-5 : -1], 시작 인덱스 -5부터, 종료 인덱스 -1까지 포함한다.
list[-1 : -5], 시작 인덱스 -1부터, 종료 인덱스 -5까지 포함한다. step이 기본값 1이므로, 이 방향으로 슬라이싱은 불가능하여, 빈 리스트를 출력한다.
list[-1 : -5 : -1], 시작 인덱스 -1부터, 종료 인덱스 -5까지 역순으로 슬라이싱한다.
list[-2 : -4 : -1], 시작 인덱스 -2부터, 종료 인덱스 -4까지 역순으로 슬라이싱한다.

정답　[6, 7]
　　　[5, 6, 7, 8]
　　　[]
　　　[9, 8, 7, 6]
　　　[8, 7]

009 다음 Python 프로그램의 실행 결과를 쓰시오.

```
data = [10, 20, 30, 40, 50]
print(data[1])
print(data[:3])
print(data[-1])
```

해설

리스트 data를 생성하고, 값 [10, 20, 30, 40, 50]을 저장한다.
data[1], 리스트에서 인덱스 1의 값을 가져온다.
data[:3], 시작 인덱스가 비어 있으므로 처음부터 시작해서, 3번 인덱스 직전까지 포함한다.
data[-1], 음수 인덱스 -1은 리스트의 마지막 요소를 의미한다.

정답
20
[10, 20, 30]
50

010 다음 Python 프로그램의 실행 결과를 쓰시오.

```
matrix = [[1, 2, 3], [4, 5, 6], [7, 8, 9]]
print(matrix[0])
print(matrix[1][2])
print(matrix[:2])
```

해설

2차원 리스트 matrix를 생성한다.
matrix[0], 2차원 리스트에서 첫 번째 하위 리스트를 참조한다.
matrix[1][2], 두 번째 하위 리스트 [4, 5, 6]을 참조하고, 세 번째 요소를 참조한다.
matrix[:2], 2차원 리스트에서 처음 두 개의 하위 리스트를 포함한다.

정답
[1, 2, 3]
6
[[1, 2, 3], [4, 5, 6]]

011 다음 Python 프로그램의 실행 결과를 쓰시오.

```
data = [10, 20, 30, 40, 50]
data[2] = 100
data.append(60)
data.insert(1, 15)
print(data)
print(data[4])
```

해설

리스트 data를 생성하고, [10, 20, 30, 40, 50]으로 초기화한다.
data[2] = 100, 인덱스 2의 값을 100으로 변경한다.
data.append(60), 리스트의 끝에 값 60을 추가한다.
data.insert(1, 15), 인덱스 1 위치에 값 15를 삽입한다.
print(data), 리스트 data의 현재 상태를 출력한다.
print(data[4]), 리스트에서 인덱스 4의 값을 참조한다.

정답 [10, 15, 20, 100, 40, 50, 60]
　　　40

012 다음 Python 프로그램의 실행 결과를 쓰시오.

```
data = [5, 10, 15, 20]
print(data[1] * data[3])
print(data[:2] + data[-2:])
print(data[-1] // data[0])
```

해설

리스트 data를 생성하고, [5, 10, 15, 20]으로 초기화한다.
print(data[1] * data[3]), 리스트의 두 번째 요소와 리스트의 네 번째 요소의 곱을 출력한다.
print(data[:2] + data[-2:]), 0번 인덱스부터 2번 인덱스 직전까지의 결과와 -2번 인덱스부터 끝까지 포함해서 합친 결과를 출력한다.
print(data[-1] // data[0]), 리스트의 마지막 요소와 리스트의 첫 번째 요소의 나눈 몫을 출력한다.

정답 200
　　　[5, 10, 15, 20]
　　　4

013 다음 Python 프로그램의 실행 결과를 쓰시오.

```
data = [[1,2,3],[4,5],[6,7,8,9]]
print(data[0])
print(data[2][1])
for sub in data:
    for item in sub:
        print(item, end=" ")
    print()
```

해설

리스트 data는 2차원 리스트로 구성되어 있다.
print(data[0]), 리스트 data의 첫 번째 하위 리스트를 참조한다.
print(data[2][1]), 리스트의 세 번째 하위 리스트 [6, 7, 8, 9]에서 두 번째 요소를 출력한다.
첫 번째 반복문, sub 변수에 data의 각 하위 리스트를 순서대로 할당한다.
두 번째 반복문, 현재 sub 리스트의 각 요소를 item 변수에 할당한다.

정답
[1, 2, 3]
7
1 2 3
4 5
6 7 8 9

014 다음 Python 프로그램의 실행 결과를 쓰시오.

```
a = [1, 2, ['AB', 'CDE', ['FGH', 'IJK']]]
print(a[0])
print(a[1])
print(a[2])
print(a[2][0])
print(a[2][1])
print(a[2][2])
print(a[2][2][0])
print(a[2][2][1])
print(a[2][2][0][0])
print(a[2][2][0][1])
print(a[2][2][0][2])
```

> **해설**
> a[0], 리스트의 첫 번째 요소이다.
> a[1], 리스트의 두 번째 요소이다.
> a[2], 리스트의 세 번째 요소이고, 해당 요소는 리스트 형태로 되어 있다.
> a[2][0], 리스트의 세 번째 요소의 첫 번째 하위 요소이다.
> a[2][1], 리스트의 세 번째 요소의 두 번째 하위 요소이다.
> a[2][2], 리스트의 세 번째 요소의 세 번째 하위 요소이다.
> a[2][2][0], 리스트의 세 번째 요소의 세 번째 하위 요소의 첫 번째 요소이다.
> a[2][2][1], 리스트의 세 번째 요소의 세 번째 하위 요소의 두 번째 요소이다.
> a[2][2][0][0], 리스트의 세 번째 요소의 세 번째 하위 요소의 첫 번째 문자열의 시작 문자이다.
> a[2][2][0][1], 리스트의 세 번째 요소의 세 번째 하위 요소의 첫 번째 문자열의 두 번째 문자이다.
> a[2][2][0][2], 리스트의 세 번째 요소의 세 번째 하위 요소의 첫 번째 문자열의 세 번째 문자이다.

정답
1
2
['AB', 'CDE', ['FGH', 'IJK']]
AB
CDE
['FGH', 'IJK']
FGH
IJK
F
G
H

015 다음 Python 프로그램의 실행 결과를 쓰시오.

```
a=100
list_data = ['a', 'b', 'c']
dict_data = {'a':90, 'b':95}
print(list_data[0])
print(dict_data['a'])
```

> **해설**
> 변수 a에 정수 100을 저장한다.
> 리스트 list_data를 생성하고, 문자열 요소 ['a', 'b', 'c']를 저장한다.
> 딕셔너리 dict_data를 생성한다.
> print(list_data[0]), 리스트 list_data의 첫 번째 요소를 가져온다.
> print(dict_data['a']), 딕셔너리 dict_data에서 키 'a'에 해당하는 값을 가져온다.

정답
a
90

016 다음 Python 프로그램의 실행 결과를 쓰시오.

```
data = [1, 2, 2, 3, 4, 4, 5]
unique_data = set(data)
print(unique_data)
```

해설

리스트 data를 생성하고 초기화한다.
unique_data = set(data), 셋은 중복값을 허용하지 않으므로, 중복된 값이 제거된다.

정답   {1, 2, 3, 4, 5}

017 다음 Python 프로그램의 실행 결과를 쓰시오.

```
a={'일본', '중국', '한국'}
a.add('중국')
a.add('북한')
a.remove('일본')
a.update({'홍콩','한국','베트남'});
print(a);
```

해설

a는 셋(set) 자료구조로 생성된다.
셋은 중복을 허용하지 않고, 순서가 없다.
a.add('중국'), 셋에 새로운 값을 추가하지만, 이미 셋에 존재하므로 추가되지 않는다.
a.add('북한'), 셋에 새로운 값을 추가한다.
a.remove('일본'), 셋에서 지정된 값을 제거한다.
a.update({'홍콩', '한국', '베트남'}), 셋에 여러 값을 추가한다.
추가하려는 값 중 이미 존재하는 값('한국')은 무시되고, 없는 값만 추가된다.

정답   {'북한', '홍콩', '베트남', '중국', '한국'}

018 다음 Python 프로그램의 실행 결과를 쓰시오.

```
my_dict = {'x': 50, 'y': 60, 'z': 70}
print(my_dict.get('y'))
print(my_dict.get('a'))
print(my_dict.get('a', 'Key not found'))
```

해설

딕셔너리 my_dict를 생성하고 초기화한다.
my_dict.get('y'), 키 'y'는 딕셔너리에 존재하며, 값은 60을 가지고 있다.
my_dict.get('a'), 키 'a'는 딕셔너리에 존재하지 않고, None을 반환한다.
my_dict.get('a', 'Key not found'), 키 'a'는 딕셔너리에 존재하지 않고, 기본값 'Key not found'가 반환된다.

정답
60
None
Key not found

019 다음 Python 프로그램의 실행 결과를 쓰시오.

```
countries = {
    'USA': {'capital': 'Washington DC', 'population': 330},
    'Korea': {'capital': 'Seoul', 'population': 51},
    'Japan': {'capital': 'Tokyo', 'population': 126}
}
print(countries['Korea']['capital'])
print(countries['Japan']['population'])
```

해설

딕셔너리 countries는 중첩 딕셔너리로 구성되어 있다.
countries['Korea']['capital'], 키 Korea에 해당하는 값 {'capital': 'Seoul', 'population': 51}에서 capital에 해당하는 값을 가져온다.
countries['Japan']['population'], 키 Japan에 해당하는 값 {'capital': 'Tokyo', 'population': 126}에서 population에 해당하는 값을 가져온다.

정답
Seoul
126

020 다음 Python 프로그램의 실행 결과를 쓰시오.

```
my_set = {3, 5, 7, 9}
my_set.add(5)
my_set.add(2)
my_set.add(8)
my_set.discard(7)
print(my_set)
```

해설

my_set은 셋(set) 자료구조로 생성된다.
my_set.add(5), 값 5를 셋에 추가하지만, 이미 셋에 존재하므로 중복값은 추가되지 않는다.
my_set.add(2), 값 2를 셋에 추가한다.
my_set.add(8), 값 8을 셋에 추가한다.
my_set.discard(7), 값 7을 셋에서 제거한다.
discard는 값이 없어도 오류가 발생하지 않는다.

정답　{2, 3, 5, 8, 9}

021 다음 Python 프로그램의 실행 결과를 쓰시오.

```
set1 = {1, 2, 3, 4, 5}
set2 = {3, 4, 5, 6, 7}
print(set1.intersection(set2))
print(set1.union(set2))
print(set1.difference(set2))
```

해설

set1은 셋(set) 자료구조로 생성되었다.
set2는 셋(set) 자료구조로 생성되었다.
set1.intersection(set2), 두 셋의 교집합을 구한다.
set1.union(set2), 두 셋의 합집합을 구한다.
set1.difference(set2), 첫 번째 셋에서 두 번째 셋에 포함되지 않은 요소를 반환한다.

정답　{3, 4, 5}
　　　　{1, 2, 3, 4, 5, 6, 7}
　　　　{1, 2}

022 다음 Python 프로그램의 실행 결과를 쓰시오.

```
my_dict = {'apple': 2, 'banana': 3, 'cherry': 1}
my_dict['pear'] = 4
del my_dict['banana']
print(my_dict)
```

해설

딕셔너리 my_dict를 생성한다.
my_dict['pear'] = 4, 딕셔너리에 새로운 키-값을 추가한다.
del my_dict['banana'], 키 'banana'에 해당하는 키-값 쌍을 제거한다.

정답 {'apple': 2, 'cherry': 1, 'pear': 4}

023 다음 Python 프로그램의 실행 결과를 쓰시오.

```
my_tuple = (1, 2, 3, 4, 5, 6)
my_tuple = my_tuple[:2] + (6,) + my_tuple[3:]
print(my_tuple)
```

해설

튜플 my_tuple을 생성하고 초기화한다.
튜플은 순서가 있고, 변경할 수 없는(Immutable) 자료구조이다.
my_tuple[:2], 시작 인덱스 생략되었기 때문에 처음부터, 2번 인덱스 직전까지 포함한다.
(6,), (6,)은 값 6을 가진 단일 요소 튜플이다.
쉼표(,)가 없으면 정수로 인식되므로 반드시 쉼표를 추가해야 단일 요소 튜플이 된다.
my_tuple[3:], 시작 인덱스 3부터 끝까지 포함한다.
my_tuple[:2] + (6,) + my_tuple[3:], 튜플은 변경할 수 없지만, 슬라이싱과 연결(Concatenation)을 통해 새로운 튜플을 생성할 수 있다.

정답 (1, 2, 6, 4, 5, 6)

024 다음 Python 프로그램의 실행 결과를 쓰시오.

```
my_tuple = (10, 20, 30, 40, 50)
my_tuple = (my_tuple[-1],) + my_tuple[1:-1] + (60,) + (my_tuple[0],)
print(my_tuple)
```

해설

(my_tuple[-1],), 튜플의 마지막 요소인 50을 가져온다.
my_tuple[1:-1], 두 번째 요소부터 마지막 요소 직전까지 추출한다.
(60,), 숫자 60을 새로운 튜플 (60,)으로 변환한다.
(my_tuple[0],), 첫 번째 요소 10을 가져와서 새로운 튜플로 변환한다.
my_tuple에 + 연산자를 사용해 각 부분 튜플을 연결한다.

정답 (50, 20, 30, 40, 60, 10)

CHAPTER 04 파이썬 클래스 / 함수

1. 클래스

(1) 클래스의 개념
- 클래스(Class)는 객체를 생성하기 위한 청사진 또는 템플릿이다.
- 클래스는 데이터(속성)와 행동(메서드)을 하나의 논리적 단위로 묶는다.

(2) 클래스 정의

```
class Person:
    def __init__(self, name, age):   # 생성자
        self.name = name             # 속성 정의
        self.age = age

    def greet(self):   # 메서드
        return f"{self.name}, {self.age}"

# 객체 생성
person1 = Person("Lee", 25)
print(person1.greet())
```

[실행 결과]
Lee, 25

(3) 주요 구성 요소

1) 속성(Attributes)
- 객체의 데이터를 저장한다.
- __init__ 메서드에서 self를 사용해 정의한다.

2) 메서드(Methods)
- 객체가 수행할 동작을 정의한다.
- 첫 번째 매개변수로 self를 받는다.

3) 생성자(Constructor)
- __init__ 메서드로 정의한다.
- 객체가 생성될 때 초기화를 담당한다.

4) 소멸자(Destructor)
- __del__ 메서드로 정의한다.
- 객체가 소멸될 때 호출된다.

2. 함수

(1) 함수의 개념
- 특정 작업을 수행하는 코드 블록으로, 재사용 가능한 형태로 정의된다.
- 함수를 사용하면 코드의 재사용성이 증가하고, 가독성과 유지보수성이 향상된다.
- 함수의 정의와 호출

```python
def add(a, b):
    """두 수를 더하는 함수"""
    return a + b

result = add(3, 5)
print(result)
```

[실행 결과]
8

(2) 함수의 종류

1) 매개변수와 반환값이 있는 함수

```python
def multiply(x, y):
    return x * y

print(multiply(3, 4))
```

[실행 결과]
12

2) 매개변수는 있고 반환값이 없는 함수

```
def greet(name):
    print(f"Hello, {name}!")

greet("Alice")
```

[실행 결과]
Hello, Alice!

3) 매개변수와 반환값이 없는 함수

```
def display_message():
    print("This is a simple message.")

display_message()
```

[실행 결과]
This is a simple message.

4) 기본값 매개변수

```
def introduce(name, age=20):
    print(f"{name}, {age}")

introduce("Bob")
introduce("Alice", 25)
```

[실행 결과]
Bob, 20
Alice, 25

5) 가변 인자

```
def sum_all(*args):
    return sum(args)

print(sum_all(1, 2, 3, 4))
```

[실행 결과]
10

3. 전역변수

(1) 전역변수의 개념
- 함수 외부에서 정의된 변수로, 프로그램 전역에서 접근 가능하다.
- 지역변수와의 차이
  - 지역변수: 함수 내부에서 선언되고, 함수가 종료되면 소멸된다.
  - 전역변수: 함수 외부에서 선언되어 프로그램 종료 시까지 유지된다.

(2) 전역변수와 함수의 상호작용

1) 함수에서 전역변수 읽기
- 함수 내부에서 전역변수를 읽는 것은 가능하다.
- 예제

```
x = 10

def read_global():
    print(x)

read_global()
```

[실행 결과]
10

2) 함수에서 전역변수 변경
- 함수 내부에서 전역변수를 변경하려면 global 키워드를 사용한다.
- 예제

```
x = 10

def modify_global():
    global x
    x = 20

modify_global()
print(x)
```

[실행 결과]
20

3) 전역변수와 지역변수가 충돌하는 경우
- 동일한 이름의 전역변수와 지역변수가 있으면, 지역변수가 우선이다.
- 예제

```
x = 10

def func():
    x = 5    # 지역변수
    print(x)

func()
print(x)
```

[실행 결과]
5
10

문제풀이

001 다음 Python 프로그램의 실행 결과를 쓰시오.

```
class Calculator:
    def __init__(self, first, second):
        self.first = first
        self.second = second
    def add(self):
        return self.first + self.second
    def subtract(self):
        return self.first - self.second
    def multiply(self):
        return self.first * self.second
    def divide(self):
        if self.second != 0:
            return self.first / self.second
        else:
            return "Cannot divide by zero"
calc = Calculator(10, 5)
print("Addition:", calc.add())
print("Subtraction:", calc.subtract())
print("Multiplication:", calc.multiply())
print("Division:", calc.divide())
```

해설

Calculator 클래스의 객체 calc를 생성하며, 첫 번째 숫자로 10, 두 번째 숫자로 5를 전달한다.
__init__ 메서드가 호출되어 calc.first = 10과 calc.second = 5가 저장된다.
각 함수에서, 연산을 수행한 후, 값을 돌려준다.

정답 Addition: 15
Subtraction: 5
Multiplication: 50
Division: 2.0

002 다음 Python 프로그램의 실행 결과를 쓰시오.

```
class arr:
    a = ["Seoul", "Kyeonggi", "Inchon", "Daejoen", "Daegu", "Busan"]
str = ' '
for i in arr.a:
    str = str + i[0]
print(str)
```

해설

클래스 arr가 정의되었고, 클래스 속성 a가 리스트로 초기화된다.
변수 str을 공백 문자 ' '로 초기화된다.
arr 클래스의 속성 a를 참조하여 반복한다.
리스트 ["Seoul", "Kyeonggi", "Inchon", "Daejoen", "Daegu", "Busan"]의 각 요소를 하나씩 가져온다.
i는 현재 반복 중인 리스트의 요소이고, i[0]은 해당 문자열의 첫 번째 문자이다.
str 변수에 i[0] 값을 추가하여 문자열을 누적한다.

정답 SKIDDB

003 다음 Python 프로그램의 실행 결과를 쓰시오.

```
class FourCal:
    def Setdata(sel, fir, sec):
        sel.fir = fir
        sel.sec = sec
    def add(sel):
        result = sel.fir + sel.sec
        return result
a = FourCal()
a.Setdata(4, 2)
print(a.add())
```

해설

FourCal 클래스의 인스턴스 a가 생성된다.
이 시점에서는 속성 fir과 sec이 설정되지 않는다.
Setdata 메서드를 호출하여 객체 a의 속성 fir과 sec을 설정한다.
add 메서드를 호출하여 a.fir과 a.sec의 합을 계산하여 결과값을 반환한다.

정답 6

004 다음 Python 프로그램의 실행 결과를 쓰시오.

```
class Animal:
    def __init__(self, name):
        self.name = name
    def speak(self):
        return "Some sound"
class Dog(Animal):
    def __init__(self, name, breed):
        super().__init__(name)
        self.breed = breed
    def speak(self):
        return "Woof!"

dog = Dog("Buddy", "Golden Retriever")
print(f"{dog.name } : {dog.speak() } ({dog.breed})")
```

해설

Dog 클래스의 객체 dog를 생성한다.
부모 클래스의 __init__ 메서드가 호출되어 dog.name = "Buddy"로 설정된다.
dog.breed = "Golden Retriever"로 설정된다.
dog.name, dog 객체의 이름 속성 값인 Buddy를 출력한다.
dog.speak(), Dog 클래스에서 재정의된 speak 메서드를 호출하여 Woof! 반환하여 출력한다.
dog.breed, dog 객체의 품종 속성 값인 Golden Retriever를 출력한다.

정답 Buddy : Woof! (Golden Retriever)

005 다음 Python 프로그램의 실행 결과를 쓰시오.

```python
class Animal:
    def __init__(self, name):
        self.name = name
        print(f"name : {self.name}")

class Dog(Animal):
    def __init__(self, name):
        super().__init__(name)
        print("Dog init")



class Cat(Animal):
    def __init__(self, name):
        self.name = name
        print("Cat init")



dog = Dog("Dogu")
cat = Cat("Mery")
```

해설

Dog 클래스의 생성자가 호출된다.
super().__init__("Dogu")를 통해 부모 클래스 Animal의 생성자가 호출된다.
부모 생성자가 실행되어 self.name = "Dogu"가 설정되고 name : Dogu가 출력된다.
Dog init 메시지가 출력된다.
Cat 클래스의 생성자가 호출된다.
부모 생성자(super().__init__)를 호출하지 않으므로 부모 클래스의 초기화 작업이 실행되지 않는다.
대신 self.name = Mery로 속성을 직접 설정하고, Cat init 메시지를 출력한다.

정답   name : Dogu
Dog init
Cat init

006 다음 Python 프로그램의 실행 결과를 쓰시오.

```
def cs(n):
    s = 0
    for num in range(n+1):
        s += num
    return s
print(cs(11))
```

해설

함수 cs를 호출하여 n=11에 대한 결과를 출력한다.
cs(11)을 호출하고, range(12)가 생성된다.
각 숫자를 누적 합산한다. (0 + 1 + 2 + 3 + ... + 11 = 66)

정답   66

007 다음 Python 프로그램의 실행 결과를 쓰시오.

```
def fnc(list):
    for i in range(len(list) // 2):
        list[i], list[-i-1] = list[-i-1], list[i]
list = [1,2,3,4,5,6]
fnc(list)
print(sum(list[::2]) - sum(list[1::2]))
```

해설

리스트 list는 [1, 2, 3, 4, 5, 6]으로 정의되어 있다.
fnc함수를 호출하여 리스트의 내용을 뒤집는다.
list[::2], 리스트에서 짝수 인덱스 요소를 추출하여 합산한다.
list[1::2], 리스트에서 홀수 인덱스 요소를 추출하여 합산한다.
두 합의 차를 구하여 출력한다.

정답   3

008 다음 Python 프로그램의 실행 결과를 쓰시오.

```
def check(v):
    if type(v) == type(""):
        return len(v)
    elif type(v) == type(100):
        return 1
    elif type(v) == tuple:
        return 2
    elif type(v) == list:
        return 3
    else:
        return 4
a = "100.0"
b = 200
c = (100.0, 200.0)
d = [100.0, 200.0]
print(check(a) + check(b) + check(c) + check(d))
```

해설

type(v) == type(""), v가 문자열(str)인 경우, 문자열의 길이(len(v))를 반환한다.
type(v) == type(100), v가 정수(int)인 경우, 1을 반환한다.
type(v) == tuple, v가 튜플(tuple)인 경우, 2를 반환한다.
type(v) == list, v가 리스트(list)인 경우, 3을 반환한다.
else, 나머지 모든 경우, 4를 반환한다.

정답 11

009 다음 Python 프로그램의 실행 결과를 쓰시오.

```
def cnt(str, p):
    result = 0;
    for i in range(len(str)):
        sub = str[i:i+len(p)]
        if sub == p:
            result += 1;
    return result
str = "abdcabcabca"
p1 = "ca"
p2 = "ab"
print(f'ab{cnt(str, p1)} ca{cnt(str, p2)}');
```

해설

cnt 함수에서는 str(검색할 대상 문자열), p(찾고자 하는 패턴)를 인자로 받는다.
len(str)까지 반복하며, 문자열의 각 위치에서 길이가 len(p)인 부분 문자열(sub)을 추출한다.
sub가 패턴 p와 동일하면 result를 1 증가한다.
반복이 끝난 후, result에 패턴 p가 문자열 str에서 발견된 횟수를 반환한다.
str에 검색할 문자열 abdcabcabca를 대입하고, 각각의 패턴이 나오는 횟수를 반환받아서 출력한다.

정답　　ab3 ca3

010 다음 Python 프로그램의 실행 결과를 쓰시오.

```
def find (text, char):
    positions = []
    for i in range(len(text)):
        if text[i] == char:
            positions.append(i)
    return positions

text = "hello world"
char = 'l'
print(f'Positions "{char}": {find(text, char) }')
```

해설

문자열 text = "hello world"와 문자 char = 'l'이 함수에 전달된다.
함수는 아래 과정을 수행한다.
i=0 → text[0]은 'h', 조건 미충족
i=1 → text[1]은 'e', 조건 미충족
i=2 → text[2]는 'l', 조건 충족 → positions = [2]
i=3 → text[3]은 'l', 조건 충족 → positions = [2, 3]
i=4 → text[4]는 'o', 조건 미충족
i=9 → text[9]는 'l', 조건 충족 → positions = [2, 3, 9]
f'Positions " {char }": {find(text, char) }': 포매팅된 문자열로 결과를 출력한다.

정답 Positions "l": [2, 3, 9]

011 다음 Python 프로그램의 실행 결과를 쓰시오.

```
def f_cnt(s, sub):
    count = 0
    for i in range(len(s) - len(sub) + 1):
        if s[i:i+len(sub)] == sub:
            count += 1
    return count

string = "banana"
ch = "ana"
print(f" \"{ch}\" find {f_cnt(string, ch) } in \"{string }\"")
```

해설

문자열 s = "banana"와 문자열 sub = 'ana'가 함수에 전달된다.
함수는 아래 과정을 수행한다.
i=0: s[0:3] → "ban" ≠ "ana" → count = 0
i=1: s[1:4] → "ana" == "ana" → count = 1
i=2: s[2:5] → "nan" ≠ "ana" → count = 1
i=3: s[3:6] → "ana" == "ana" → count = 2
반환받은 2를 포매팅된 문자열로 출력한다.

정답 "ana" find 2 in "banana"

012 다음 Python 프로그램의 실행 결과를 쓰시오.

```
def count_char(s):
    counts = { }
    for char in s:
        if char in counts:
            counts[char] += 1
        else:
            counts[char] = 1
    return counts

string = "apple"
print(f'counts: {count_char(string) }')
```

> **해설**
> 문자열 apple을 변수 string에 저장한다.
> 문자열 apple을 함수 count_char에 전달하여 실행한다.
> count_char 함수에서는 문자열의 각 문자를 순회하며 등장 횟수를 딕셔너리로 집계한다.

정답   counts: {'a': 1, 'p': 2, 'l': 1, 'e': 1}

013 다음 Python 프로그램의 실행 결과를 쓰시오.

```
def test(x, y=[]):
    y.append(x)
    return y
print(test(1))
print(test(2))
```

> **해설**
> 첫 번째 호출, 함수 test가 호출되며, x = 1이고 y는 기본값 []를 사용한다.
> 리스트 y는 빈 리스트로 초기화된다.
> y.append(x), y에 1을 추가하고, [1]을 반환한다.
> 두 번째 호출, 함수 test가 호출되며, x = 2이고, y는 기본값 리스트를 재사용한다.
> 첫 번째 호출에서 수정된 리스트 y = [1]을 그대로 사용한다.
> y.append(x), y에 2를 추가해서, [1, 2]를 반환한다.
> 기본값은 함수 정의 시점에 단 한 번만 평가되며, 이후 호출에서는 이 값이 그대로 유지된다.

정답   [1]
       [1, 2]

014 다음 Python 프로그램의 실행 결과를 쓰시오.

```python
def mix_values(a, b=[], c=10):
    b.append(a)
    return b, c

print(mix_values(1))
print(mix_values(2, c=20))
print(mix_values(3))
```

해설

첫 번째 호출, a=1, b=[] (기본값 사용), c=10 (기본값 사용)
b.append(a) → b=[1]
([1], 10)이 리턴된다.
두 번째 호출, a=2, b=[1] (이전 호출에서 공유된 리스트), c=20
b.append(a) → b=[1, 2]
([1, 2], 20)이 리턴된다.
세 번째 호출, a=3, b=[1, 2] (이전 호출에서 공유된 리스트), c=10 (기본값 사용)
b.append(a) → b=[1, 2, 3]
([1, 2, 3], 10)이 리턴된다.

정답   ([1], 10)
([1, 2], 20)
([1, 2, 3], 10)

015 다음 Python 프로그램의 실행 결과를 쓰시오.

```python
def default_behavior(x, y=[]):
    y.append(x)
    return len(y)

print(default_behavior(1))
print(default_behavior(2))
print(default_behavior(3, [10, 20]))
print(default_behavior(4))
```

해설

첫 번째 호출, x=1, y=[] (기본값 사용)
y.append(1) → y=[1]
len(y) 반환 → 1

두 번째 호출, x=2, y=[1] (이전 호출에서 수정된 기본값 리스트 사용)
y.append(2) → y=[1, 2]
len(y) 반환 → 2
세 번째 호출, x=3, y=[10, 20] (새로운 리스트가 전달됨)
y.append(3) → y=[10, 20, 3]
len(y) 반환 → 3
네 번째 호출, x=4, y=[1, 2] (첫 번째와 두 번째 호출에서 수정된 기본값 리스트 사용)
y.append(4) → y=[1, 2, 4]
len(y) 반환 → 3

정답   1
       2
       3
       3

016 다음 Python 프로그램의 실행 결과를 쓰시오.

```
def counter(start=0, increment=[]):
    increment.append(1)
    return start + sum(increment)

print(counter())
print(counter())
print(counter(10))
```

해설

첫 번째 호출, start=0, increment=[] (기본값 사용)
increment.append(1) → increment=[1]
sum(increment) → 1
start + sum(increment) → 0+1=1
두 번째 호출, start=0, increment=[1] (첫 번째 호출에서 수정된 리스트 사용)
increment.append(1) → increment=[1, 1]
sum(increment) → 1+1=2
start + sum(increment) → 0+2=2
세 번째 호출, start=10, increment=[1, 1] (이전 호출에서 공유된 리스트 사용)
increment.append(1) → increment=[1, 1, 1]
sum(increment) → 1+1+1=3
start + sum(increment) → 10+3=13

정답   1
       2
       13

017 다음 Python 프로그램의 실행 결과를 쓰시오.

```
def modify_tuple(value, fixed=(1, 2)):
    fixed = fixed + (value,)
    return fixed

print(modify_tuple(3))
print(modify_tuple(4))
print(modify_tuple(5, fixed=(10,)))
```

해설

첫 번째 호출, value=3, fixed=(1, 2) (기본값 사용)
fixed + (3,) → (1, 2)+(3,) → (1, 2, 3)
(1, 2, 3) 반환
두 번째 호출, value=4, fixed=(1, 2) (기본값 사용)
fixed + (4,) → (1, 2)+(4,) → (1, 2, 4)
(1, 2, 4) 반환
세 번째 호출, value=5, fixed=(10,) (새로운 튜플 전달)
fixed + (5,) → (10,)+(5,) → (10, 5)
(10, 5) 반환
튜플은 불변 객체이므로, 기존 튜플을 수정하지 않고 새로운 튜플을 반환한다.

정답 (1, 2, 3)
　　　　 (1, 2, 4)
　　　　 (10, 5)

018 다음 Python 프로그램의 실행 결과를 쓰시오.

```
sum = 10
def fun1():
    sum = 20
    print(sum)
def fun2():
    global sum
    sum = 30
print(sum)
fun1()
print(sum)
fun2()
print(sum)
```

> **해설**
>
> 첫 번째 print, 전역변수 sum의 값을 출력한다. (10)
> fun1 함수 호출, 함수 내부에서 지역변수 sum이 20으로 정의되고, 지역변수 sum이 출력된다.
> 전역변수 sum에는 영향을 미치지 않는다.
> 두 번째 print, 전역변수 sum의 값을 출력한다. (10)
> fun2 함수 호출, 함수 내부에서 global sum을 선언하여, 전역변수 sum의 값을 30으로 수정한다.
> 세 번째 print, 변경된 전역변수 sum의 값을 출력한다. (30)

정답 10
      20
      10
      30

019 다음 Python 프로그램의 실행 결과를 쓰시오.

```python
count = 5
def increment():
    count = 10
    print("increment:", count)
def reset():
    global count
    count += 5
    print("reset:", count)
print("A:", count)
increment()
print("B:", count)
reset()
print("C:", count)
```

> **해설**
>
> print("A:", count), 전역변수 count의 값인 5가 출력된다.
> increment(), 지역변수 count=10이 선언되고 출력된다.
> print("B:", count), 전역변수 count는 increment 함수의 실행에 영향을 받지 않으므로 여전히 5이다.
> reset(), global count를 선언했으므로, 전역변수 count를 직접 수정한다.
> print("C:", count), 전역변수 count는 reset 함수에서 수정되어 현재 값 10을 출력한다.

정답 A: 5
      increment: 10
      B: 5
      reset: 10
      C: 10

020 다음 Python 프로그램의 실행 결과를 쓰시오.

```
def cals(num):
    if num == 1:
        return 1
    else:
        return num * cals(num-1)
in_val = 4
result = cals(in_val)
print(result)
```

해설

입력값 in_val = 4일 때, 함수 호출 과정,
cals(4), 반환값 = 4 * cals(3)
cals(3), 반환값 = 3 * cals(2)
cals(2), 반환값 = 2 * cals(1)
cals(1), 반환값 = 1 (종료 조건 도달)
재귀호출을 이용하기 때문에 스택을 이용해서 연산한 최종 결과는 24가 된다.

정답 24

CHAPTER 05. 리스트 컴프리헨션 / 람다 함수

1. 리스트 컴프리헨션(List Comprehension)

(1) 리스트 컴프리헨션의 개념
- 기존의 리스트나 다른 반복 가능한(Iterable) 객체로부터 조건을 적용하거나 변환하여 새로운 리스트를 간결하게 생성하는 문법이다.
- 한 줄의 코드로 새로운 리스트를 생성할 수 있어 가독성과 효율성이 높아진다.

(2) 기본 문법

```
[expression for item in iterable if condition]
```

- expression: 리스트의 각 요소를 생성하는 표현식이다.
- item: 반복 가능한 객체(Iterable)에서 가져오는 각 요소이다.
- iterable: 반복 가능한 객체이다. (리스트, 문자열, 튜플 등)
- condition: 선택적으로 요소를 필터링하는 조건식이다. (참인 경우만 포함)

(3) 예제

1) 기본 사용법

```
numbers = [1, 2, 3, 4, 5]
squared = [n**2 for n in numbers]
print(squared)
```

[실행 결과]
[1, 4, 9, 16, 25]

2) 조건문 사용

```
numbers = [1, 2, 3, 4, 5]
evens = [n for n in numbers if n % 2 == 0]
print(evens)
```

[실행 결과]
[2, 4]

2. 람다 함수

(1) 람다 함수의 개념
- 익명 함수(Anonymous Function)를 정의하기 위해 사용하는 방식이다.
- lambda 키워드를 사용하여 간단한 함수 정의가 가능하다.
- 한 줄로 작성되며, 간단한 계산이나 표현식을 처리할 때 유용하다.

(2) 람다 함수의 기본 구조

```
lambda arguments: expression
```

- arguments: 함수의 입력값이다. (매개변수)
- expression: 함수의 본문. 단일 표현식만 작성 가능하며, 결과값이 반환된다.
- 예제

```
add = lambda x, y: x + y
print(add(3, 5))
```

[실행 결과]
8

(3) 람다 함수의 활용

1) 간단한 계산

```
multiply = lambda a, b: a * b
print(multiply(3, 4))
```

[실행 결과]
12

2) 정렬 기준 지정

```
data = [(1, 2), (3, 1), (5, 0)]
sorted_data = sorted(data, key=lambda x: x[1])   # 두 번째 요소 기준으로 정렬
print(sorted_data)
```

[실행 결과]
[(5, 0), (3, 1), (1, 2)]

3) 필터링

```
numbers = [1, 2, 3, 4, 5]
even_numbers = list(filter(lambda x: x % 2 == 0, numbers))
print(even_numbers)
```

[실행 결과]
[2, 4]

4) 변환

```
numbers = [1, 2, 3, 4]
squared_numbers = list(map(lambda x: x ** 2, numbers))
print(squared_numbers)
```

[실행 결과]
[1, 4, 9, 16]

문제풀이

001 다음 Python 프로그램의 실행 결과를 쓰시오.

```
numbers = [1, 2, 3, 4, 5]
result = [n * 2 for n in numbers if n % 2 == 0]
print(result)
```

해설
n * 2, 새로운 리스트의 각 요소를 생성하는 표현식으로, n을 2배로 곱한다.
for n in numbers, numbers 리스트를 순회하며 각 요소 n을 가져온다.
if n % 2 == 0, n이 짝수인지 확인하는 조건. 조건이 참인 경우에만 n을 처리한다.

정답 [4, 8]

002 다음 Python 프로그램의 실행 결과를 쓰시오.

```
numbers = [1, 2, 3, 4, 5]
total = sum([n for n in numbers if n % 2 == 1])
print(total)
```

해설
리스트 컴프리헨션은 새로운 리스트를 생성하기 위한 간결한 문법이다.
n for n in numbers, 리스트 numbers에서 각 요소 n을 순회한다.
if n % 2 == 1 조건식으로, n이 홀수인지 확인한다.
[1, 3, 5]는 홀수이고, sum 함수에 전달해서 합계를 total에 저장한다.

정답 9

003 다음 Python 프로그램의 실행 결과를 쓰시오.

```
numbers = [1, 2, 3, 4, 5]
result = max([n for n in numbers if n % 2 == 0])
print(result)
```

해설

max 함수는 리스트에서 가장 큰 값을 반환한다.
필터링된 리스트 [2, 4]에서 가장 큰 값은 4이다.

정답   4

004 다음 Python 프로그램의 실행 결과를 쓰시오.

```
s_lambda = lambda a, b: a + b
print(s_lambda(1, 2))
```

해설

lambda a, b, 두 개의 매개변수 a와 b를 받는다.
a + b, 매개변수 a와 b의 합을 반환한다.
s_lambda, 이 익명 함수를 변수 s_lambda에 할당하여 이름이 있는 함수처럼 사용할 수 있게 만든다.
s_lambda(1, 2): s_lambda 함수에 1과 2를 매개변수로 전달하여, 3을 반환받아 출력한다.

정답   3

005 다음 Python 프로그램의 실행 결과를 쓰시오.

```
a=[1,2,3,4,5]
b=list(map(lambda num : num +100, a))
print(b)
```

해설

map(function, iterable), 첫 번째 인자 function을 두 번째 인자인 iterable의 각 요소에 적용한다.
여기서는 lambda num: num + 100 함수가 a의 각 요소에 적용된다.
lambda num: num + 100, lambda는 익명 함수를 정의하고, 매개변수 num에 리스트 a의 각 요소가 전달된다.
함수의 동작은 num에 100을 더한 값을 반환한다.
list(), map 함수는 결과를 map 객체로 반환하므로, 이를 리스트로 변환하기 위해 list()를 사용한다.

정답   [101, 102, 103, 104, 105]

006 다음 Python 프로그램의 실행 결과를 쓰시오.

```
numbers = [1, 2, 3, 4, 5]
squared = list(map(lambda x: x ** 2, numbers))
print(squared)
```

해설

map(function, iterable), lambda x: x ** 2 함수가 numbers 리스트의 각 요소에 적용된다.
lambda x: x ** 2, 함수의 동작은 x를 제곱(** 2)한다.
list(), map 함수는 결과를 map 객체로 반환하므로, 이를 리스트로 변환하기 위해 list()를 사용한다.

정답 [1, 4, 9, 16, 25]

---

007 다음 Python 프로그램의 실행 결과를 쓰시오.

```
country = ['Korea', 'Spain', 'Germany', 'Canada', 'france', 'Serbia']

print(max(country))
print(max(country, key=lambda x : x[2]))
print(max(country, key=lambda i:i.lower()))
```

해설

max() 함수는 기본적으로 사전 순(알파벳 순)으로 비교한다.
문자열의 비교는 ASCII 코드 값을 기준으로 한다.
print(max(country)), france는 소문자로 시작하는 유일한 단어이므로 가장 큰 값으로 판단된다.
print(max(country, key=lambda x: x[2])), 각 문자열의 세 번째 문자를 기준으로 비교한다.
r이 가장 큰 값이며, 세 번째 문자가 r인 단어는 Korea, Germany, Serbia가 있다.
이들 중 리스트에서 가장 먼저 나타나는 단어인 Korea가 반환된다.
print(max(country, key=lambda i: i.lower())), 각 단어를 소문자로 변환한 후 사전 순으로 비교한다.
사전 순으로 가장 뒤에 있는 단어는 spain이다.

정답 france
　　　　Korea
　　　　Spain

008 다음 Python 프로그램의 실행 결과를 쓰시오.

```
numbers = [5, 1, 9, 3, 7]
squared_numbers = list(map(lambda x: x**2, numbers))
squared_numbers.sort()
print(squared_numbers[:3])
```

> **해설**
> map(function, iterable), 리스트 numbers의 각 요소에 함수를 적용한다.
> 여기서는 lambda x: x**2 함수가 사용된다.
> lambda x: x**2, 각 숫자를 제곱하는 익명 함수이다.
> list(), map 함수의 결과는 map 객체로 반환되므로, 이를 리스트로 변환한다.
> sort(), 리스트 squared_numbers를 오름차순으로 정렬한다.
> print(squared_numbers[:3]), 리스트의 첫 번째부터 세 번째 요소까지(인덱스 0, 1, 2) 추출한다.

정답   [1, 9, 25]

009 다음 Python 프로그램의 실행 결과를 쓰시오.

```
numbers = [5, 1, 9, 3, 7]
squared_numbers = list(map(lambda x: x**2, numbers))
squared_numbers.sort(reverse=True)
print(squared_numbers[:3])
```

> **해설**
> sort(reverse=True), 리스트를 내림차순으로 정렬한다.
> print(squared_numbers[:3]), 가장 큰 세 개의 값을 추출한다.

정답   [81, 49, 25]

010 다음 Python 프로그램의 실행 결과를 쓰시오.

```
tuples = [(1, 2), (1, 1), (5, 7), (7, 5)]
sorted_t = sorted(tuples)
print(sorted_t)
sorted_t = sorted(tuples, key=lambda x: x[1])
print(sorted_t)
```

해설

sorted(), 기본적으로 리스트를 오름차순으로 정렬한다.
튜플의 정렬 기준은 첫 번째 요소부터 순서대로 비교한다.
첫 번째 요소가 같으면 두 번째 요소를 비교한다.
sorted(tuples, key=lambda x: x[1]), 정렬 기준을 사용자 지정하는 함수로, 각 튜플의 두 번째 요소를 기준으로 정렬한다.

정답 [(1, 1), (1, 2), (5, 7), (7, 5)]
[(1, 1), (1, 2), (7, 5), (5, 7)]

011 다음 Python 프로그램의 실행 결과를 쓰시오.

```
tuples = [(1, 2, 3), (1, 2, 1), (5, 7, 6), (7, 5, 4), (5, 7, 5)]
sorted_t = sorted(tuples, key=lambda x: (x[1], x[2]))
print(sorted_t)
```

해설

리스트를 정렬하는 함수로, 기본적으로 오름차순 정렬을 수행한다.
정렬 기준을 튜플의 두 번째 요소(x[1])를 첫 번째 기준으로, 세 번째 요소(x[2])를 두 번째 기준으로 지정한다.
먼저 x[1](두 번째 요소)로 비교하고, 두 번째 요소가 같으면 x[2](세 번째 요소)를 기준으로 추가 비교한다.

정답 [(1, 2, 1), (1, 2, 3), (7, 5, 4), (5, 7, 5), (5, 7, 6)]

012 람다 함수를 사용하여 주어진 리스트의 각 원소를 제곱하는 코드를 작성하시오.

```
numbers = [2, 4, 6, 8, 10]
squared_numbers = list( map( ①, numbers ) )
print(squared_numbers)
```

해설

map(function, iterable), function 부분에는 iterable의 각 요소에 적용할 함수가 정의되어야 한다.
각 원소를 제곱하는 람다 함수를 작성해야 하기 때문에, lambda x: x ** 2를 사용한다.

정답   lambda x: x ** 2

013 빈칸 ①에 람다 함수를 사용하여 리스트에서 짝수만 필터링하는 코드를 작성하시오.

```
numbers = [1, 2, 3, 4, 5, 6, 7, 8, 9, 10]
even_numbers = list( filter( ①, numbers ) )

print(even_numbers)
```

해설

빈칸(①)에는 리스트에서 짝수인지 확인하는 조건을 정의하는 lambda 함수가 들어가야 한다.
짝수를 확인하려면 x % 2 == 0 조건을 사용한다.

정답   lambda x: x ** 2